Dr. Willi Kremer-Schillings

SAUEREI!

Dr. Willi Kremer-Schillings

SAUEREI!

Bauer Willi über billiges Essen
und unsere Macht als Verbraucher

PIPER
München Berlin Zürich

Mehr über unsere Autoren und Bücher:
www.piper.de

ISBN 978-3-492-06038-7
© Piper Verlag GmbH, München/Berlin 2016
Satz: Uhl + Massopust, Aalen
Gesetzt aus der Plantin Std
Druck und Bindung: CPI books GmbH, Leck
Printed in Germany

INHALT

BILLIG, BILLIG, BILLIG 9

DER BAUER............................... 16

Von der Idylle zur Realität – Das Leben ist kein
Ponyhof................................. 16

Landwirtschaft als Familienunternehmen 70

Der Zwang zur Wirtschaftlichkeit 96

DIE ÄNGSTE DER VERBRAUCHER... 130

...sind die Albträume der Bauern 130

Böse Bauern – vergiftete Nahrung, geschundene
Tiere, gefürchtete Gentechnik 142

German Angst – unkontrollierbare Gene? 144

Massentierhaltung – organisierte Tierquälerei? 155

Alles überdüngt, alles verseucht? 171

Nichts als Monokulturen? 182

Saatgutkonzerne – Profitgier und Abhängigkeiten? ... 186

Panik vor Pestiziden – Gift im Grundwasser und auf dem Teller? 190

Gefährliche Seuchen – und was davon übrig bleibt .. 201

Teure Bauern – rücksichtslos dank Subventionen? .. 206

Pflanzen mit Migrationshintergrund – aus der Heimat verdrängt? 211

Der Landwirt und die Skandale 218

DIE MITTELSMÄNNER 222

Rewe, Aldi, Oetker, Nestlé & Co. 222

Das Kreuz mit dem Handel 224

Essen als Kult – skurriler Lifestyle. 241

Von der Wiege bis zur Bahre – billige Kantinenware 263

Der Markt entscheidet, was wir liefern. 266

DER BLICK NACH VORNE 274

Was sollten wir tun? Was müssen wir tun? 274

Soll ich unseren Betrieb auf Bio umstellen? 278

Die Macht der Verbraucher.................... 298

Hoffentlich noch nicht das Ende des Dialogs 325

Widmung und Danksagung 327

Landwirte im Netz 329

BILLIG, BILLIG, BILLIG

Es klingt wie der Trennungsgrund für eine gescheiterte Ehe, und in gewisser Hinsicht ist es das auch: *Wir haben uns auseinandergelebt.* Noch nie in der Geschichte der Menschheit waren die Lebensmittelkonsumenten weiter von den -produzenten entfernt als heute. Der Verbraucher weiß schon lange nicht mehr, wie das Essen entsteht, das täglich auf seinem Teller landet, wie es angebaut, gepflegt, gezüchtet, geerntet, geschlachtet, verarbeitet, oder kurz: hergestellt wird – ganz egal, ob er in der Kantine isst, im Edelrestaurant, an der Imbissbude, oder ob er im Supermarkt vor langen Regalen voller bunter Plastikverpackungen mit kleingedruckten Inhaltsangaben steht. Und wir Bauern, die wir ganz am Anfang dieser Produktionskette stehen, wissen im Grunde auch nicht mehr, was die Verbraucher eigentlich wollen. Es klafft eine riesige Lücke zwischen Ihnen, liebe Verbraucherin und lieber Verbraucher, und mir, dem Bauern. Und auf beiden Seiten mehren sich Unmut und Unzufriedenheit, Ärger und Schuldzuweisungen.

Jede Woche gibt es einen neuen Skandal, der mit der

Landwirtschaft zu tun hat beziehungsweise uns Bauern angekreidet wird: krebserregende Düngemittelrückstände, geschredderte Küken, sterbende Bienen, verschmutztes Grundwasser. Und überhaupt: geschundene Tiere, ausgelaugte Böden, verheizte Erntehelfer zu Dumpinglöhnen. Man könnte meinen, wir Bauern hätten bewusst ein perfides System installiert, mit dem wir rücksichtslos jeden Cent aus Mutter Natur quetschen, um uns selbst zu bereichern und den Rest der Bevölkerung die Zeche dafür zahlen zu lassen. Auf der anderen Seite klagen Bauern seit Jahren über brutale Preiskämpfe auf globalen Märkten, Wachstumszwang, Existenzängste und fehlende Nachfolger einerseits und andererseits über das Schicksal des Buhmanns, dem keiner dafür dankt, dass er die Grundlagen für unser aller täglich Brot schafft. Wer möchte sich heutzutage denn noch die Hände mit Landwirtschaft schmutzig machen und gleichzeitig dafür auch noch angeklagt und beleidigt werden?

Dieses Dilemma ist keine zufällige Entwicklung. Und es ist erst recht kein Pech nach dem Motto »Dumm gelaufen, Bauer, da kann man eben nichts machen«. Die eigentliche Sauerei ist, dass sich einige wenige Akteure die Taschen voll machen, während sich die anderen gegenseitig vorwerfen, an der Misere schuld zu sein. Die »Mittelsmänner«, wie ich sie nennen möchte, die vor allem von dem Geschäft mit unserem Essen profitieren, werden deshalb neben den Verbrauchern und uns Bauern eine wichtige Rolle in diesem Buch spielen. Gemeint sind der Handel (Discounter, Supermärkte etc.), die großen Lebensmittelkonzerne, aber natürlich auch die Politiker, die den gesetzlichen Rahmen für das Geschäft mit unserem Essen gestalten und verantworten. Auch wenn das erste Glied der Kette (wir Bauern) mit dem letzten Glied (den Verbrauchern) kaum noch in Kontakt kommt, sind dennoch alle mit allen untrennbar verbunden und deshalb auch verantwortlich für die ganze Sauerei.

Es wird um Verbraucher gehen, die »doch nur kaufen, was angeboten wird«. Es wird um den Handel gehen, der die Verbraucher mit Billigpreisen bei Laune hält, um von der Konkurrenz nicht abgehängt zu werden. Es wird um Lieferanten gehen, die sich gegenseitig ruinieren, vom Handel und den Lebensmittelkonzernen zum Preisdumping gedrängt, weil der Verbraucher »nun mal billige Produkte möchte«. (Sie merken schon: Man kommt bei der Diskussion nicht drum herum, zu verallgemeinern, um das Problem zu erklären. Natürlich gibt es nicht nur »böse« Produzenten, Händler und Politiker, aber an manchen Stellen lassen sich solche Schwarz-Weiß-Bilder kaum vermeiden, um die Sauerei im Kern zu verstehen.) Gerne werden wirtschaftliche Zwänge vorgeschoben und die Mechanismen der Marktwirtschaft als Erklärungen angeführt, um die einzelnen Marktteilnehmer aus der Verantwortung zu ziehen. Aber nur weil uns »der Markt« die aktuelle Situation beschert hat, heißt das noch lange nicht, dass wir nichts daran ändern könnten. Vor allem dann nicht, wenn kaum noch jemand wirklich glücklich damit ist, und diesen Punkt haben wir längst erreicht.

Die Frage ist doch vielmehr, wer wirklich davon profitiert, dass sich Verbraucher über immer mehr Skandale ärgern und Bauern weltweit zunehmend über erdrückende Konditionen auf einem globalen Markt leiden. Wer hat denn wirklich die Macht über unser Essen – beziehungsweise wem haben wir sie überlassen? Zu welchem Preis? Und wie bekommen wir sie wieder zurück?

Ob Sie nun tatsächlich beabsichtigen, auf gut produzierte Nahrungsmittel zu achten, auf saisonale und regionale Produkte, möglichst bio, oder ob Sie es nur vorgeben – die Scannerkassen sprechen eine eindeutige Sprache: Die meisten

Verbraucher machen sich und/oder der Allgemeinheit etwas vor, unterm Strich wollen die allermeisten nämlich *lieber billig als gut*. Das mag wieder stark vereinfacht formuliert sein, ist aber die traurige Wahrheit. Für diese Feststellung ist es zunächst einmal egal, ob die Ursachen in Bequemlichkeit oder Faulheit, in Gleichgültigkeit oder Ignoranz, in Geldnot oder Geiz, im System der Marktwirtschaft oder in der Manipulation der Verbraucher zu finden sind. Am Ende ist uns unser Geldbeutel jedenfalls wichtiger als unsere Lebensmittel, unsere Gesundheit, unsere Umwelt, man könnte fast sagen: wichtiger als unser Leben (auch wenn das ein bisschen pathetisch klingt). Jedenfalls herrscht beim Thema »bewusster Lebensmittelkonsum« mehr Schein als Sein aufseiten der Verbraucher. Obwohl er es schon seit einiger Zeit bis in die Discounter geschafft hat, ist der Bio-Boom bislang marginal geblieben (und teilweise auch fragwürdig, zum Beispiel bei Zwiebeln aus Südamerika, Spargel im Dezember oder ähnlichen Auswüchsen – bio ist nämlich nicht gleich bio!). Für weit über 90 Prozent aller eingekauften Lebensmittel gibt es nur ein Kriterium: billig, billig, billig – und sonst nichts! Alles andere ist leider gelogen.

Ich kann meine Kollegen mehr als verstehen, die sich angesichts dieser Scheinheiligkeit, auf gut Deutsch: verarscht fühlen. Und ich gebe es offen zu: Ich komme mir immer öfter selbst so vor. Nicht zuletzt deshalb schreibe ich dieses Buch. Die Verbraucher fordern beste Qualität, als wäre die eine Selbstverständlichkeit (was sie nicht einmal in einem reichen und klimatisch begünstigten Land wie Deutschland ist), entscheiden sich beim Einkauf dann aber fast immer für das billigste Angebot. Und ob sie es wissen oder nicht, sie drehen damit die Preisspirale wieder ein Stückchen weiter. Nicht selten werfen sich beide Lager in ihrem Handeln Rücksichtslosigkeit und Schlimmeres vor, es wird mit Halbwahrheiten »argumentiert«, und es kommt zu Beschimpfungen und Schuldzuweisungen. Ohne dass sich am Ende des Tages irgendetwas ändern würde, außer dass sich die Fronten weiter verhärten – worüber sich die wahren Profiteure wahrscheinlich köstlich amüsieren. Man muss kein Prophet sein, um zu erkennen, dass das nicht die Lösung des Problems sein kann.

Sie, lieber Leser, scheinen sich für das Thema der modernen Nahrungsmittelproduktion zu interessieren, sonst hätten Sie wohl kaum zu diesem Buch gegriffen. Darüber freue ich mich sehr, und im ersten Moment ist es da auch egal, ob Sie sich tatsächlich kritisch mit dem Thema auseinandersetzen wollen oder nur einen neuen »Skandal« wittern (Sie glauben gar nicht, wie viele Leute sich nur aufregen, weil sie sich gerne aufregen, da ist es fast egal, worum es geht). Mit neugierigen Menschen wie Ihnen können wir den überfälligen Anfang machen, etwas zu ändern, selbst wenn später entscheidend sein wird, auch alle anderen »mitzunehmen«. Und vor allem: zum Handeln zu bewegen! Wer seinen Teil nicht beiträgt (und sei er auch noch so bescheiden), der darf sich auch nicht über Missstände beschweren, vor allem dann nicht, wenn er diese mit seinem Konsum selbst mit verursacht – und Konsumenten sind wir schließlich alle. Sie merken schon, ich möchte Ihnen nicht nur eine möglichst informative Lektüre bescheren, ich fordere auch Ihr Verantwortungsbewusstsein heraus. Mehr noch: Ich fordere es ein. Das ist nicht gerade wenig, ich weiß – aber ausgestreckte Zeigefinger und Schuldzuweisungen gibt es in dieser Diskussion schon viel zu lange. Gebracht haben sie nichts. Doppelmoral, Scheinheiligkeit, Lippenbekenntnisse und all die warmen Worte haben uns vielmehr genau in die Sauerei geführt, in der wir heute stecken.

Es wird höchste Zeit, dass der Verbraucher die Macht über

sein Essen wieder bewusst in die eigene Hand nimmt. Gut sein zu wollen reicht nicht, wir müssen es tatsächlich sein, und das auch noch konsequent. Ein sinnvoller Ansatz ist es aus meiner Sicht daher, wenn wir die eingangs erwähnte Lücke zwischen Verbraucher und Bauer wieder schließen – und zwar von beiden Seiten! Einerseits braucht es Konsumenten, die sich nicht nur informieren können und/oder wollen, sondern es auch tatsächlich tun und entsprechend handeln. Andererseits Bauern, die sich nicht wortkarg hinter Marktzwängen und Hoftoren verschanzen, sondern sich öffnen und informieren. Genauso will ich auch dieses Buch verstanden wissen: als Versuch, eine Lücke zu schließen; aber auch als Einladung und Aufforderung zum Dialog und damit als ersten Schritt, das verloren gegangene Vertrauen wiederherzustellen. Und so wieder ein Stück mehr Zufriedenheit auf Verbraucher- *und* Bauernseite zu schaffen. Wenn wir weiter gegeneinander arbeiten, werden wir das jedenfalls nie erreichen.

Ich wünsche mir deshalb, dass möglichst viele Verbraucher aktiv an diesem Dialog teilnehmen – mit den Bauern in ihrer Region, mit dem Handel (bei beiden ist der persönliche Kontakt ohne großen Aufwand möglich, zum Beispiel direkt beim Einkauf auf dem Wochenmarkt, im Hofladen oder Supermarkt), aber auch mit Lebensmittelproduzenten und Politikern. Schreiben Sie Ihrem Abgeordneten, tun Sie Ihre Meinung kund, digital oder analog. Vor allem aber: Überdenken Sie Ihr eigenes Einkaufs- und Konsumverhalten – und handeln Sie entsprechend!

Ohne den Willen, selbst etwas zu tun, wird jeder Skandal, jeder Aufschrei, jede Schreckensmeldung ohne Konsequenzen verrauchen – es wird einfach weitergehen wie bisher, solange irgendwer damit Geld verdienen kann. Von alleine wird es eher noch schlimmer, denn die Spirale dreht sich unermüdlich weiter, der globale Markt schläft nie, und der nächste Quartalsbericht steht an – da müssen die Zahlen stimmen. Wer glaubt, dass die anderen das Kind zum Wohle aller schon schaukeln werden, der glaubt auch an den Weihnachtsmann. Und Sie wissen sicher, dass den ein Limonadenfabrikant erfunden hat.

Nun gut, starten wir den Dialog: Den Anfang möchte ich bei mir selbst machen und Sie einladen, mich und meine Arbeit (wieder) besser nachvollziehen zu können. Kommen Sie also erst einmal mit auf meinen Hof – wenn auch nur gedanklich –, und sehen Sie sich in Ruhe um…

DER BAUER

Von der Idylle zur Realität – Das Leben ist kein Ponyhof

Wenn ich mich mit Menschen unterhalte, die nichts mit Landwirtschaft am Hut haben, wünschen sie sich eine bäuerliche Landwirtschaft (zurück). Wenn man dann weiter nachfragt, was sie sich genauer darunter vorstellen, kommen Aussagen wie diese zustande: »Ich hätte gerne einen Bauernhof, auf dem es noch viel Vieh gibt: Kühe, Schweine, ein paar Hühner, gerne auch ein Pferd. Ziegen und Schafe wären ebenfalls nicht schlecht. Neben dem Hof liegt ein Teich, auf dem die Enten schwimmen. Um den Hof herum sind die Äcker, Wiesen und Weiden, auf denen die Tiere laufen. Und der Hofhund passt auf alles auf, auch auf die jungen Kätzchen, die gerade in der Fachwerkscheune geboren wurden. Und der Bauer steht mit Gummistiefeln und Mistgabel am Tor und hat viel Zeit, sich mit mir zu unterhalten, wenn ich bei ihm die zehn Eier für diese Woche einkaufe.«

So einen Hof hätte ich auch gerne. Nur passt diese Idylle leider überhaupt nicht mehr zur Realität. Oder doch? Wenn wir Urlaub auf dem Bauernhof in den Bergen machen, gibt es das alles schließlich noch. Beziehungsweise wieder. Denn manche meiner Berufskollegen betreiben kluges Marketing und verdienen heute ihr Geld mit Ferienwohnungen und Urlaub auf dem Bauernhof. Sie wissen genau, dass sich die Urlauber so einen »Heile Welt«-Hof wünschen. Den bekommen sie dann auch zur Ferienwohnung mit dazu, »all inclusive«. Die Kinder dürfen auf dem Pony reiten, die Kaninchen streicheln und die kleinen Kätzchen mit frischer Milch aus dem Kuhstall füttern. Ein Marketingmanager würde sagen: »Das Produkt muss emotionalisieren und die tiefer liegenden Wünsche der Verbraucher wecken und ansprechen.« *Ferien auf Immenhof* und *Wir Kinder aus Bullerbü* lassen grüßen.

Haben Sie mal im Zeitschriftenregal nachgeschaut, welche Blätter alle mit »Land« beginnen? Da gibt es *Landlust, Landkind, Landidee, Landhaus, Landküche* oder auch *Country Living*. Was wollen diese Blätter vermitteln? Sie kultivieren das Echte, das Bewährte, Natürlichkeit. Haus, Garten und Küche sind dann auch die Themenschwerpunkte, reale Landwirtschaft kommt nur in winzigen Dosen vor. Da wird schon mal über Grünkern (Dinkel) berichtet, aber eine Reportage über Schlachthöfe wird man vergeblich suchen. Es geht vielmehr um Entschleunigung, den Wert der Heimat, um die Rückbesinnung auf die Wurzeln, um das individuelle Glück des Lesers. Vermittelt wird die heile Welt. Klar gibt es noch den ein oder anderen großen Bauerngarten, eventuell sogar mit einem Kräuterbeet für die Hausapotheke (ach ja, die Zeitschrift *Landapotheke* hatte ich noch vergessen). Aber die sind meist das Hobby der Altenteiler, also der Landwirte, die ihren Hof schon an die nächste Generation übergeben haben. Mit moderner Landwirtschaft hat dieser Trend natürlich nichts gemein.

Auch ich betreibe bäuerliche Landwirtschaft. Die sieht

aber ganz anders aus. Zwar lebt unsere Katze Susi auf dem Hof, das war es dann aber auch schon mit dem »Viehbestand«. Susi wird von meiner über neunzig Jahre alten Mutter versorgt, weil da keiner mehr ist, der sich sonst um das Tier kümmern könnte. Da ist nämlich nur noch ein Schlepper zu sehen, ein Pflug, eine Sämaschine, eine Anhängespritze mit 27 Meter Arbeitsbreite, ein Düngerstreuer und noch einige andere Geräte. Vor ein paar Jahren habe ich mir einen fast fünfzig Jahre alten Oldtimer-Trecker gekauft, aber das ist reines Hobby (oder vielleicht mein Ausdruck von Sehnsucht nach einem »Heile Welt«-Hof aus alten Zeiten, die es nie gab). Alles in allem ist mein Hof sehr steril, von Idylle ist da nichts zu spüren. Bis auf den Oldtimer und Susi ist alles auf Zweckmäßigkeit ausgerichtet, denn ich muss mich der Konkurrenz stellen. Doch dazu später mehr.

Kommen wir zurück zu den Vorstellungen der Otto-Normal-Verbraucher: Abgesehen von den romantischen Urlaubsbauernhöfen denken die bei Landwirtschaft heute vor allem an sogenannte Agrarfabriken und daran, dass sie die nicht wollen, weil sie mit diesen alles Negative verbinden, was sie schon mal in Bezug auf Landwirtschaft gehört haben: Massentierhaltung, Pestizide, bis hin zum Verursacher des Klimawandels.

Nun ist der Begriff »Agrarfabrik« nirgendwo genau definiert. Die Allgemeinheit versteht darunter zunächst einmal große Betriebseinheiten, vor allem in der Tierhaltung. Ja, die gibt es, vorzugsweise in Ostdeutschland. Aus den ehemaligen Landwirtschaftlichen Produktionsgenossenschaften (LPG) sind große, privat geführte Unternehmen mit angestellten Mitarbeitern hervorgegangen, die oft über mehrere Tausend Hektar Ackerland und entsprechend große Viehherden verfügen. Es gibt aber auch im Rest des Landes Familienbetriebe, die ein paar Tausend Schweine oder 30 000 Hühner halten. Wo beginnt die Agrarfabrik, und was ist Massentierhaltung? Ist es die reine Zahl der Tiere, die Haltungsform? Sind viele Kühe in Laufställen gut oder schlecht, sind wenige Kühe in Anbindehaltung schlecht oder gut? Da hat jeder eine andere Vorstellung. Auch dazu später noch mehr.

Bevor wir die aktuelle Situation genauer betrachten, möchte ich erst einmal etwas weiter ausholen und die Entwicklung der Landwirtschaft in ihren wichtigsten Facetten kurz beschreiben. Sicher wissen Sie das eine oder andere schon, aber es ist wichtig, sich das alles vor Augen zu halten, um zu verstehen, warum und wie es zur »industriellen« Landwirtschaft kam, mit der Sie es heute zu tun haben, wenn Ihre Ferien auf dem Bauernhof vorüber sind.

Als der Homo sapiens die Erde besiedelte, war er zunächst Nomade. In kleinen Gruppen war er unterwegs, meist jagten die Männer, und die Frauen sammelten. Sie waren Jäger und Sammler und bildeten Familienverbände. Irgendwann fanden die Ersten heraus, dass man bestimmte Gräser auch gezielt anbauen konnte, und legten Felder an. Das war ungefähr dort, wo heute das schwer gebeutelte Syrien liegt, im »Fruchtbaren Halbmond«, dem Zweistromland zwischen Euphrat und Tigris, auch Mesopotamien genannt. Die »ersten Landwirte« lockerten mit dem Grabstock die Erde, säten Körner, die sie aus dem Vorjahr aufbewahrt hatten, wieder ein und ernteten die nachwachsenden Pflanzen. Die schönsten und dicksten Körner wurden wieder verwahrt, für die Aussaat im nächsten Jahr. Die anderen Körner wurden auch eingelagert und, je nach Bedarf, gemahlen und Brot davon gebacken. Das klappte nach und nach immer besser, der Ertrag stieg, und so brauchten sie nicht mehr alles für sich selbst. Bisher hatten sie neben der Felderwirtschaft noch ein paar Schafe und Ziegen, mit denen sie durch die Landschaft zogen. Jetzt konnten sie einen Teil der Körner verfüttern, und auch das Vieh entwickelte sich prächtig, die Viehbestände wuchsen.

Jetzt begannen sie Tauschwirtschaft mit den Nachbarn. Für ihre Getreidekörner und das Vieh, das sie für die eigene Ernährung nicht zwingend benötigten, wollten sie etwas in Gegenleistung haben. Weil die Nachbarsippe auch genug hatte, spezialisierten sich dort einige auf die Weiterverarbeitung von verschiedenen Produkten. Einige bearbeiteten die Felle und machten daraus Leder, andere stellten Grabstöcke her oder erste Hakenpflüge, in die dann Ochsen eingespannt wurden, damit die Arbeit leichter und ohne reine Handarbeit erledigt werden konnte. Dort, wo die Ochsen etwas fallen ließen, wuchsen die Pflanzen besser. Und in den Gattern, in denen die Tiere nachts zum Schutz vor Wölfen eingesperrt wurden, wuchsen sie besonders gut, weil dort besonders viel tierischer Dünger liegen blieb. Da legte man dann im nächsten Jahr das neue Feld an.

Irgendwann entdeckte jemand, dass man aus Erz Metall gewinnen kann. Jetzt spezialisierten sich einige aus der Gruppe auf die Metallverarbeitung. Dafür musste man aber Metallhütten anlegen. Die konnte man schlecht irgendwohin mitnehmen, weshalb man sie dort anlegte, wo auch das Erz gewonnen wurde.

So, oder zumindest so ähnlich, könnte es gewesen sein mit dem Wandel vom Nomadentum bis hin zur Sesshaftigkeit. Aus den Dörfern wurden schließlich Städte, aus dem Tausch wurde ein Handel, es entstanden Verwaltungen und schließlich auch die Schrift. Das alles nennt man heute »arbeitsteilige Wirtschaft«. Weil das gut klappte, konnten immer weniger Ackerbauern und Viehzüchter immer mehr Metallverarbeiter, Handwerker oder auch Verwaltungsangestellte ernähren. Und ein paar Menschen hatten auch Zeit, Dinge herzustellen, die von uns heute als Kunstschätze bewundert werden. Oder auch Pyramiden bauen. Ohne die arbeitsteilige Wirtschaft wäre das nie möglich gewesen.

Wir überspringen jetzt ein paar Tausend Jahre, lassen Griechen, Römer und das gesamte Mittelalter einfach mal links liegen und landen gleich im vorindustriellen Europa. Die Arbeitsteilung ist weit vorangeschritten, aber immer noch gibt es viele Menschen, die vom Handwerk leben, die neben dem Handwerk aber auch noch einen Garten oder ein kleines Feld haben, vielleicht ein paar Hühner, von denen sie sich ernähren. Jetzt kommt wieder ein findiger Homo sapiens auf die Idee, eine Dampfmaschine zu bauen. Ein anderer entwickelt eine Webmaschine, die mit dieser Dampfmaschine betrieben werden kann. Die industrielle Revolution wird losgetreten.

Innerhalb kurzer Zeit sind viele Weber arbeitslos, es kommt zu heftigen Unruhen. Um aber ihre Familien weiter ernähren zu können, gehen viele Weber, die bisher ein Handwerk ausgeübt haben, nun in die Fabriken, um die maschinellen Webmaschinen zu bedienen. Die Zeit, in ihrem Garten zu arbeiten, wird immer weniger, sie bekommen dafür aber ein geregeltes Einkommen, von dem sie auf dem Wochenmarkt, wo der Bauer seine Erzeugnisse verkauft, Gemüse und Eier einkaufen können. Brot und Fleisch kaufen sie beim Bäcker und Metzger.

Dann kommt die berühmte Tante Emma auf die Idee, alle möglichen Lebensmittel, aber auch Seife, Waschmittel, Süßigkeiten und sonstige Dinge des täglichen Bedarfs in ihrem Laden anzubieten. Und es gibt immer mehr Menschen, die die agrarischen Rohstoffe weiterverarbeiten, daraus Nudeln, Marmelade, Saucen, Suppen und weitere Mischprodukte aus verschiedenen Zutaten herstellen. Diese Produkte kann man nun in Dosen, Gläsern und später dann auch in der Tiefkühltruhe für sehr lange Zeit aufbewahren. Aus den Tante-Emma-Läden entstehen über die Jahre und Jahrzehnte dann Supermärkte und Discounter, aus den Weiterverarbeitern werden Firmen, Fabriken und ganze Weltkonzerne – die »Mittelsmänner« sind folglich ein Produkt der Arbeitsteilung und Spezialisierung und orientieren sich schon immer an rein wirtschaftlichen Gesichtspunkten.

Für uns Bauern bedeutete diese Entwicklung, dass wir uns von unseren früheren Kunden, dem Endverbraucher, immer weiter entfernten. Ihre und meine Wege kreuzen sich heute nur noch zufällig, es gibt immer mehr Menschen, die noch nie Kontakt mit einem Landwirt hatten. Ich will das mal am Beispiel einer Pizza Salami vereinfacht darstellen:

ganz früher	früher	vor 50 Jahren	heute
eigener Garten/Stall	Bauer	Bauer	Bauer
Küche	Küche	Bäcker/Metzger	Mühle/Schlachthof
		Küche	Backlinge/Wurst
			Pizzaherstellung
			Zentrallager Kühlhaus
			Supermarkt
			Küche
			Mülltonne

In dieser Abbildung sind die gerade angerissenen Entwicklungsschritte sehr vereinfacht abgebildet. Aber die Sache ist tatsächlich ganz simpel: Wer heute ursprüngliche Lebensmittel haben möchte, muss nur auf eine der früheren Stufen zurückgehen. So einfach ist das.

Was bedeutete die arbeitsteilige Wirtschaft sonst noch für uns Bauern? Auch unsere Betriebe haben sich spezialisiert. Als ich in den Kindergarten ging, was inzwischen über fünfzig Jahre her ist, hatten wir zwanzig Schweine, siebzehn Kühe und ein paar Hühner. Wenn wir Fleisch brauchten, wurde ein Schwein geschlachtet. Da kam ein Nachbar mit dem Bolzenschussapparat vorbei, der wurde dem Schwein an den Kopf gehalten: ein Schuss, dann zitterten die Beine noch etwas, und tot war die Sau. Das warme Blut wurde aufgefangen, um daraus Blutwurst oder Panhas zu machen. Dazu kam das Blut in einen großen Topf, Buchweizenmehl und Gewürze hinzu. In Suppentellern wurde die Masse auf die Fensterbank zum Abkühlen gestellt. Und zwar nicht nur ein Teller, sondern mindestens zehn. Mittags gab es Panhas mit Sauerkraut und Kartoffelpüree. Panhas schmeckt ähnlich wie gebratene Blutwurst. Ich könnte jetzt noch stundenlang über den Schlachttag erzählen, will es aber dabei belassen. Es war in jedem Fall ein Ereignis, das uns Kindern für immer im Gedächtnis blieb.

Wir haben die Schweine dann nach und nach abgeschafft, weil sich die viele Arbeit mit so wenigen Tieren nicht mehr lohnte. Ein paar Jahre hatten wir noch zwei Schweine zur Verwertung der Küchenabfälle. Eine Biotonne gab es damals noch nicht. Als ich dann zur Schule ging, wurde auch der Kuhstall geräumt, die Kühe komplett abgeschafft. Ein Grund dafür war, dass unser Landarbeiter in Rente ging und die Arbeit für meinen Vater zu viel wurde. Morgens füttern und melken, tagsüber Feldarbeit und Futter holen, abends wieder füttern und melken. Das war ein langer Tag.

Wir haben uns dann auf Legehennen zur Eierproduktion spezialisiert, erst 500 in Bodenhaltung, dann 1000, dann 2000. Der alte Kuhstall wurde umgebaut, um dort ebenfalls

Hühner einzustallen, allerdings jetzt in Käfighaltung. Das war eine deutliche Arbeitserleichterung und auch wesentlich hygienischer. In der Bodenhaltung wurde Trinkwasser in aufgetrennte Reifen geschüttet, in die die Hühner auch ihren Kot »ablegten«. Aus Gründen der Hygiene und der Arbeitserleichterung haben wir schließlich die Bodenhaltung ganz abgeschafft, den alten Rinderstall umgebaut und schließlich auf 4000 Legehennen in Käfighaltung aufgestockt.

Auch wenn die Käfighaltung, so wie wir sie damals betrieben haben, inzwischen abgeschafft wurde, hat sie vor allem in puncto Hygiene und Tierschutz der Bodenhaltung gegenüber erhebliche Vorteile, was wenige Verbraucher wissen. Kein Rattenbefall, kein Kannibalismus unter den Hühnern, saubere Eier. Für Freilandhaltung genügten unsere Weideflächen nicht aus, das kam also nicht in Frage – noch lieber wäre es uns natürlich schon damals gewesen, mit weniger Tieren und mehr Platz den gleichen Ertrag zu erwirtschaften, mit dem wir unser Familieneinkommen bestritten. Aber der Preisdruck war deutlich zu spüren, und wie heute war schon in den Siebzigerjahren kaum ein Käufer bereit, die Mehrkosten für Freilandhaltung und glückliche Hühner seinem Geldbeutel zuzumuten.

Meine Aufgabe als mittlerweile Sechzehnjähriger war das tägliche Füttern. Am Wochenende habe ich die Eier eingesammelt. An den Wochentagen kam dazu eine Frau aus dem Dorf, die die Eier auch sortierte, samstags war das Eiersortieren dann meine Aufgabe. Ich stand im Keller und hörte bei dieser stinklangweiligen Arbeit die »Luxemburger Funkkantine« mit dem Starmoderator Frank Elstner. Sie mögen lachen, aber immer wenn ich Frank Elstner im Fernsehen sehe, denke ich an das Eiersortieren von damals.

Und noch etwas ist mir in Erinnerung geblieben: Jeden

Donnerstag wurden Hühner geschlachtet. Bevor unsere Mutter uns morgens weckte, hatte sie schon dreißig bis fünfzig Hühner geköpft. Sie kam dann mit der Gummischürze, mit Blut und Federn daran, in unser Schlafzimmer und holte uns zum gemeinsamen Frühstück. Dann fuhren wir mit dem Bus in die Schule, und sie rupfte zusammen mit zwei Frauen aus dem Dorf weiter die Hühner und machte sie verkaufsfertig.

Nachdem meine ältere Schwester den Führerschein bestanden hatte, fuhren wir beide immer am Mittwochnachmittag – gleich nach der Schule, noch vor den Hausaufgaben – durchs Dorf und verkauften Eier an der Haustür. Mittwoch war Eiertag! Wir hatten rund siebzig Stammkunden, die zwischen fünf und dreißig Eier pro Haushalt kauften. Der Verkauf an sich war kein Problem. Was mir hierbei aber in Erinnerung geblieben ist: Die eigentliche Herausforderung bestand darin, die Gespräche mit den Kunden so rechtzeitig abzubrechen, dass man an diesem Nachmittag noch die übrige Kundschaft bedienen konnte. Oft waren wir ja der einzige soziale Kontakt an diesem Tag, vor allem bei älteren Leuten oder Alleinstehenden. Man will ja nicht unhöflich sein, muss aber trotzdem weiterkommen, sonst gehen einem am Ende ein paar Stammkunden durch die Lappen. Im Nachhinein werte ich diese Tätigkeit als erste praktische Erfahrung in Sachen Kommunikation und Rhetorik.

Als auch ich dann das Abitur machte und meine Schwester mit ihrem Studium begann, war keine Zeit mehr für den Eiertag. Meine Eltern wollten das auch nicht mehr fortsetzen, und so wurden die Hühnerställe verpachtet, und zwar mit Inhalt. Das ging ein paar Jahre ganz gut, dann bauten die Pächter einen eigenen Hühnerstall, und wir räumten unseren leer. Jetzt waren wir ganz ohne Vieh.

Diese Entwicklung ist für unsere Region im Rheinland

relativ typisch, aber nicht nur dort. Heute gibt es in unserer Flächengemeinde mit rund zehn Ortschaften noch einen einzigen Kuhstall. In unserem Dorf hält nur noch ein Landwirt rund dreihundert Schweine. Nennenswerte Hühnerhaltung findet gar nicht mehr statt, von ein paar »Hobby-Hühnern« mal abgesehen, die aber mehr der Selbstversorgung dienen. In den allermeisten Fällen war der Grund für das Verlassen des Betriebszweigs Viehhaltung der Mangel an Arbeitskräften, da diese in den umliegenden Industrieunternehmen ein einfacheres und besseres Einkommen fanden. Ein anderer Grund lag im Strukturwandel: Kleine Betriebe oder Betriebe mit fehlender Nachfolge gaben auf, die Flächen wurden an die Nachbarn verpachtet, die dann wachsen und sich auf den Ackerbau konzentrieren konnten.

In Regionen, in denen der Ackerbau aufgrund schlechterer Bodenqualität nicht so lukrativ oder gar nicht möglich ist, besteht die Spezialisierung in der Nutzung des Grünlandes durch Milchvieh. Wieder andere Regionen sind stark in der Produktion von Mastschweinen. Und immer geht es um das gleiche Ziel: ein Einkommen zu generieren, das den drei Generationen, die von dem Hof ernährt werden müssen, zum Leben reicht.

Eine im Grunde ganz ähnliche Entwicklung lässt sich auf der Abnehmerseite entdecken, also bei Mühlen, Molkereien oder Schlachthöfen. Auch hier gibt es eine zunehmende Konzentration – verursacht durch weltweite Konkurrenz auf globalen Märkten. Verließen bis vor ein paar Jahrzehnten die Produkte kaum die Region, lässt sich heute überwiegend nur noch in größeren Maßstäben profitabel wirtschaften. So entsteht ein immer höherer Druck auf die Preise, dem wir Landwirte nur durch ein ausgefeiltes Kostenmanagement begegnen können. Und das heißt ganz einfach: Kosten runter, Menge hoch, um die Gewinnmarge zu halten. Das ist ein

Gesetz, das in der Landwirtschaft genauso gilt wie zum Beispiel in der Automobilindustrie. Hier wie dort gibt es mehr oder weniger »natürliche« Grenzen: Wer das nicht schafft, verschwindet vom Markt. Oder wie sagte es schon Charles Darwin: Survival of the fittest.

Es lässt sich also festhalten: Ja, die Fläche pro Betrieb steigt, ja, die Ställe werden größer, aber es ist immer noch eine bäuerliche Landwirtschaft, es sind ganz überwiegend Familienbetriebe, die Ihre Lebensmittel erzeugen, auch wenn sie heute mit Angestellten arbeiten und ihre Anzahl seit Jahrzehnten schrumpft.

Dazu ein paar Zahlen: 1949 gab es in Deutschland 1,65 Millionen Betriebe und 4,8 Millionen Erwerbstätige in der Landwirtschaft. Ein Landwirt ernährte im Schnitt zehn Menschen. 1970 hatte sich die Zahl der Erwerbstätigen mit 2,2 Millionen mehr als halbiert. Ein Landwirt ernährte 27 Menschen. 1991, also schon nach der Wende waren es noch 1,1 Millionen Erwerbstätige und nur noch 0,5 Millionen Betriebe. 85 Menschen wurden von einem Landwirt ernährt.

Die bisher letzte Statistik stammt aus dem Jahr 2012/13. Jetzt gehe ich auf eine andere Größeneinheit: Es sind noch 285 000 Betriebe mit nur noch 646 000 Erwerbstätigen übrig geblieben. Ein Landwirt ernährt heute 144 Mitbürger. Pro Jahr nimmt die Zahl der Betriebe um 2 Prozent ab. Das sind 5700 pro Jahr, mehr als 15 Bauernhöfe jeden Tag.

Sind die verbleibenden Betriebe nun alles Agrarfabriken? Dieser Eindruck wird ja gerne vermittelt. Wie es wirklich aussieht, veranschaulicht folgende Grafik mit Zahlen aus dem Jahr 2014.

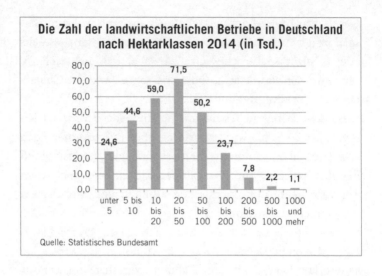

In Worten ausgedrückt bedeutet dies, dass 45 Prozent der Betriebe im Bereich bis 20 Hektar liegen, exakt 70,1 Prozent im Bereich bis 50 Hektar. 55 Prozent der Arbeitskräfte in der Landwirtschaft arbeiten auf Betrieben bis 50 Hektar. Übrigens bewirtschaften ganze 1,296 Prozent meiner Berufskollegen Betriebe mehr als 500 Hektar. Diese liegen meist in Ostdeutschland und sind aus den ehemaligen LPGs hervorgegangen. Vergleicht man die Zahlen mit unseren Nachbarländern, so liegen das Vereinigte Königreich, Tschechien, Dänemark und Luxemburg in der durchschnittlichen Betriebsgröße vor Deutschland.

Doch die Betriebsgrößen in Deutschland und Europa sind nichts zu Betrieben in anderen Teilen der Erde. Was meinen Sie, wo der größte Kuhstall der Welt steht? Ausgerechnet in Saudi-Arabien, wo die Bedingungen ja aus unserer Sicht alles andere als günstig sind. 50 000 Kühe beherbergt die Al Safi Farm. 22 Stunden am Tag wird gemolken, täglich eine Million Liter. Futter wird von überallher angefahren, unter anderem Cornflakes aus den USA. Damit die Kühe nicht überhitzen, werden die Tiere in den 500 Meter langen Ställen mit Sprinkleranlagen gekühlt. Pro Liter Milch werden so gut 100 Liter Wasser verbraucht.

Größe ist also eine Frage der Perspektive. Ich habe vor einiger Zeit selbst einmal mit einem Besitzer von landwirtschaftlichen Betrieben in Russland gesprochen. Im Jahr 2009 bewirtschaftete seine Firma rund 350 000 Hektar und beschäftigte 13 300 Mitarbeiter. Das Unternehmen hat vierzehn eigene Zuckerfabriken, verteilt über den ganzen westlichen Teil Russlands. Doch auch in der Ukraine, in Südamerika, den USA, Kanada und Australien gibt es gigantische Betriebe. So zählt ein Betrieb mit 2000 Hektar Acker in Nordamerika noch zu den Familienbetrieben, die oft nur mit wenigen Saisonarbeitskräften betrieben werden. Und mit denen müssen wir in Europa konkurrieren. Darum stellt sich für mich als rheinischen Ackerbauer auch die Frage, soll ich...

Wachsen oder weichen?

Wie trügerisch die Vorstellung von einem idyllischen Bauernhof ist, haben wir bereits gesehen. Die Realität der bäuerlichen Landwirtschaft hat mit Tradition und Brauchtum, Bodenständigkeit und einer einfachen, kargen oder gar romantischen Lebensweise nichts zu tun. Längst haben auch bei uns Hightech und Wirtschaftlichkeit Einzug gehalten – und da spielen Größen- und Skaleneffekte eine entscheidende Rolle.

Noch gibt es den bäuerlichen Familienbetrieb. Aber gerade er ist es, den die größten Nachwuchssorgen plagen. Der viel gerühmte Gemischtbetrieb mit Ackerbau und Viehzucht ist mit einer 38-Stunden-Woche nicht zu machen. Dreißig Kühe zweimal täglich zu melken, dann die einhundert Schweine zu füttern, die Eier einzusammeln und dann noch den Acker erfolgreich zu bewirtschaften setzt nicht nur ein ungemein breites Fachwissen voraus, es bindet auch einen großen Teil des Faktors Arbeit. Für Freizeit bleibt da kaum noch Raum, Familie und Urlaub haben sich dem Ablauf in der Natur unterzuordnen. Wenn das Wetter für die Getreideernte günstig ist, gibt es kein Pardon. Dann muss der Mähdrescher laufen, dann muss eben alles funktionieren: die Maschine *und* die Familie. Welcher junge Mann oder welche junge Frau ist denn heute noch bereit, sich dem Prinzip der Selbstausbeutung zu unterwerfen? Steht Profitmaximierung allen zu, nicht aber dem Bauern? Soll sich der Bauer in der gesellschaftlichen Hierarchie ohne Widerrede unten einordnen? Fragen wie diese werden in der ganzen Diskussion gerne vergessen oder ignoriert.

Um den landwirtschaftlichen Betrieb existenzfähig zu halten, bleibt für viele Landwirte nur die Möglichkeit, (weiter) zu wachsen. Auch dieses Prinzip gilt in der Landwirtschaft genauso wie in der übrigen Wirtschaft. Die Preise für unsere Produkte haben sich in den letzten Jahren so gut wie nicht verändert: Ein Ei kostet heute 10 Cent, in meiner Jugend, vor vierzig Jahren, waren es 20 Pfennig. Das Gleiche mit Zucker. Für ein Kilogramm Zucker mussten Sie vor dreißig Jahren 1,65 DM hinlegen, heute bekommen Sie das beim Discounter für 65 Cent. Die Kosten für die Produktion sowie Dünger, Diesel und Maschinen sind aber gestiegen. Bei einer immer geringer werdenden Gewinnspanne muss der einzelne Betrieb folglich höhere Mengen produzieren, um den gleichen Erlös zu erwirtschaften. Wenn das nicht mehr geht, muss der Bauer seinen Betrieb zumachen. Die Milchbauern, die 2015 auch in Deutschland auf die Straßen gingen (und nicht nur in Frankreich, wo viel öfter und massiver protestiert wird), konnten teilweise nicht einmal mehr das eigene Wachstum retten. Zu ruinös ist der Preiswettkampf für einige

Produkte geworden, Milch ist da nur das prominenteste Beispiel, von den Schweinemästern redet kaum einer.

Die brutale Marktlogik wird uns im Laufe dieses Buches noch häufiger begegnen, sie zieht sich quasi wie ein roter Faden hindurch. An dieser Stelle möchte ich aber – um auch noch etwas Positives einzustreuen – noch auf einen dritten Weg hinweisen, sozusagen einen Ausweg aus dem Hamsterrad des Wachsens oder Weichens. Und dabei hilft uns wieder Charles Darwin.

Das Besetzen einer Nische

Die berühmten Darwinfinken auf Galapagos haben es vorgemacht. Um zu überleben, haben sie sich an das vorhandene Nahrungsangebot auf unterschiedliche Art und Weise angepasst und sich zum Beispiel durch neue Schnabelformen zu neuen Vogelarten entwickelt. Dieser Vergleich passt, mit ein wenig Fantasie, auch für die Produktion von Nahrungsmitteln – auch wenn einem die Evolution in aller Regel etwas mehr Zeit lässt als der heutige Markt.

Ob es jetzt die Verfrühung von Salaten in Gewächshäusern ist, Spargel mit »Fußbodenheizung« durch die Nutzung von Abwärme aus Kraftwerken, Fischzucht in Aquakulturen – Beispiele für das erfolgreiche Besetzen von Nischen gibt es genug. Es gibt sie häufig am Anfang, aber auch am Ende der Vertriebskette. Auch Bauern- oder Hofläden beziehungsweise deren Wiederentdeckung und Anpassung an heutige Standards sind ein gutes Beispiel für clevere Anpassung: Hier bleibt nicht nur die Wertschöpfung beim Erzeuger, gleichzeitig haben Sie als Verbraucher auch wieder den direkten Bezug zum Hersteller, können ihn zu seiner Produktionsweise befragen und so ein Vertrauensverhältnis aufbauen. Natürlich ist die Auswahl nicht so riesig wie im Supermarkt, aber regionaler und saisonaler geht es nun wirklich nicht.

Das Selberpflücken von Blumen ist ebenfalls eine Nische, die vor allem am Stadtrand genutzt wird. Auch wenn Blumen eigentlich selten mit herkömmlicher Landwirtschaft in Verbindung gebracht werden, kann das im richtigen Umfeld einen guten Nebenverdienst darstellen. Manche meiner Kollegen werden richtig kreativ und übertragen sogar ungewöhnliche Vertriebsformen auf ihre Tiere: Sie vermieten Schafe oder verleasen Schweine. Auch das sind Beispiele dafür, wie findige Landwirte ihre Kunden an sich binden und ihnen gleichzeitig praktische Landwirtschaft nahebringen können.

Weiter geht es mit der Haltung von Damwild oder der Züchtung und Erhaltung spezieller Rassen. Dass aus einer kleinen Nische auch eine größere werden kann, beweist zum Beispiel die Bäuerliche Erzeugergemeinschaft Schwäbisch Hall (BESH). Hier wird mit großem Erfolg das Schwäbisch-Hällische Landschwein gezüchtet. Das Fleisch wird in eigenen Läden vermarktet. Für die geschützte Herkunftsbezeichnung müssen bestimmte Auflagen bei Aufzucht, Mast und Schlachtung eingehalten werden, so darf etwa nur regional und gentechnikfrei erzeugtes Futter verwendet werden.

In unserem Urlaub 2015 im Villnösstal, auf dem Außervisellhof in Südtirol, haben meine Frau und ich bei einem Vortrag das Villnösser Brillenschaf kennengelernt, von dem wir vorher noch nie gehört hatten. Weil es ein so gelungenes Beispiel für das Suchen und Finden einer Marktlücke ist, möchte ich ein wenig genauer darauf eingehen. Hier also die Geschichte vom Villnösser Brillenschaf: Die Rasse wäre im vergangenen Jahrhundert beinahe ausgestorben. Als es 1998 nur noch zweihundert Tiere gab, fassten ein paar engagierte Menschen den Entschluss, das Aussterben zu verhindern. Einer davon war Günther Pernthaler, der Zuchtwart für die Region zwischen Bozen und Brenner (ich hoffe, das stimmt so). Günther ist aber nicht nur Zuchtwart, sondern auch ein echter Typ: Anfang vierzig, dunkler Bart, wettergegerbte Haut. Und kann einem einen Knopf an die Backe reden. Nicht aufdringlich, sondern überzeugend. Einen eigenen Webauftritt hat er natürlich auch (villnoesser-brillenschaf.eu).

Ganze drei Bauern gab es noch, die 1998 diese Rasse hielten. Heute sind es knapp dreißig, viele davon jüngeren Datums. Die Zahl der Tiere ist wieder auf über 2000 gewachsen, die größte Herde außerhalb Italiens, 150 Tiere, besitzt ein Brillenhersteller aus Deutschland: Fielmann. Im Ernst! Für die ist es natürlich ein Marketinggag, der kommt aber nicht von ungefähr: Da musste jemand die Augenoptiker erst drauf bringen. Überhaupt haben sich die Menschen rund um das Brillenschaf viel einfallen lassen. So bekommen diese Schafe kein Soja, sondern nur Eiweiß aus anderen pflanzlichen Quellen. Es gibt tatsächlich ein eigenes Brillenschaffutter, das neben dem Weidegang zugefüttert wird. Um den Absatz des Fleisches in Gang zu bringen, wurden Restaurants angesprochen, eine Marketinggesellschaft gegründet, und man trat der Vereinigung Slowfood bei. Die Eintrittsgebühr (ein fünfstelliger Betrag) wurde von der Kommunalgemeinde getragen, die im Brillenschaf auch eine gute Werbung für die Ferienregion Villnöss sieht. Die Vermarktung der Wolle, die lange Zeit niemand haben wollte, läuft mittlerweile auch recht gut. In den Geschäften des Villnösstales werden Mützen, Handschuhe, Decken und andere Wollartikel vermarktet. Das alles mit dem eigens dafür angefertigten, künstlerisch gestalteten und recht witzigen Logo.

Das Villnösser Brillenschaf ist ein echter Renner. Mittlerweile gibt es nicht genügend Tiere, um die Nachfrage nach Fleisch zu decken. Die Preise sind so, dass sich die Haltung auch finanziell lohnt. Wir haben Wurst gekauft, zu einem Kilopreis von rund 35 Euro. Da bleibt auch was für den Landmann.

Der Erfolg hat viele Väter, auch das war am Vortragsabend zu spüren. Doch die Bauern ruhen sich auf ihrem Erfolg nicht aus. Seit wenigen Jahren wird in derselben Region auch auf das Graue Geisler-Rind gesetzt. Wieder etwas Besonderes, weil es sich laut Beschreibung um eine »autochthone Bergrinderrasse im Doppelnutzungstyp« handelt, also eine aus der Region stammende Rinderrasse für Milch und Fleisch. Und wer ist der Zuchtwart? Richtig: Günther. Mittlerweile halten fünfzehn Landwirte wieder das Geisler-Rind.

Ich könnte jetzt auch noch etwas über die Energiegenossenschaft Villnöss schreiben, aber das würde wirklich den Rahmen sprengen. Eines ist mir jedenfalls klar geworden: Im Villnösstal wird einiges anders gemacht. Beeindruckend anders. Es inspiriert und macht Mut, wenn jemand etwas auf die Beine stellt, an das vorher niemand wirklich geglaubt hätte. Weil es zeigt, dass es immer noch Menschen gibt, die nicht aufgeben, auch wenn es Rückschläge gibt. Die weitermachen, weil sie von einer Sache überzeugt sind, auch wenn andere sich kritisch oder ungläubig äußern. Und die nicht nur reden, sondern auch handeln.

Mittlerweile gibt es in Deutschland schon Betriebe, die Strauße, Alpakas und Lamas halten. Neben exotischen Tieren ist auch der Anbau von ungewöhnlichen Pflanzen ein interessanter Erwerbszweig. In unserem Garten wachsen neben Kiwis auch Spornblumen, Haferwurzel und Salat-Chrysanthemen. Und im Feld hat unser Sohn ein paar ungewöhnliche Kartoffelsorten stehen. Ich hatte mal von unterwegs eine Kiste »Blauer Schwede« mitgebracht, eine alte Kartoffelsorte, deren Schale und Fruchtfleisch tatsächlich blau sind. Das sieht etwas gewöhnungsbedürftig aus, vor allem, wenn man davon Kartoffelpüree, Reibekuchen oder Pommes macht. Sie schmecken aber sehr gut. Er hat sich dann noch »Bamberger Hörnchen« und zwei rotfleischige Kartoffeln besorgt, »Rosalinde« und »Rosemarie«. Auch das sind Sorten, die man nur noch in speziellen Läden bekommt. Dann hat er unseren Nachbarn, der Kartoffelbauer ist, gebeten, ihm doch einen kleinen Teil seines Ackers zur Verfügung zu stellen, damit er dort, von Hand, seine Sortenvielfalt anbauen kann. In jeder Reihe eine andere Sorte, das ergibt ein buntes Bild, weil die Sorten ja auch unterschiedliches Blattwerk haben und unterschiedlich blühen. Natürlich muss man diese Sorten im Herbst alle von Hand ernten, so wie in alten Zeiten. Und da wir so viele Kartoffeln nicht alle alleine essen können, verkauft er einen Teil, was ihm hilft, sein Studium mitzufinanzieren. Das sind keine Riesenbeträge, aber Kleinvieh macht auch Mist. Das alles ist nur ein erster Markttest, aber wer weiß, vielleicht wird die Nische ja größer.

Einige Landwirte haben sich auf Arzneipflanzen wie Baldrian, Kamille oder auch Ringelblume spezialisiert, wieder andere auf Gewürzpflanzen wie Kümmel, Thymian und Dill. Voraussetzung für einen größeren Anbau ist jedoch immer ein Vertrag mit einem Abnehmer. Von Liebhaberei allein kann schließlich niemand auf Dauer leben, das hat noch nie funktioniert. Außerdem gehört auch ein breites Wissen dazu, das man oft erst nach vielen Jahren erlangt hat, nicht nur über die Ernte, sondern auch über die Aufbereitung, vor allem die Trocknung, und die Lagerung, damit das Erntegut überhaupt vermarktbar ist. Einfacher ist da schon der Anbau von alten Getreidearten wie Emmer, Einkorn und Dinkel, weil die Technik aus Anbau, Pflege und

Ernte aus dem normalen Getreideanbau übernommen werden kann.

Ich bin Nebenerwerbslandwirt – meine persönliche Nische

Auch ich habe eine Art Nische gefunden. Doch in unserem Betrieb lief es ein wenig anders. Fehlende Viehhaltung und zusätzliche Pachtflächen wurden ersetzt durch meine Ausbildung und den Zuerwerb außerhalb des Betriebes, die längste Zeit als Abteilungsleiter bei einem Zuckerunternehmen mit Sitz im Rheinland. Dann kam noch eine Mietwohnung dazu, später wurden im alten Hühnerstall, der wie bereits berichtet ursprünglich ein Rinderstall war, Gewerbeflächen eingerichtet und vermietet. Ich hoffe, dass das unsere Mieter jetzt nicht lesen oder zumindest nicht falsch verstehen: Statt Kühe melken wir heute Mieter.

Ach so, also gar kein richtiger Landwirt? Tja, das ist etwas, was an meinem Ego knabbern könnte. Tut es aber nicht. Warum ich »nur« Nebenerwerbslandwirt bin, aber mich wie ein Vollerwerbslandwirt fühle? Das ist eine längere Geschichte. Meine Eltern waren so klug, der Empfehlung meiner Grundschullehrerin zu folgen, mich auf eine weiterführende Schule zu schicken. Die habe ich auch – ohne Ehrenrunde – bis zum Abitur absolviert. Als das geschafft war, stellte sich nun die Frage, wie es weitergehen sollte. Zur Landwirtschaft hat mich nichts gezogen, ich wollte lieber – zum Schrecken meiner Eltern – etwas mit Kunst machen. Zunächst ging es aber zur Bundeswehr, was damals noch fünfzehn Monate Grundwehrdienst bedeutete. Da lernt man viele verschiedene Menschen aus den unterschiedlichsten Schichten der Gesellschaft kennen und auch deren Geschichten. So langsam wurde mir klar, dass das Erlangen der Hochschulreife ja durchaus seinen Sinn und Zweck haben könnte. Also doch was mit Naturwissenschaften studieren, dafür hatte ich mich schon immer interessiert. Für das Studium der Biologie reichten die Noten nicht. Also habe ich überlegt, wo man denn Scheine machen könnte, die später angerechnet werden. Bei den Agrarwissenschaften! Über den Umweg Kunst-Bundeswehr-Biologie bin ich also quasi wieder »zu Hause« bei der Landwirtschaft gelandet, wo ich eigentlich nicht hinwollte, und habe mich dort immatrikuliert. Und nach sechs Wochen wusste ich, dass ich nie mehr etwas anderes machen wollte, so sehr hat mich die Vielfältigkeit dieses Studiums gepackt. Pflanzenproduktion, Tierproduktion, Landtechnik, Ökonomie und so viele andere Vorlesungen: Das war genau das, was ich zwar nicht gesucht, jetzt aber gefunden hatte! Ich machte das Vordiplom, dann spezialisierte ich mich auf Pflanzenbau. Ich verfasste eine sehr gute Diplomarbeit, hatte sonst zwar eher mäßige Noten, aber nach acht Semestern mein Diplom in der Tasche.

Und dann wieder ein Schock für meine Eltern: Mein Pflanzenbauprofessor bot mir eine Promotionsstelle an. Wahnsinnig gut bezahlt, 900 DM pro Monat! Mein Vater war zu diesem Zeitpunkt 69 Jahre alt und hatte wohl damit gerechnet, dass ich nun den Betrieb übernehmen würde und er sich zur Ruhe setzen könnte. Mir war schon unwohl dabei, meine Eltern zu fragen, ob ich noch weiter an der Uni bleiben könnte, da ich ja gesehen hatte, wie mein Vater all die Jahre körperlich schwer gearbeitet hatte und seine Kräfte langsam schwanden. Bis heute bin ich meinen Eltern dankbar dafür, dass sie all meine Bedenken in nur einem Satz entkräfteten: »Junge, mach das.« Und das hieß für sie: Wir machen hier noch weiter.

Als ich mit Anfang 26 dann den Doktorhut aufhatte, war

es fast klar, dass ich nun nicht mehr als Vollerwerbslandwirt auf unseren 40-Hektar-Ackerbaubetrieb zurückkommen würde. Schon damals war absehbar, dass das Einkommen für drei Generationen nicht ausreichen würde. Denn eine Frau und gemeinsame Kinder sollten ja auch bald kommen.

MEIN PARTNER MARTIN

Ja, ich habe neben meiner Frau auch noch einen weiteren Partner. Das ist Martin vom Nachbarshof. Seit 46 Jahren, also noch länger als meine Ehe, arbeiten unsere beiden Betriebe zusammen. Angefangen hat dies schon mit meinem Vater. Er und Martin hatten beide ihre eigenen Schlepper und ihren eigenen, kleinen, vom Schlepper gezogenen Mähdrescher. Beide waren alt (die Maschinen!). Damals kamen die ersten selbstfahrenden Mähdrescher auf den Markt und Martin zu meinem Vater. Ob es nicht sinnvoll wäre, gemeinsam einen Selbstfahrer zu kaufen? Das hätte auch den arbeitswirtschaftlichen Vorteil, dass einer mäht, der andere das Getreide wegfährt. Bisher hatte das jeder für sich gemacht. Gesagt, getan.

Wieso reicht aber heute ein Schlepper für zwei Betriebe? Das liegt bei uns vor allem auch an der sogenannten Strukturbereinigung in der Zuckerindustrie. Vor vierzig Jahren war die nächste Zuckerfabrik nur acht Kilometer entfernt. Natürlich haben wir Rüben dort selbst hingefahren, wir hatten ja zwei Schlepper. Dann wurde die Zuckerfabrik geschlossen, die nächste war schon sechzehn Kilometer entfernt. In den ersten Jahren sind wir auch da noch selbst hingefahren, aber das brauchte viel Zeit, sowohl was den Transport als auch was die Wartezeiten an der Fabrik anging.

Dann entstanden die ersten Maschinenringe. Jetzt haben wir tagelang mit einem zweireihigen Roder unsere Rüben geerntet und die Rüben am Feldrand gelagert. Dann wurden sie mit einem Gerät, das die Rüben vorreinigte, aufgeladen und anschließend zur Fabrik gefahren. Wir hatten nun Tage, an denen wir von morgens bis abends nur Rüben gefahren haben. Und zwar so viel, wie es der eigenen Erntemenge entsprach. Das musste koordiniert werden, war aber insgesamt schon eine Erleichterung.

Als dann auch diese Zuckerfabrik geschlossen wurde und die nächste 35 Kilometer entfernt lag, sind wir mit unserem Trecker nicht mehr mitgefahren. Dafür war der zu langsam und der Zeitaufwand zu hoch. Die Rüben wurden jetzt auf LKWs geladen, die aber auch Bauern gehören. Das Rübenroden haben wir ebenfalls an den Maschinenring, in dem wir Mitglied sind, abgegeben. Was früher mit dem zweireihigen Roder mehrere Tage dauerte, macht heute ein sechsreihiger Selbstfahrer innerhalb weniger Stunden. Und wer fährt den Roder? Natürlich ein Bauer aus dem Maschinenring.

Wie ist es in der Getreideernte? Auch da reicht heute ein Trecker aus. Vor der Kooperation hatte jeder der beiden Betriebe wie erwähnt noch seinen eigenen, vom Schlepper gezogenen Mähdrescher. Dann kam der erste Selbstfahrer mit einer Arbeitsbreite von etwas über zwei Meter. Heute haben Martin und ich mit zwei weiteren Landwirten zusammen einen Mähdrescher mit 6,60 Meter Arbeitsbreite. Wenn das Getreide gemäht wird, leihen wir uns untereinander die Anhänger aus, sodass der Mähdrescher nie stillstehen muss. Da die Genossenschaft, zu der wir das Getreide liefern, bei mir direkt vor dem Hof ihr Lager hat, reicht im Normalfall ein einziger Schlepper aus, um das Getreide wegzufahren.

Mit der Zeit haben Martin und ich also immer mehr Maschinen gemeinsam angeschafft, größere dann auch mit noch mehr Nachbarn, mit unterschiedlichen Beteiligungen, je nach Bedarf. Beim Schlepper gehören mir 40 Prozent, beim Pflug und der Sämaschine sind es 25 Prozent, beim Mähdrescher nur 9 Prozent. Investitionen werden immer von der Gruppe gemeinsam entschieden. Ein wirkliches Erfolgsmodell, wenn man sich auch menschlich versteht.

Nachdem die Maschinengemeinschaft so gut lief, sind Martin und ich vor rund zehn Jahren dann auf die Idee gekommen, auch die Flächen gemeinsam zu bewirtschaften. »Mein Weizen, dein Weizen« und »meine Rüben, deine Rüben« gibt es seitdem nicht mehr. Es ist »unser« Weizen, und es sind »unsere« Rüben, die wir gemeinsam, je nach prozentualem Anteil vermarkten. Das ist also kein echtes Wachstum, sondern sind eher »gefühlte« Synergieeffekte, wie der Betriebswirt sagen würde, oder Effizienzsteigerung und bessere Ressourcennutzung. Das geht so weit, dass wir auch den Einkauf der Betriebsmittel zusammengelegt haben. So lagert der Diesel für beide Betriebe auf meinem Hof, und auch viele Maschinen sind bei mir untergebracht. Was die Zuständigkeiten angeht, hat Martin für alles den Hut auf, was im Feld passiert. Ich kümmere mich hauptsächlich um Ein- und Verkauf. Auf die Idee mit der Flächenzusammenlegung hätten wir eigentlich schon früher kommen können. Aber gut, Hauptsache, wir sind überhaupt darauf gekommen. So, wie es jetzt läuft, könnte es jedenfalls kaum besser gehen – und das zählt.

Martin war schon früh ein hilfreicher Ansprechpartner, als ich überlegte, wie es gehen könnte, dass ich außerhalb der praktischen Landwirtschaft Geld dazuverdiene, um so meinen Ansprüchen, denen meiner Eltern und der zukünftigen Ehefrau und Kinder zu genügen. So entstand die oben beschriebene Maschinen- und Arbeitsteilung. Da Martin für seine Mehrarbeit von mir entlohnt wurde, ein typisches Winwin-Modell, das bis heute funktioniert. Es hat in den besagten 46 Jahren unserer Partnerschaft nie ein falsches Wort gegeben. Heute habe ich eigentlich nur noch drei »Dinge«

allein für mich: meine Ehefrau, die Motorsäge und den Rasenmäher. Die beiden Letzteren leihe ich ihm aber auch schon mal aus.

Nun kennen Sie die persönliche Geschichte, die dazu führte, dass ich Nebenerwerbslandwirt bin. Es gibt aber auch übergeordnete Gründe, die nicht nur für mich gelten, allen voran der bereits erwähnte Strukturwandel. Die Bedeutung der Ernährungssicherung, die einmal gesellschaftlich gewollt war, ist von der absoluten Priorität immer mehr in den Hintergrund getreten. Ein Glück, könnte man sagen, aber heute drohen das viele Verbraucher bei uns komplett aus den Augen zu verlieren. Die Beliebigkeit des Weltmarktes, auf dem sich jeder bedienen kann, hat mit dazu beigetragen. Deutschland ist nicht mehr nur auf die eigene Landwirtschaft angewiesen, gleichzeitig produziere ich selbst auch für den Weltmarkt, dessen Regeln für mich schwer durchschaubar sind. Die Zeit des überschaubaren, vorhersehbaren Mikrokosmos eines Dorfes, einer Region, eines Bundeslandes sind längst passé.

Waren wir Landwirte in früheren Zeiten noch ein wichtiges Glied in der Dorfgemeinschaft, so stellen wir heute fest, dass die Dorfgemeinschaften auseinanderfallen (beziehungsweise großteils bereits auseinandergefallen sind). Entsprechend sinken auch unser Ansehen und unsere Akzeptanz in der Gesellschaft. Das ist eine relativ neue Entwicklung, und die kratzt an unserem Selbstverständnis, da bin ich ganz ehrlich. Aber das ist im Grunde nur ein unschöner Nebeneffekt. Denn in erster Linie muss ich schauen, wo ich mit meiner Arbeit bleibe. Die Marktlogik hat alles andere immer weiter verdrängt und ersetzt.

Wenn das Ernähren der Menschen nicht mehr für die Ernährung der eigenen Familie reicht, ist es oft notwendig, ein externes Einkommen zu erwirtschaften. Häufig bedeutet das, dass der Mann auf dem Hof arbeitet und die Frau in Teil- oder Vollzeit zum Lebensunterhalt mit beitragen muss. Von dem Einkommen der Frau mit abhängig zu sein ist für viele Männer schwere Kost – da herrscht leider oft noch ein »traditionelles« Verständnis vor. Viele meiner Kollegen sind dann von sich selbst enttäuscht, nicht selten führt dies auch zu persönlichen Versagensängsten, die auch gesundheitliche Folgen haben können. Aus dem Familienbetrieb ist in vielen Fällen ein Ein-Mann-Unternehmen geworden, in dem der Rest der Familie, Ehefrau und Kinder, in anderen Erlebniswelten unterwegs sind. Sie haben andere soziale Kontakte, treffen andere Freunde und reden über andere Themen als Ackerbau und Viehzucht. Auch die räumliche Trennung von Kindern, die studieren, der Ehefrau, die auswärts arbeitet, bedeutet, dass das Zusammentreffen am gemeinsamen Tisch und der Austausch über das Erlebte immer seltener stattfinden.

In meiner Jugend war das normal, egal, ob beim Frühstück oder beim Abendessen, wo die ganze Familie zusammensaß. Die Themen des Tages, die Erfolge und Misserfolge, die Sorgen und erfreulichen Ereignisse im Betrieb bekamen wir hautnah mit. Es war halt noch ein wirklicher Familienbetrieb. Heute macht ein Mann die ganze Arbeit allein, viele Berufskollegen sagen mir, dass sie ja »nicht mehr runter vom Bock« kommen. Da fehlen dann auch zunehmend die sozialen Kontakte zwischen Berufskollegen, die Konkurrenz wird auch hier schärfer, die Solidarität nimmt ab. Entscheidungen werden immer weniger im Familienverband gefällt, Fehlentscheidungen müssen alleine getragen werden. In so einem Ein-Mann-Betrieb sinken logischerweise auch die Möglichkeiten, eigene Probleme in der Reflexion mit anderen frühzeitig zu erkennen, weil oft die Zeit und dann auch die Kraft für den wichtigen Austausch mit anderen fehlen.

Ein Weg aus diesem Dilemma ist die Kooperation, zum Beispiel wie bei Martin und mir. Aus dem Ein-Mann-Betrieb wird so wieder eine Gemeinschaft, es können freie Zeiten für Familie und Freizeit geschaffen werden. Entscheidungen werden gemeinschaftlich getroffen, Erfolge und Misserfolge werden geteilt. Dazu bedarf es eines wechselseitigen Vertrauens und der Fähigkeit, dem oder den Kooperationspartnern auch »vergeben« zu können, wenn etwas schiefgelaufen ist, was natürlich auch vorkommt. Liebe Berufskollegen, probiert es doch einfach aus! Nein, die Kooperation ist nicht der Beginn des Ausstieges, so wie ihr vielleicht denkt. Unsere Kooperation funktioniert nun schon seit 46 Jahren. Irgendwie müssen wir doch etwas richtig gemacht haben.

Egal, ob Neben- oder Vollerwerbslandwirt – am Ende ist diese Unterscheidung nur etwas für die Statistik. Landwirt ist man im Kopf. Das vergisst man nicht, wenn man zusätzlich irgendwo im Büro sitzt und etwas anderes macht. Da schaut man immer mit den Augen des Bauern auf den Wetterbericht, liest die Börsenkurse an der MATIF (der Terminbörse für Waren) und denkt immer daran, was das für den eigenen Betrieb für Konsequenzen haben könnte. Und wenn ein Gewitter aufzieht, ruft man an, ob es zu Hause gehagelt hat. Und ist froh, wenn das nicht der Fall ist und das kurz vor der Ernte stehende Getreide, die Zuckerrüben und der Raps keinen Schaden erlitten haben. Landwirt ist mehr als ein Beruf: Landwirt ist ein Gefühl, eine Berufung (klingt wieder ein bisschen pathetisch, aber treffender kann man es meiner Meinung nach nicht ausdrücken).

Das Unternehmertum gilt natürlich auch für viele Menschen, die unsere Produkte weiterverarbeiten. Die Inhaber von Mühlen oder von Schlachtereien haben ihr heutiges Unternehmen oft aus kleinen Verhältnissen aufgebaut. Einige von ihnen kenne ich seit vielen Jahren persönlich. Es sind nicht selten sehr bescheidene und, wie man so schön sagt, ganz normale Menschen, denen man nicht ansieht, dass sie heute über 100 Millionen Euro Umsatz im Jahr machen und damit vielen Hundert Menschen Arbeit geben. Wir Landwirte, die meist nur Rohstoffe anbieten, müssen uns auf sie verlassen können, sonst können wir einpacken.

Im Frühjahr 2015 habe ich einen Müller kennengelernt, der das ganz anders sieht – zumindest auf den ersten Blick. Er sagte mir und anderen Landwirten, dass seine Existenz davon abhängt, dass *er* sich auf *uns* Landwirte verlassen könne. Wenn er von uns nicht die Qualität an Getreide bekommt, die sein Kunde haben will, kann er seinen Laden dichtmachen. Von dieser Seite hatte ich das lange nicht betrachtet, aber es ist natürlich wie in jeder Beziehung, ob nun beruflich oder privat: Die Qualität und das Gelingen hängen ganz entscheidend vom Vertrauen ab, das man von beiden Seiten zueinander hat; und dafür kann man die Bedeutung von Zuverlässigkeit für Unternehmer gar nicht stark genug betonen. Und nicht nur das.

Der Bauer als Unternehmer

Für mich ist der Begriff Unternehmer positiv besetzt. Ich bin Unternehmer, weil ich selbstständig etwas unternehme und das Risiko dafür trage. Als Angestellter einer Firma oder Organisation erledige ich einen Job, gehe abends nach Hause und kann die Füße hochlegen. Klar, man denkt mal drüber nach, was der nächste Tag wohl bringen wird, was man nicht vergessen darf und wer noch angerufen werden oder eine Mail bekommen muss. Das ist aber nicht wirklich existenziell (selbst wenn man das seinem Chef gegenüber vielleicht anders darstellen sollte). Und ich will auch gar nicht leugnen oder kleinreden, dass sich mehr als genug Angestellte ernsthaft Sorgen in und um ihren Job machen. Glaubt man den Medienberichten, gibt es schließlich immer mehr ausgebrannte Arbeitnehmer. Trotzdem ist man mit einem eigenen Betrieb in einer ganz anderen Ausgangslage. Meine Planungen gehen mindestens über mehrere Monate, bei Investitionen sogar über Jahre und Jahrzehnte. Mit dem, was ich heute entscheide, muss ich in der Zukunft leben. Und mit dem, was ich nicht entscheide, auch. So betrachtet, ist »nicht entscheiden« keine Option. Und ich kann mich auch nicht einfach auf eine andere Stelle bewerben, wenn mir die aktuelle Situation nicht mehr gefällt. Ob ich auf Gedeih und Verderb da drinstecke – diese Frage stellt sich nicht, das ist einfach so.

Einige ganz alltägliche Beispiele: Als im Januar 2015 die Rohölpreise fielen, konnte ich mir überlegen, ob ich die Option ergreife, Diesel für meinen Betrieb vorzukaufen. Wo aber steige ich ein? Bei 80 Dollar pro Barrel oder noch warten, weil er wahrscheinlich noch weiter fällt? Bei 70 Dollar? Oder fällt er noch weiter? Ich habe weiter gewartet, bis er den Tiefpunkt erreicht hatte. Aber da habe ich nicht gekauft, weil mir niemand gesagt hat, dass das der Tiefpunkt sein würde. Also habe ich gewartet, bis der Preis wieder stieg. Und ich habe die Relation von Dollar zu Euro im Auge behalten, weil ja Rohöl in Dollar gehandelt wird, ich aber in Euro bezahle. Ich hätte bei 1,10 Euro pro Liter Diesel kaufen können, habe aber erst bei 1,13 Euro den Kontrakt für ein ganzes Jahr abgeschlossen. Zu spät? Theoretisch ja, aber ich kann heute gut damit leben, weil er später wieder deutlich über 1,13 Euro stieg.

Einen Vorkauf habe ich auch beim Dünger gemacht. Der Preis hat sich entgegen der Prognose später kaum verändert, bezahlt habe ich aber schon beim Abschluss und mir selbst damit Liquidität entzogen. Kein Verlust, aber ich hätte warten können.

Anders beim Getreide: Ich habe bereits im Juli 2014 Weizen, den ich erst im August 2015 geerntet habe, im Preis abgesichert. Warum? Weil von überall auf der Welt Meldungen kamen, dass mit einer großen Erntemenge zu rechnen sei. Und so ist es auch gekommen. Und wenn viel da ist, fallen normalerweise die Preise. So die Logik. Was aber niemand auf dem Bildschirm hatte, war die Entwicklung des Euro. Der fiel nämlich im Winter 2014/15 im Verhältnis zum Dollar sehr stark ab. Und da Getreide in Dollar gehandelt wird, war europäisches Getreide und damit auch mein Weizen aufgrund des niedrigen Euro auf dem Weltmarkt viel konkurrenzfähiger als erwartet und wurde sehr gut nachgefragt. Trotz großer Angebotsmenge *stieg* der Preis! So beeinflusst beispielsweise die Griechenlandkrise, die zu einem Verfall des Euro gegenüber dem Dollar führte, meinen Weizenpreis. Auch der russische Einfuhrstopp hat natürlich massive Konsequenzen für uns Landwirte. Da sage noch einer, die Bauern fahren mit ihrem dicken Schlepper über ihre Scholle und interessieren sich nicht fürs Weltgeschehen.

Und trotzdem bin ich mit meiner Entscheidung zufrieden. Ich hätte zwar mehr bekommen können, aber das, was ich bekommen werde, reicht, um mehr als nur die Kosten decken zu können. Der Gewinn ist halt kleiner, als er im besten Fall hätte sein können, aber das ist er fast immer. Auch so eine Unternehmererkenntnis.

Meinen Berufskollegen in den USA oder Kanada ist es natürlich entsprechend anders ergangen. Weil mein europäischer Weizen so konkurrenzfähig gegenüber ihrem Weizen war, ist er in die Länder verkauft worden, in die sonst amerikanischer Weizen gegangen wäre. Die Dollarstärke hat ihnen also den Markt verstopft. Das kann sich in ein paar Monaten natürlich ins Gegenteil verkehren. Dann sitze ich wieder am kürzeren Hebel. Das ist der Weltmarkt, und mir hat auch noch niemand erklären können, wie man diese Mechanismen umgehen kann. Außer mit einem Hofladen, aber das werde ich an anderer Stelle noch erläutern.

Auch hier möchte ich kurz die Entwicklung zum Status quo kurz nachzeichnen, um zu veranschaulichen, wie rasant sich der Beruf des Bauern gewandelt hat. Zu meines Großvaters und im Grunde auch noch zu meines Vaters Zeiten gab es eigentlich ausschließlich sehr regionale Märkte. Mein Großvater hat das Getreide zum Nachbarort in die Mühle gefahren und mit dem Müller einen Preis ausgehandelt. Den hat er ihm ausgezahlt, und mit dem Geld in der Tasche ist er nach Hause gefahren. Der Müller hat den Weizen gemahlen und an die Bäcker in der Umgebung verkauft. Die haben daraus Brötchen gebacken und an die Leute in unserem Dorf verkauft. Großvaters Weizen blieb also im Dorf.

Was passiert mit meinem Weizen heute? Den fahre ich vom Mähdrescher direkt zur Filiale der Genossenschaft, die eine Lagerkapazität von rund 35 000 Tonnen hat. Im Umkreis von zwanzig Kilometern fahren meine Berufskollegen fast alle dorthin, weil es sonst kaum noch eine Getreideerfassung gibt. Bevor ich den Weizen ablade, wird erst eine Qualitätskontrolle gemacht, die auch Bestandteil der Bezahlung ist. Je nachdem, wie die Kriterien ausfallen, wird er unterschiedlich eingelagert und auch bezahlt. Kriterien sind zum Beispiel der Proteinwert (Eiweißgehalt), die Fallzahl (Kriterium für Backeigenschaften), das Hektolitergewicht (Anzeiger für Mehlanteil im Korn) oder der Anteil an Auswuchs (gekeimte Körner). Stimmt eines dieser Kriterien nicht, wird die komplette Lieferung kein Brotgetreide, sondern zum Futtergetreide herabgestuft. Dann gibt es weniger Geld für mich. Und ist es zu feucht, muss es getrocknet werden. Das kostet auch wieder Geld. Der Kontraktpreis wird also nur gezahlt, wenn alle Bedingungen erfüllt werden. Vertrag ist Vertrag.

Jetzt liegt das Getreide im Lager der Genossenschaft. Habe ich einen Vorkontrakt gemacht, gibt es zehn Tage später das Geld aufs Konto. Wenn nicht, bleibt es dort liegen, bis ich mich für einen Verkauf entscheide, und ich muss Lagerkosten dafür bezahlen. Umsonst kann das auch die Genossenschaft nicht lagern. Der Verkäufer der Genossenschaft kümmert sich nun um die weitere Vermarktung. Kann sein, dass es eine Mühle in Neuss oder Köln kauft, kann aber auch sein, dass es nach Duisburg oder Mannheim geht, oder noch weiter, in den Export. Vielleicht geht es auch in eine Fabrik, die daraus Bioethanol macht, das dem Benzin beigemischt wird. Mehl, Futter oder Sprit – Teller, Trog oder Tank: Wo es landet, entscheidet der Käufer, nicht der Bauer! Das ist den meisten Verbrauchern nicht bewusst, wie ich immer wieder feststelle. Und eine weitere Folge der entstandenen Lücke zwischen Verbraucher und Bauer.

WIE VIELE STUNDEN ARBEITET EIN BAUER?

Da kommt mir der Schreiner in den Sinn, der vor Kurzem bei uns war (gleich noch mehr zu ihm). Wenn der mit seiner Arbeit bei mir fertig ist, fährt er nach Hause und macht Feierabend. Normalerweise hat der einen 8-Stunden-Tag und samstags frei. Klar, wenn viel Arbeit anliegt, arbeitet der schon mal länger und auch mal am Samstag. Aber dann feiern die Angestellten die Überstunden wieder ab oder bekommen einen Zuschlag.

Das ist bei mir anders. Ich muss mich nach der Natur richten, und da gibt es saisonale Spitzen. Wenn Getreideernte ist, kann es auch schon mal vorkommen, dass ich erst um zwei Uhr morgens ins Bett komme, um dann um sieben wieder aufzustehen und den Mähdrescher abschmiere, damit es um zehn weitergehen kann. Und das kann dann auch eine ganze Woche so gehen, und ich komme leicht auf eine 70-Stunden-Woche und mehr. Wenn es nicht gerade regnet.

Aber dann gibt es auch Zeiten, zum Beispiel im Winter, wo der Arbeitsdruck nicht so hoch ist. Arbeit ist auch dann genug da: Ich sitze dann mehr im Büro und schaue, dass ich den Papierkram, der erledigt werden muss, vom Schreibtisch bekomme. Und ich mache Planungen, Auswertungen und Kalkulationen für die Zukunft. Dazu ist im Sommer meist wenig Zeit.

Jetzt bin ich ja nur Ackerbauer. Meinen Kollegen mit Viehhaltung ergeht es da ganz anders. Ich habe während meiner Ausbildung ein Praktikum von sechs Monaten auf einem Milchviehbetrieb gemacht. Im Sommer: Aufstehen um vier Uhr, füttern, melken und um neun Frühstück. Dann tagsüber Futter besorgen, Feldarbeiten erledigen und um 17 Uhr wieder in den Stall. Füttern, melken und um acht Abendessen. Dann noch eine Stunde Fernsehen und um neun ab in die Koje, denn um vier klingelt wieder der Wecker. Im Winter dann deutliche Entspannung: Aufstehen erst um 4:30 Uhr, Abendessen schon um 19:30 Uhr. Also Entspannung pur. Einzige Freizeit: Sonntags nach dem Hochamt bis zum Melken um 16 Uhr. Deshalb habe ich auch nie Vieh angeschafft. Wann macht denn nun ein Bauer einmal Urlaub vom Bauernhof?

Ich bin kein Schreiner. (Entschuldigt, liebe Schreiner, aber das Beispiel ist für mich so plastisch.) Deshalb gibt es Jahreszeiten, in denen Urlaub einfach nicht geht. Im Sommer sind es vielleicht mal die letzten zwei Wochen vor der Gerstenernte. Aber da muss man schon gut vorarbeiten, damit ein paar Tage drin sind. Ansonsten bleiben nur die Wintermonate von Dezember bis Februar. Wenn man kein begeisterter Skifahrer ist, setzt man sich dann ins Flugzeug und fliegt in die Wärme. Je nach Geldbeutel ist es dann Malle, Kanaren oder weiter. Oder auch kein Urlaub, wenn das der Geldbeutel eben nicht hergibt.

Für meine viehhaltenden Kollegen ist ein Urlaub fast unmöglich. Weil man den Kühen nicht mal eben für zwei Wochen das Euter zubinden kann – und weil man das Milchgeld auch dringend braucht. Denn die Viecher fressen ja weiter.

Wie können denn die Viehhalter mal zu Urlaub kommen? Da hilft eventuell der Betriebshelferdienst, der für ein paar Tage die Arbeiten im Stall übernimmt. Der kostet zwar Geld, aber anders geht es nicht. Und man muss auch unbedingtes Vertrauen zu dem Menschen haben, der das dann macht. Denn schließlich geht es um einen wertvollen Viehbestand, und da gehen Fehler ins Geld, weil »Reparaturen« am Vieh oft lange dauern können oder sogar unmöglich werden.

Eine andere Möglichkeit wäre auch hier wieder eine Kooperation (Sie merken schon, ich stehe auf Zusammenarbeit). Vorausgesetzt, man bekommt eine faire Arbeitsaufteilung organisiert oder Mehrbelastungen in irgendeiner Form ausgeglichen. So eine Kooperation funktioniert nicht auf Knopfdruck – kann sich aber lohnen.

ORGANISATIONEN, VERBÄNDE, KAMMERN

Wie organisieren sich eigentlich Landwirte? Da sind zum einen die *Bauernverbände*, die auf Ortsebene beginnen, dann darüber die Kreisbauernschaften, die wiederum zu den Landesverbänden zusammengefasst werden. Die neunzehn Landesverbände (Baden-Württemberg, Rheinland-Pfalz und Nordrhein-Westfalen haben jeweils zwei Landesverbände) bilden den Deutschen Bauernverband. So ist unser Betrieb seit Jahrzehnten Mitglied des Rheinischen Landwirtschaftsverbandes. Schon mein Vater war dabei. In der Geschäftsstelle erhalte ich Informationen und Hilfe bei rechtlichen Fragen, zur Sozial- und Umweltpolitik, der pflanzlichen und tierischen Produktion. Von hier aus wird auch Öffentlichkeitsarbeit betrieben und Lehrfahrten organisiert. Darüber hinaus gibt es aber auch noch alternative Verbände, wie zum Beispiel die Arbeitsgemeinschaft bäuerliche Landwirtschaft e.V. (AbL), den Bundesverband Deutscher Milchviehhalter (BDM) oder den Bund Ökologischer Lebensmittelwirtschaft e.V. (BÖLW).

Die *Landwirtschaftskammern*, die von uns Landwirten mitfinanziert werden, beraten uns bei den Fragen des landwirtschaftlichen Alltags. Hier einmal ein Ausschnitt des Angebotes der Landwirtschaftskammer NRW, die für mich arbeitet (die Themenübersicht habe ich vom Internetauftritt der Kammer übernommen):

— *Rund um den Betrieb:*
 Unternehmensführung, Arbeitnehmerberatung, Landservice, Markt, Sachverständige, Weiterbildung
— *Pflanzenbau:*
 Ackerbau und Grünland, Ökolandbau, Pflanzenschutzdienst
— *Tierhaltung:*
 Tierproduktion, Energie, Bauen, Technik, Tiergesundheitsdienst, Tierseuchenkasse
— *Land und Natur:*
 Ländliche Entwicklung, Naturschutz, Gewässerschutz, Klima und Klimaschutz, Wasserschutz

Hinzu kommen noch Themen wie Berufsbildung, Förderung und, ganz wichtig, ein Versuchswesen, das uns mit aktuellen Ergebnissen versorgt. Zum Leidwesen der Mitarbeiter und auch uns Landwirten nimmt der Bereich Förderung aufgrund immer neuer und zusätzlicher Regelungen einen immer größer werdenden Umfang an und blockiert so wertvolle Zeit, die man für Besseres als Verwaltung verwenden könnte. Wie gesagt, da sind sich die Mitarbeiter der Kammer und wir Landwirte uns einig. Mehr dazu beim Thema Subventionen.

Um die Kosten für große und teure Maschinen auf viele Schultern zu verteilen, haben sich Landwirte in *Maschinenringen* zusammengefunden – ich erwähnte es bereits kurz. Ich bin Mitglied in einem Maschinenring, der mittlerweile über 500 Mitglieder hat und bei mir im Betrieb die Rübenernte und -abfuhr erledigt. Ein moderner Rübenroder ist für einen einzelnen Betrieb unerschwinglich. Das Gleiche gilt für den Reinigungslader, der die Rüben, die am Feldrand abgelegt wurden, auf die Transportfahrzeuge lädt. Das Prinzip des Maschinenrings besteht darin, dass Landwirte für Landwirte arbeiten. Ein Gewinn soll nicht erwirtschaftet werden, die Kosten müssen aber gedeckt und Rücklagen für Neuanschaffungen getätigt werden. Je nach Region übernehmen die Maschinenringe vielfältige Aufgaben wie Aussaat, Mähdrusch, Gras- und Heuernte, vermitteln und verleihen Maschinen, sorgen für Winterdienst, übernehmen Betriebshilfsdienste, helfen beim Wegebau und vieles mehr. Derzeit sind über 190 000 Betriebe Mitglied in einem Maschinenring, also rund zwei Drittel aller landwirtschaftlichen Betriebe in Deutschland. Dabei wurde der erste Maschinenring erst 1958 gegründet. Er ist also eine wirkliche Erfolgsgeschichte.

Und dann bin ich noch Genosse: Genosse Bauer. Der Begriff »Genosse« leitet sich vom Altdeutschen »ginoz« ab und bezeichnet einen Teilhaber an einer gemeinsamen Fläche (Allmende). Schon mein Vater war Mitglied einer *Genossenschaft*, und ich bin es auch. Und da bin ich nicht alleine, denn »meine« Genossenschaft hat rund 1200 Mitglieder.

Diese und weitere rund 800 landwirtschaftliche Kunden (die nicht Mitglied sind) verteilen sich auf ein Gebiet westlich von Köln mit einer Nord-Süd-Ausdehnung von etwas mehr als hundert Kilometern Länge und einer West-Ost-Achse von etwa fünfzig Kilometern.

Die Geschichte der Genossenschaften geht im Wesentlichen auf die Idee von Friedrich Wilhelm Raiffeisen zurück, der 1847 im Westerwald einen Hilfsverein für die ländliche Bevölkerung gründete. Damals ging es in erster Linie um die Vermittlung von Krediten, die für Bauern bei regulären Banken nur zu schlechten Konditionen erhältlich waren. Heute haben sich die Genossenschaften wesentlich weiter entwickelt, aber noch immer sind sie im Besitz der Genossen, also von den Landwirten, die sich bei Eintritt in die Genossenschaft mit dem Kauf von Anteilen beteiligen. Prinzipiell kann jedes Mitglied in der Generalversammlung an der Entwicklung seines Unternehmens teilhaben. Aber natürlich gibt es auch Gremien: Da ist zum einen der Vorstand, der meist aus ehrenamtlichen und »Full-time«-Spezialisten besteht, die dann auch das operative Geschäft steuern. Zur Kontrolle des Vorstandes wird der Aufsichtsrat gewählt, der dem Vorstand »auf die Finger schaut«.

Auch ich wurde von der Generalversammlung meiner Genossenschaft in den ehrenamtlichen Vorstand gewählt. Eine zeitintensive und nicht zuletzt auch verantwortungsvolle Aufgabe, schließlich haften wir auch mit unserem Privatvermögen, falls die Genossenschaft durch vorsätzliche oder grob fahrlässige Fehlentscheidungen zu Schaden käme. Bei einem Umsatz von über 130 Millionen Euro und den heutigen Marktrisiken wird man da schon nachdenklich, denn dann wäre nicht nur unser schöner Hof weg vom Fenster!

Mir ist meine Genossenschaft aber wichtig, weil sie mir vernünftige Konditionen für den Einkauf und die Vermarktung meiner Produkte anbieten kann. Ich beziehe meine Betriebsmittel von ihr und liefere mein sämtliches Getreide und allen Raps an sie. Und sie bietet mir vielfältige Möglichkeiten, den Ein- und Verkauf meiner Waren durch Kontrakte und andere Instrumente abzusichern.

Die Genossenschaft ist in der Lage, mit modernen und risikoorientierten Marktinstrumenten die mit mir getätigten Geschäfte ihrerseits weiterzuhandeln. Oft geht sie dazu den Weg über die Warenterminbörse, der für mich als einzelnen Landwirt zwar möglich, aber sehr aufwändig und kostenintensiv wäre. Zudem wird eine Menge Liquidität gebunden. Das überlasse ich dann lieber den Spezialisten meiner Genossenschaft. Denn eines ist dabei ganz klar: Sicherheit geht vor, gezockt wird nicht (hier kommen auch wieder die Aufsichtsgremien ins Spiel). Denn nicht die Gewinnmaximierung steht im Vordergrund, sondern der genossenschaftliche Förderauftrag für die Mitglieder.

Auch bei der Logistik bietet mir meine Genossenschaft sehr gute Konditionen. Weil der Förderauftrag wie gesagt Priorität hat, wurde bei uns immer schon sehr intensiv in schlagkräftige und moderne Standorte investiert. Das ist zum Beispiel in der Getreideernte von enormer Wichtigkeit. Seit an »meiner« Geschäftsstelle eine schlagkräftige Annahme mit einer Stundenleistung von 500 Tonnen installiert wurde, sind die Wartezeiten dort sehr niedrig. Meist bin ich mit meinem Fahrzeug dreißig Minuten nach der Ankunft wieder unterwegs zum Feld, sodass dort der Mähdrescher nicht warten muss. Das ist viel wert in der Ernte, in der jede Stunde zählt. Und was auch noch viel wert ist: Ich habe spätestens eine Woche nach der Anlieferung das Geld auf meinem Konto. Ganz sicher. Und am Ende des Jahres gibt es bei der Genossenschaft sogar noch eine Rückvergütung auf alle bezogenen oder verkauften Waren. Das ist dann sozusagen meine Dividende auf das eingezahlte Kapital, die nur anders heißt.

Deshalb kann ich Versuchen von privaten Händlern oder anderen Wettbewerbern, bei dem einen oder anderen Produkt günstiger zu sein, auch gut widerstehen. Außerdem weiß ich nicht, wer dort die Bücher, die Geschäftsvorgänge und das Risikomanagement prüft. Bei uns in der Genossenschaft weiß ich das schon, denn unsere Genossenschaft ist im Genossenschaftsregister eingetragen und wird vom Genossenschaftsverband jährlich nach allen Regeln der Kunst geprüft. Jedes Mitglied kann den Prüfungsbericht einsehen. Vorstand und Aufsichtsrat bekommen das Prüfungsergebnis sehr detailliert erläutert. Und auch in der Generalversammlung wird das Ergebnis der gesetzlichen Prüfung den Mitgliedern vorgetragen. Das verschafft allen Beteiligten eine sehr hohe Transparenz und Sicherheit.

Bei uns fand 2015 die Generalversammlung Ende Mai statt und wird auch 2016 wieder zu einem ähnlichen Zeitpunkt stattfinden. Wir veranstalten diese immer an einem unserer 11 Standorte, verbunden mit einem »Tag der offenen Tür«. Da treffen sich dann viele Landwirte, Mitarbeiterinnen und Mitarbeiter, Geschäftspartner aus dem vor- und nachgelagerten Bereich (Saatgut-, Dünger-, Pflanzenschutzlieferanten, Getreidemühlen, Futtermittelhersteller und so weiter). Natürlich würden wir uns sehr freuen, wenn alle Mitglieder den Weg zu diesem Tag finden würden, aber das ist wohl – wie in anderen Branchen auch – illusorisch, zumindest wenn alles gut läuft. Unsere Mitglieder waren vergangenen Mai dieser Meinung, denn sowohl Vorstand als auch Aufsichtsrat wurden einstimmig, ohne Gegenstimme und Enthaltungen, von den Mitgliedern entlastet. Sie waren offensichtlich mit der Arbeit der Gremien zufrieden.

Neben agrarisch geprägten Genossenschaften gibt es

aber auch viele Genossenschaften, die von außen so kaum erkennbar sind. Das sind zum Beispiel Einzelhandelsgenossenschaften wie Edeka (ursprünglich: Einkaufsgenossenschaft der Kolonialwarenhändler) oder Rewe (ursprünglich: Revisionsverband der Westkauf-Genossenschaften), aber auch die DATEV als Genossenschaft für Steuerberater, Wirtschaftsprüfer und Rechtsanwälte. Und wussten Sie, dass *die tageszeitung* (*taz*) eine Genossenschaft ist?

In den letzten Jahren haben auch Energiegenossenschaften immer mehr Zuspruch erhalten. Die Mitglieder betreiben zusammen Windkrafträder, produzieren Solarstrom oder beteiligen sich an Biomassekraftwerken und Biogasanlagen. Bürger machen also ihre Energie selbst und werden so unabhängig von Konzernen.

Wohnungsbaugenossenschaften wurden gegründet, um Wohnraum zu schaffen. Auch hier zeichnet man Anteile, ist damit also auch Eigentümer. Wer Mitglied wird, kauft Genossenschaftsanteile, die verlässlich verzinst und – sollte man später aus der Genossenschaft austreten – wieder zurückgezahlt werden. Passt die Wohnung nicht mehr zu den eigenen Bedürfnissen, kann man in eine andere, freie Wohnung der Genossenschaft umziehen. Als Genossenschaftsmitglied (und damit Miteigentümer) genießt man ein lebenslanges Wohnrecht. Kaution und Provision gibt es bei Genossenschaften nicht.

Erzeugergemeinschaften sind kleiner organisiert und dienen vor allem dem gemeinsamen Ein- und Verkauf bestimmter, meist spezieller Produkte. Dies können Obst, Gemüse, Wein, Hopfen, Ferkel, Schlachtvieh und vieles mehr sein. Sie dienen oft der Bündelung, um einerseits Kosten zu sparen, andererseits durch das größere Angebot einer einheitlichen Ware einen höheren Verkaufserlös zu erzielen.

Noch eine Nummer kleiner sind *Betriebsgemeinschaften*.

Unser Betrieb wird in einer solchen mit dem Nachbarn geführt, ich habe ja schon von Martin berichtet. Alle Kosten und Erlöse werden auf die beiden Betriebe aufgeteilt, wir bewirtschaften alle Flächen gemeinsam, egal, wer im Grundbuch als Eigentümer eingetragen ist. Unsere Maschinen haben wir in verschiedenen *Maschinengemeinschaften*. Manche Maschinen, wie der Schlepper, gehören uns beiden. Die Sämaschine und den Düngerstreuer teilen wir uns zu dritt, am Mähdrescher gibt es eine Bruchteilsgemeinschaft von vier Landwirten. Anders wären die Kosten nicht mehr zu stemmen, wenn man mit einigermaßen modernen Maschinen arbeiten will, die nicht vor jedem Einsatz repariert werden müssen.

EINE ERNTE AUF DER BANK, EINE IM FELD, EINE IN DER SCHEUNE

So sollte die Risikoverteilung mindestens aussehen. Natürlich kann es statt der Bank auch eine Sparkasse sein, und es schadet auch nicht, wenn da mehr als eine Ernte lagert. Da das Geschäft eines Bauern unter freiem Himmel stattfindet, ist eine Finanzreserve unabdingbar. Der Satz mit den drei Ernten ist alles andere als ein Sinnspruch aus Urgroßvaters Zeiten. Ich habe es selbst erlebt, wenn man darauf zurückgreifen muss.

Das war 1998. Den 17. November dieses Jahres werde ich in meinem Leben nie vergessen. Wir hatten noch 80 Prozent der Kartoffeln in der Erde, weil es den gesamten Herbst nur geregnet hatte und es unmöglich war zu ernten. Am besagten Novembertag hatten wir nachts minus zehn Grad. Die Kartoffeldämme waren zehn Zentimeter tief gefroren und unsere Kartoffelernte hinüber. Wenn man da kein finanzielles Polster im Rücken hat, kann so ein Ereignis schnell die Existenz kosten. Leider gibt es auch nicht für alles eine Versicherung. Zumindest kenne ich keine, die Frost bei Kartoffeln versichert. (Übrigens habe ich danach mit dem Kartoffelanbau aufgehört. Ich habe halt schwache Nerven.)

Was bleibt denn von dem, was ich für meine Produkte an Verkaufspreis bekomme, zum Schluss wirklich übrig? Das will ich jetzt einmal mit Ihnen durchgehen: Wenn ich zum Beispiel 160 Euro pro Tonne Weizen bekomme und 10 Tonnen pro Hektar ernte, habe ich einen Roherlös von 1600 Euro. Das ist leicht zu rechnen. Von dem kann ich mir aber noch nichts kaufen. Was noch abgedeckt werden muss, sind erst einmal die variablen Kosten. Das ist Saatgut, Dünger und Pflanzenschutzmittel. Beim Weizen summiert sich das je nach Jahr auf gut 750 Euro, bleibt also ein Deckungsbeitrag von etwa 850 Euro. Zieht man von diesem Deckungsbeitrag noch die fixen Kosten für Versicherungen, Gebäude und so weiter ab, erhält man den Gewinn. Und Rücklagen sollte ich auch bilden, falls ich später wieder investieren will. Das kann man alles noch viel komplizierter ausdrücken, aber sehr vereinfacht ist das so. Den Gewinn muss ich aber dann noch versteuern.

Wie hoch die variablen Kosten sind, hängt davon ab, wie viel ich dünge, wie die Preise für den Dünger sind und ob es ein Jahr mit vielen Krankheiten und Schädlingen ist. Da ich jedes Jahr »frisches« (zertifiziertes) Saatgut kaufe, ist der Betrag dafür relativ gleichbleibend. Es gibt auch Landwirte, die halten einen Teil der letztjährigen Ernte zurück und machen daraus eigenes Saatgut, sogenannten Nachbau. Ich mache das nicht, weil es bei meinen Mengen den Aufwand nicht lohnt und weil beim Nachbau eventuell die Genetik nicht mehr so stabil ist, was zu Mindererträgen führen könnte. Da setze ich auf Qualität.

Und nein, Saatgut von Monsanto kaufe ich nicht, weil ich erstens keinen Mais und Sojabohnen anbaue und zweitens bei Raps auf andere Züchter setze, darauf gehe ich später noch ein.

Der Zwang zur Wirtschaftlichkeit besteht bei mir vor allem darin, dass ich die Kostenseite sehr im Auge behalte. Meine Betriebsmittel (Saatgut, Dünger, Pflanzenschutz, Maschinen, aber auch Versicherungen, Beiträge etc.) haben die unangenehme Eigenschaft, ständig teurer zu werden. Und wie Sie ja selbst beim Einkauf von Lebensmitteln feststellen, steigt deren Preis nicht, kaum oder nur geringfügig, was in nahezu konstanten Erlösen bei uns Landwirten ankommt. Sagen Sie jetzt nicht, dass das nicht stimmt. Der prozentuale Anteil der Ausgaben für Lebensmittel sinkt seit Jahren. Ja, ich höre es schon: »Aber nicht bei mir.« Dann sind Sie eine der rühmlichen Ausnahmen. Ich würde mir übrigens eine jährliche »Lohnanpassung« von zwei oder drei Prozent sehr wünschen (*so wie in vielen Tarifrunden üblich*). Bekomme ich aber nicht. Ich bin Unternehmer.

Als Unternehmer muss ich aber auch über Dinge nachdenken, die sich erst in ein paar Jahren auswirken könnten, langfristige Investitionen, die ich im Auge behalten muss. Da gibt es so einfache Sachen wie eine defekte Dachrinne. Wenn ich zu lange warte, werden die Wände feucht, und ich habe einen großen Schaden (jeder Hausbesitzer kennt solche Geschichten). Also gleich den Dachdecker anrufen, der wieder einmal erst nach der dritten Erinnerung anrückt. Die Dachrinne hat sich auch nicht gemeldet, dass sie ein Loch bekommen würde. Das sind ungeplante Kosten, die ich in meiner mittelfristigen Planung einfach mitbedenken muss. Das ist anders beim Kauf eines Schleppers oder Mähdreschers: Da ist es ein Abwägen zwischen Risiko- und Sicherheitsdenken. Und das ist eine ganz persönliche Entscheidung, also eher eine Typfrage. Wie auch die Frage: gebraucht oder neu? Riskiere ich eine ungeplante Reparatur, möglicherweise mitten in der Ernte, oder gehe ich auf Nummer sicher und kaufe eine Maschine neu? Alles hat seinen Preis – und egal, wie der ausfällt, geht die Rechnung als Unternehmer an mich persönlich.

In mir gibt es da zwei Personen (keine Angst, das ist nicht pathologisch). Beim Pkw habe ich in den letzten vierzig Jahren nur einmal einen Neuwagen gekauft, der nach einem Jahr mit Motorschaden liegen geblieben ist. War übrigens ein Fabrikat aus Bayern. Ansonsten immer nur Gebrauchtwagen mit mehr als 50 000 Kilometern und entsprechend günstigem Preis. Beim Mähdrescher bin ich aber eindeutig ein Neukäufer. An den wenigen Tagen, an denen gemäht wird, muss die Kiste funktionieren. Da kann ein halber Tag Stillstand wegen einer Reparatur richtig Geld kosten. Weil das Getreide zum Beispiel am nächsten Tag nur noch mit Qualitätseinbußen geerntet werden kann, sind da schnell mal ein paar Tausend Euro weg – deshalb gehe ich an dieser Stelle lieber auf Nummer sicher. Und das mit dem richtigen Kauf wird heutzutage auch immer komplizierter…

Hightech auf dem Bauernhof

Wir überlegen zurzeit, ob wir einen neuen Mähdrescher kaufen sollen. Und da bekomme ich irgendwann den Prospekt eines großen Herstellers zwischen die Finger. Alle Argumente von A bis Z. Sein Mähdrescher bietet unter anderem: »APS-Dreschsystem, Auto Contour, Auto Pilot, Cebis, Cmotion, Cruise Pilot, Hochleistungsschüttler, Laser Pilot, Maxflex, Planare Absaugung, Radialverteiler, Reversiereinrichtung, Telematics, Überkehrvolumenmessung, Vario-Schneidewerk, Xenon-Lichtpaket und Zentralschmieranlage.«

Alles verstanden? Brauchen Sie auch nicht. Es sei denn, Sie stehen ebenfalls kurz vor dem Kauf eines Mähdreschers. All diese Techniken sind mittlerweile eingebaut, um dem

Fahrer die Arbeit zu erleichtern und die Leistung der Maschine optimal auszulasten.

Die Geschwindigkeit, mit der modernste Technik auf den landwirtschaftlichen Betrieben Einzug hält, ist gewaltig. Vor ein paar Jahren habe ich mir zum Hobby den erwähnten Oldtimer-Trecker Baujahr 1970 zugelegt. Der hat 40 PS und ist in etwa der gleiche Schlepper, auf dem ich als Jugendlicher das Treckerfahren gelernt habe. Er hat drei Anzeigen: einen Drehzahlmesser, eine Temperaturanzeige und die Anzeige für den Tankfüllstand. Das war's. Er hat acht Vorwärtsgänge und vier Rückwärtsgänge, was damals schon als fortschrittlich galt. Die Höchstgeschwindigkeit lag bei 20 km/h, ich weiß nicht, ob er die heute noch packt.

Unser heutiger Schlepper hat 135 PS, es gibt keine Gänge mehr, man beschleunigt einfach per Gaspedal, quasi stufenlos, bis auf 50 km/h. Die Anzahl der Anzeigen kann ich nicht genau beziffern, dafür müsste ich am Display die verschiedenen Ebenen durchblättern und zählen. Das habe ich noch nie gemacht. Da ich nicht regelmäßig auf dem Schlepper sitze, muss ich mich jedes Mal wieder neu einlesen, bevor es losgehen kann. Sehr bequem ist der Autopilot, der den Schlepper dank Satellit immer in einer kerzengeraden Spur hält. Das sieht nicht nur auf dem Acker gut aus, es vermeidet auch Überlappungen und spart damit Zeit, Diesel, Überdosierungen und damit Schäden an den Kulturpflanzen. Lohnt sich für mich und schont die Umwelt. Kostet aber auch ein paar Euro.

Während der Trecker also alleine fährt, kann ich beruhigt meine Mails abrufen. Das Smartphone ist zum unentbehrlichen Gerät geworden und mindestens so wichtig wie der Schlepper. Ich schaue mir die Kurse an der Börse an, überlege, ob ich Weizen verkaufen soll, und wenn, kann ich das schnell meinem Einkäufer bei der Genossenschaft mitteilen. Ist erledigt und muss ich dann nicht im Kopf behalten. Dann rede ich auch gleich mit ihm über Sinn oder Unsinn eines Düngervorkaufs und frage ihn nach den aktuellen Dieselpreisen. Am Ende des Feldes muss ich den Trecker noch von Hand in die andere Richtung bringen. Ist etwas lästig, dass das noch nicht automatisiert wurde. Wird aber sicherlich bald kommen, vielleicht aber auch erst mit dem fahrerlosen Schlepper. Gehen tut das wohl heute schon, aber es gibt da noch andere Probleme, zum Beispiel mit der Versicherung, wenn das System mal ausfallen sollte.

Wir werden sehen. Jetzt geht es erst einmal wieder zurück. Der Trecker fährt, ich blättere in den Prognosedaten für den Pilzbefall. Der ist zum Beispiel bei Kartoffeln ein großes Problem, egal ob bio oder konventionell. Wenn es in den nächsten fünf Tagen keinen Niederschlag geben sollte, kann ich mit der Fungizidbehandlung noch etwas warten. Also schnell die Wetterdaten abrufen. Mist, in drei Tagen soll es regnen, da muss ich aber vorher noch einiges erledigen, denn wenn die Vorhersage stimmen sollte, kann es sein, dass der Acker für mehrere Tage nicht befahrbar ist, ohne dass ich Bodenverdichtungen produziere. Das will ich nicht, denn der Boden ist mein Kapital.

Gegen Pilzbefall ist übrigens auch der Biolandwirt nicht gefeit, daher muss er sich mit Wetterprognosen ebenso beschäftigen wie mit Fungiziden.

Zwischendurch mache ich mal eine kurze Pi....-Pause, und danach gehe ich über den Rübenacker. Da steht ein Unkraut, das ich nicht genau identifizieren kann. Kein Problem, dafür gibt es ja die Unkraut-App. Die Keimblätter sind rundlich, geadert, und das Blatt ist gelb-grünlich? Dann kenne ich es doch! Aber sicher ist sicher, vor einer App kann ich mich ja schließlich nicht blamieren. Wieder auf dem Trecker rufe ich den Filialleiter der Genossenschaft an: »Habt ihr Produkt xy da? Brauche ich für die Rüben.« Alles klar, morgen früh gehe ich das holen. Eintrag in Outlook, damit ich das nicht vergesse. Oh, Mist, morgen ist ja unser Hochzeitstag. Schon wieder fast vergessen. Dann hole ich auf dem Rückweg noch ein paar Blumen, das macht sicher Eindruck.

Anruf von Hubertus: Ob er den Grubber morgen haben kann? Ja, geht. Der Grubber (ein Gerät zur Bodenbearbeitung) gehört nämlich nicht mir, den habe ich von Hubertus geliehen, weil unser betagter Grubber, ein »altes Hündchen«, zu schmal ist und eine Neuanschaffung nicht lohnt. So, dieses Feld ist fertig. Vom Fahrersitz klappe ich den Grubber auf die vorgeschriebene Breite zusammen, und los geht's zum nächsten Feld. Heute bekomme ich richtig was geschafft, und das Wetter spielt auch mit. Ich rufe noch schnell meine Frau an, dass es heute etwas später werden kann, weil ich das Feld noch fertig grubbern will. Ach so, du hast heute Sitzung? Ja, dann ist es ja eh egal. Dann esse ich mein Abendbrot allein. Tschüss, bis morgen, es wird ja sicher wieder spät bei dir...

Eine weitere Neuerung, die auf größeren Betrieben längst Einzug gehalten hat, ist die teilflächenspezifische Bewirtschaftung der Felder. Die ergibt vor allem auf großen und inhomogenen Parzellen Sinn. Unterschiede in der Bodenqualität wirken sich beispielsweise in der Wasserhaltefähigkeit oder den Nährstoffgehalten aus. Durch Bodenproben werden die Nährstoffgehalte ermittelt und in eine digitale Karte übertragen. Sobald die Pflanzen nach der Winterruhe wieder mit dem Wachstum beginnen, kann man mit einem Sensor zum Beispiel den Stickstoffgehalt in den Pflanzen messen und diese Messung wiederum in eine andere digitale Karte übertragen.

Auch den Ertrag der Vorfrucht kann man mittels Elektronik zum Beispiel im Mähdrescher bestimmen, und die verschiedenen »Layer« oder auch Ebenen übereinanderlegen, um Rückschlüsse auf die notwendige Düngung ziehen zu können. Das Ergebnis wird auf den Düngerstreuer übertragen, der dann den Dünger entsprechend der Vorgaben, ohne weiteres menschliches Eingreifen, teilflächenspezifisch verteilt.

Noch weiter geht die multispektrale Pflanzenanalyse, die sich aber aktuell noch im Forschungsstadium befindet. Dabei handelt es sich um Spezialkameras, mit deren Hilfe beispielsweise Aussagen über den Wassergehalt in der Pflanze möglich werden, die für eine eventuell notwendige Beregnung entscheidend sind. Diese Techniken lassen sich in Drohnen (nein, keine fahrerlosen Schlepper, sondern die kleinen, vom Boden gesteuerten Fluggeräte) einbauen, um so kleinräumig wie möglich arbeiten zu können. Ich wage die Prognose, dass in spätestens zehn Jahren diese heute schon recht preiswerte Technik auf jedem größeren Betrieb zu finden sein wird.

Um die Ausnutzung von mineralischem und organischem Dünger zu erhöhen und Nährstoffverluste zu minimieren, wird in bestimmten Kulturen die Unterfußdüngung angewendet. Dabei wird die Gülle in etwa zehn Zentimetern Tiefe seitlich unter der späteren Pflanze abgelegt. Sobald die Pflanze dieses Nährstoffdepot mit der Wurzel erreicht, kann sie den Dünger schnell und auf kurzem Weg für ihr Wachstum nutzen.

Die Zukunft der Landtechnik liegt sicherlich in einer weiteren Technisierung. Fast praxisreif sind vollautomatische Erntesysteme zum Beispiel für Spargel, Erdbeeren und Gurken, weil hier der Arbeitslohn noch einen relativ hohen Anteil am Produktpreis ausmacht. Mittels Sensoren können der Reifegrad und die Größe bestimmt werden, um so eine homogene Qualität des Erntegutes zu garantieren. Mobile Arbeitsroboter könnten aber zukünftig auch die Unkrautbekämpfung revolutionieren und nicht nur im Biolandbau teure Arbeitskräfte ersetzen.

Um pilzliche Krankheitserreger frühzeitig zu erfassen und Gegenmaßnahmen einleiten zu können, könnten zukünftig auch Sporenfallen eingesetzt werden, mit denen Pilzsporen aus der Luft gefangen und so eine mögliche Epidemie vorhergesagt werden könnte. Im Labormaßstab funktioniert das schon heute, es fehlt noch die Adaption für den praktischen Landwirt.

Wir sind ja ein viehloser Betrieb. Bei meinen Kollegen mit Milchkühen oder Schweinen sieht es mit der neuen Technik nicht anders aus. Die körperlich anstrengende Arbeit des Melkens ist in den vergangenen Jahrzehnten durch moderne Melkstände und technische Einrichtungen enorm erleichtert worden. Geblieben ist die tägliche Arbeit morgens und abends. Der Melker hat zudem eine große Verantwortung für Tiere, Technik und für die Qualität der gewonnenen Milch. Er muss prüfen, ob die Tiere fit sind, und die Milch kontrollieren.

In zahlreichen Milchviehställen erleichtert mittlerweile der Melkroboter die Arbeit. Die Einführung der Melkroboter war eine Revolution in der Milchviehhaltung, und die Skepsis gegenüber einer Technik, die alle diese Aufgaben übernehmen soll, anfänglich groß. Seitdem hat sich viel getan, und die Zuverlässigkeit der automatischen Melksysteme ist stetig gesteigert worden. Das automatische Melksystem besteht bei den meisten Herstellern aus einer Melkbox mit Roboterarm. Die Kühe entscheiden selbst, wann sie zum Melken gehen möchten, und werden dort über einen Sender am Halsband erkannt. In einem zentralen Computer sind alle Daten zu jedem Tier erfasst. Die Kuh bekommt eine an die Milchleistung angepasste Kraftfutterration, ehe der Melkvorgang beginnt. Dabei wird zunächst das Euter gereinigt, im Anschluss wird das Melkgeschirr angesetzt. Das alles erledigt der lasergestützte Roboterarm. Während des Melkens wird die Qualität der Milch automatisch erfasst und zusammen mit der Menge in der EDV gespeichert. Nach dem Melken werden die Zitzen mit einem hautpflegenden Dippmittel benetzt, was der sogenannten Melkhygiene dient. Eine frischmelkende Kuh wird bis zu fünfmal am Tag gemolken, mit sinkender Milchleistung seltener. Im Schnitt lassen sich die Tiere 2,5 bis 2,7 Mal am Tag melken.

Nicht nur großen, sondern vor allem familiengeführten Betrieben mit kleinen bis mittelgroßen Kuhbeständen bietet die Technik Vorteile. Durch den Wegfall der Melkzeiten können die Landwirte flexibler auf Arbeitsspitzen reagieren. Der Betrieb bleibt bis zu einer gewissen Größe unabhängig von Fremdarbeitskräften, die körperlich anstrengende Melkarbeit übernimmt die Technik. Aber sie stellt auch neue Anforderungen an den Landwirt. Er kontrolliert die Tiere nicht mehr beim Melken, sondern zunehmend durch das Sichten der Daten am PC. Der Bezug zum Tier bleibt jedoch erhalten. Regelmäßige Kontrollgänge durch den Stall sind für Milchviehhalter nicht nur Pflicht, sondern Ehrensache. Für diese Arbeit gibt der Roboter dem Landwirt mehr Freiraum.

Der Melkroboter ist in ein Netzwerk integriert und an den PC angeschlossen. Dort kann der Landwirt ständig die Milchleistung jedes einzelnen Tieres abrufen. Die individuelle Zuteilung des Kraftfutters hat gleich mehrere Vorteile: So werden zum einen Rangkämpfe zwischen stärkeren und schwächeren Tieren verhindert, zum anderen wird jedem Einzeltier nur so viel Futter zugeteilt, wie es benötigt. Der Zugang zu den Futterstationen ist frei, das Tier kann also auch mehrmals am Tag in kleinen Portionen fressen, auch das verhindert unnötigen Stress.

Meldungen aufs Smartphone sind in sehr vielen Bereichen der Tierhaltung schon fast zur Normalität geworden, sei es, dass im Schweinestall eine Störung vorliegt, die Kuh mit der Kalbung beginnt oder auch zur Brunsterkennung. Sie ersetzen nicht die tägliche Beobachtung, unterstützen den Landwirt jedoch bei der individuellen Betreuung seiner Tiere.

Und wo wir gerade bei der Technik sind: Wussten Sie, dass in einem Spanferkelschlachthof in Baden-Württemberg jeden Tag den Ferkeln 1500 Herzklappen entnommen und für die Humanmedizin bereitgestellt werden? Über den Flughafen Frankfurt am Main werden sie in die USA, nach England, aber auch an die Berliner Charité geliefert und bei zahlreichen Herzoperationen Menschen eingesetzt. Mittlerweile ist der Betrieb einer der führenden Betriebe in diesem Segment weltweit.

Dumme Bauern: Dieses Vorurteil ist so alt wie die Welt und wird wohl auch nie ganz auszurotten sein. Wie hoffentlich schon bis zu dieser Stelle deutlich wurde, muss ein Landwirt heute über einen sehr hohen Kenntnisstand auf verschiedensten Fachgebieten verfügen. Er muss die Technik der Maschinen beherrschen, alles über Pflanzenbau und Viehzucht wissen, muss die aktuellen Vorschriften und Gesetzestexte anwenden und verwendet sehr viel Zeit für Weiterbildung. Ein Beispiel: Der aktuelle Ratgeber Pflanzenbau der Landwirtschaftskammer umfasst 660 Seiten und wird jährlich neu herausgegeben. Da ist nix mit Mußestunde am Abend, selbst das auszugsweise Studium dieses Wälzers ist richtig Arbeit. Und damit ist nur der Pflanzenbau abgedeckt.

Wir Landwirte besuchen, meist im Winter, auch diverse

Schulungs- und Fortbildungsveranstaltungen, die von der Landwirtschaftskammer, vom Landwirtschaftsverband, von der Genossenschaft oder dem Landhandel, von den Zuckerfabriken, von eigenen Organisationen wie dem Landwirtschaftlichen Kasino Köln (nein, keine Spielhölle, sondern ein Verbund von Landwirten), von Versicherungen oder auch Pflanzenschutz- und Düngemittelfirmen angeboten werden. Die Themen sind vielfältig: Fragen zum Anbau der verschiedenen Kulturen, Düngung, Pflanzenschutz, Fruchtfolge, Ökonomie, juristische Themen (zum Beispiel Hofnachfolge oder Steuerrecht) bis hin zu Anleitungen zum Ausfüllen von Formularen und Dokumentationen, auf die ich noch in einem separaten Kapitel eingehe. Wenn Firmen einladen, ist der Saal meistens besonders voll, denn da gibt es einen Imbiss, und bei dem kann man sich besonders gut mit seinen Berufskollegen unterhalten. Und das muss ja auch mal sein, dazu gibt es im Alltag zu wenig Gelegenheit, weil jeder mit seiner Arbeit beschäftigt ist.

Und dass man beim durch Bayer oder BASF finanzierten Plausch auch so manche Werbeveranstaltung über sich ergehen lassen muss, daran haben wir modernen Landwirte uns inzwischen gewöhnt. Aber ein Arzt verschreibt schließlich auch nicht automatisch mehr Fußpilzsalbe, nur weil der Hersteller ihn nach Mallorca eingeladen hat.

Die oben genannten Treffen sind auch meist die häufigsten Informationsquellen. Die wichtigste ist wohl die eigene Erfahrung, der Austausch mit Berufskollegen, dann die diversen Berater der Organisationen. In Wochen- und Monatszeitschriften werden ebenfalls die aktuellen Themen angesprochen, und immer mehr sind auch Online-Portale die Quelle für Information.

In der Saison besuchen wir dann auch Feldtage oder Feldbegehungen, die meist als »Aktuelle Stunde« bei einem Berufskollegen auf dem Feld stattfinden und wo in kurzer Zeit die anstehenden Themen besprochen werden. Was daran besonders effektiv ist, ist die räumliche Nähe und die Kürze, in der diese stattfinden. Am späten Nachmittag, wenn die meiste Arbeit erledigt ist, fährt man noch schnell für eine Stunde oder auch weniger in die Nachbarschaft und spricht mit dem Berater oder den Berufskollegen über die kurz bevorstehenden Aufgaben auf dem Acker. Dann geht es, gut mit Wissen gerüstet, in die nächste Woche.

Mit Idylle hatte Landwirtschaft noch nie etwas zu tun, das ist ein Bild der Romantiker, die mit der Praxis nichts am Hut haben. Und die Realität der modernen Landwirtschaft, die ich hier an meinem Beispiel darzustellen versuche, schon gleich gar nicht. Nichtsdestotrotz ist eines bislang geblieben: Ohne Familie geht es nicht.

Landwirtschaft als Familienunternehmen

»Bauer sucht Frau«

Ich habe diese Überschrift natürlich bewusst gewählt, weil sich dahinter ein Bild versteckt, das durch RTL und die gleichnamige Sendung geprägt wird. Dahinter steckt aber zum Teil auch eine grausame Wahrheit: das Problem, als Landwirt eine Partnerin fürs Leben zu finden.

Nun nimmt hoffentlich kein halbwegs normal denkender Mensch dieses Sendeformat für bare Münze und weiß, dass sich diese Bauern gegen hartes Geld zum Hansel machen lassen und der Sender mit dieser Form der »Unterhaltung« ein gutes Gespür hat, Quote zu machen, was sich wahrscheinlich förderlich auf die Werbeeinnahmen auswirkt. (Am Ende zahlt also der Verbraucher dafür, dass sich Bauern zum Deppen machen, und den Sender freut's.) Wäre auch weiter nicht schlimm, wenn damit nicht ein Bild in der Öffentlichkeit produziert würde, das *alle* Bauern als plump, dumm und rückständig darstellt. Obwohl ich noch keine Sendung bis zum Ende gesehen habe, stelle ich fest, dass dort noch nie der Leiter eines 200-Hektar-Betriebes mit großen Schleppern, großen Feldern und dem Smartphone am Ohr gezeigt wurde. Dass es immer nur kleine Gemischtbetriebe mit kleinen Schleppern und kleinen Feldern im Mittelgebirge sind und die Wohnungen eher ärmlich und unaufgeräumt, das ist nicht nur peinlich, sondern auch gefährlich. Gefährlich, weil es die immer gleichen Klischees von vorgestern bedient, die ich geraderücken möchte.

Meine Frau stammt übrigens nicht vom Land, nicht vom Bauernhof, sondern ist ein Stadtkind. Sie hat also keine Hektare mit in die Ehe gebracht. Dafür war sie hübsch und hatte ein abgeschlossenes Studium der Betriebswirtschaftslehre. Eine seltene Kombination von Schönheit und Klugheit, also genau passend zu mir (Vorsicht, Satire!). Als sie ihrer ausnahmslos in einer Großstadt wohnenden Verwandtschaft erklärte, dass sie einen Bauern zum Freund hat, gab es entsprechende Reaktionen: »Und, stinkt der nicht? Läuft der immer in Gummistiefeln rum? Was willst du denn auf einem Bauernhof?« Halt die üblichen Klischees. Die haben sich in meinem Fall aber glücklicherweise schnell erledigt.

Ehrlich gesagt, hat es mich schon verwundert, dass meine Frau damals Gefallen an mir gefunden hat. Gut, damals arbeitete ich auch noch außerhalb der Landwirtschaft in der Industrie, aber abends und an den Wochenenden war immer Feldarbeit angesagt. Und nicht nur Feldarbeit, sondern auch Bürotätigkeiten. Da bleibt für gemeinsame Unternehmungen nicht so unendlich viel Zeit. Da geht oft der Hof vor, die Partnerin muss mitspielen, oder es funktioniert halt nicht.

Andererseits darf der Hof einem auch nicht zu wichtig werden. Eine Episode werde ich nie vergessen: Nach der Rübensaat hatte es einen Gewitterregen gegeben, der Boden war sehr verkrustet, und die kleinen Rübenpflänzchen hatten große Mühe, das Licht der Welt zu erblicken. Zweimal täglich bin ich zum Feld gefahren, habe wieder gezählt, wieder gekratzt, um nachzusehen, ob sie jetzt doch endlich durchkommen. Da meinte meine damalige Freundin und jetzige Frau: »Mach dich doch nicht verrückt, du kannst es doch nicht ändern. Lass uns einfach für ein paar Tage wegfahren.« Wegfahren? Wo doch meine Rüben nicht kommen wollen? Was für ein verrückter Gedanke! Sie hat mich schließlich doch überredet, und wir haben vier wunderschöne Tage in Paris verbracht. Als ich montagmorgens wieder zum Feld kam, standen die Rüben alle schön in der Reihe und haben zum Schluss einen tollen Ertrag gebracht. Gut, dass meine Frau nicht vom Land kommt, keine geborene Bäuerin ist. Sie ist halt normal!

Bauernkinder

Ich möchte jetzt mal ganz frech behaupten, dass Kinder von Landwirten eher selbstständig sind als viele andere Kinder. Das geht auch in einem landwirtschaftlichen Betrieb kaum anders, weil die Kinder von Anfang an in das Geschehen auf dem Hof, im Stall und auf dem Feld mit eingebunden sind. So war das bei uns auch. Ob Rübenhacken (mechanische Unkrautentfernung), Schosserziehen (händische Entfernung der Rübensamenstangen), Hühner füttern oder Eier einsammeln: Schon in jungen Jahren habe ich das, mehr oder weniger freiwillig, mitgemacht. Und wenn dann die Freunde da waren, hat mir das nicht gefallen. Entweder die machten mit, oder sie mussten wieder gehen. Dann habe ich nur gedacht: Warum musstest du nur auf einem Hof geboren werden? Wenn es aber ums Treckerfahren ging (natürlich ohne Führerschein und wenn man so richtig damit angeben konnte), war es genau andersherum: Was ist das doch schön, dass du ein Bauernsohn bist.

Später dann habe ich auch wirtschaftlich mitgewirkt. Sie erinnern sich: Mittwoch war Eiertag. Mit meiner älteren Schwester bin ich jede Woche durchs Dorf gefahren und habe Eier an rund siebzig Haushalte geliefert. Direktverkauf, ohne Handelsmarge direkt in die Hofkasse. Bei wöchentlich rund 2000 Eiern und 10 Pfennig Marge waren das an einem Nachmittag 200 DM. In einem Monat also 800 DM, was zwar kein direkter Gewinn war, weil man eigentlich unseren Stundenlohn hätte abziehen müssen, es hat aber mitgeholfen. Die Eier, die wir an die Supermärkte geliefert haben, brachten oft nur 4 Pfennig Marge ein oder noch weniger. Dafür war aber die Menge größer.

Bei Entscheidungen, die auf dem Hof anstanden, bekamen wir das am Essenstisch natürlich immer mit, wenn sich unsere Eltern unterhielten. Und wir konnten als Kinder unsere Meinung dazu sagen, in späteren Jahren auch mitentscheiden. Weil es dann zunehmend auch um unsere Zukunft ging. Halt ein richtiger Familienbetrieb im wahrsten Sinne des Wortes.

Nach meinem Studium habe ich dann den Betrieb vom Vater gepachtet. Einige Jahre später stand die Hofübernahme an. Mit der Hofübernahme sollte auch eine vorgezogene Erbauseinandersetzung stattfinden. Das bedeutete, dass das Vermögen des Betriebs so auf die Geschwister aufgeteilt werden sollte, dass meine Geschwister, die den Hof nicht übernehmen wollten, davon einen angemessenen Teil erhielten.

Doch das ging nicht so reibungslos, wie ursprünglich gedacht. Heftige Gespräche wurden geführt. Schließlich wurde einvernehmlich entschieden, mit der Erbauseinandersetzung noch eine Weile zu warten. Zwei Jahre später, beim sonntäglichen Kaffeetrinken, kam das Thema, eher beiläufig, erneut auf den Tisch. Alle waren zwei Jahre älter geworden, und innerhalb kurzer Zeit wurden wir uns einig. Der Vertrag konnte gemacht werden, und ich wurde Eigentümer unseres Hofes.

Ich erinnere mich gut an die Worte meines Vaters, als die Übergabe geregelt war. Er sagte: »Das ist jetzt dein Hof. Schau, dass du damit zurechtkommst. Ich werde dir da nicht mehr reinreden, aber wenn du Fragen hast, sollst du wissen, dass ich für dich da bin.«

Das waren keine leeren Worte. Er hat sich an jedes einzelne gehalten. Das war am Anfang für mich schon herausfordernd, denn ich wollte ja auch beweisen, dass ich alleine zurechtkomme. Er hat mich meine eigenen Fehler machen lassen, obwohl er vielleicht schon früher als ich erkannt hatte, wenn ich einen Fehler begangen hatte. Dazu gehörte eine große innere Toleranz, die ich so nicht erwartet hatte. Es gab und gibt genügend andere Fälle aus anderen Unternehmen und anderen landwirtschaftlichen Betrieben, wo der Abgebende eben nicht wirklich abgeben kann und dem Nachfolger in seine Entscheidungen hineinredet – und ihm damit das Leben und Arbeiten unnötig schwer macht. Dafür, dass meine Eltern mir meine Freiheiten gegeben und gelassen haben, bin ich ihnen bis heute dankbar.

Bald werde ich der Abgebende sein. Doch dazu komme ich noch gegen Ende des Buches.

Im Wohnzimmer meiner Mutter hängt ein Stammbaum, den uns ein Onkel geschenkt hat. Sowohl auf der Seite meines Vaters als auch meiner Mutter gibt es eine gerade Linie von Bauern bis er so um 1750 endet. Wahrscheinlich waren alle davor auch Landwirte, Gutsbesitzer oder Ackerer. Jetzt bin ich kein Mensch, der viel auf Tradition gibt. In diesem Zusammenhang habe ich mal einen sehr schönen Satz gelesen: Tradition ist nicht die Bewahrung der Asche, sondern das Weitergeben des Feuers.

Wie wird es bei uns wohl werden? Unabhängig von den Details wollen wir dem Beispiel unserer Eltern folgen und unseren Kindern ihre Freiheiten erhalten. Wenn dann die Zeit reif ist, den Hof und was im Laufe der Jahre noch dazugekommen ist, zu verteilen, werden wir sicherlich eine Lösung finden, dass beide Kinder, auch unsere Tochter, damit gut werden leben können. Und ich habe mir fest vorgenommen, dann die Worte meines Vaters »Das ist jetzt dein Hof, schau, dass du damit zurechtkommst« zu wiederholen. Und mich auch daran zu halten.

Warum ich dies alles, was ja sehr privat ist, so in allen Einzelheiten schildere? Ich war in eine Fernsehsendung eingeladen und wurde unter anderem zu Lebensmitteln, der Anerkennung unserer Arbeit und der Erlössituation befragt. Eine Frage hat mich ins Stottern gebracht, weil ich darauf überhaupt nicht vorbereitet war: »Wenn das alles so ist, warum machen Sie das denn überhaupt noch?« Da fiel wieder der Begriff Tradition. Aber mehr aus Verlegenheit, weil ich schnell antworten musste. Auf der Fahrt nach Hause habe ich dann intensiver darüber nachgedacht, weil ich die Option, den Kram hinzuwerfen, wirklich noch nie in meine Überlegungen einbezogen hatte. Und unser Sohn wohl offensichtlich auch nicht. Aber Bauer sein ist nun einmal mehr, als nur ein Unternehmen zu führen. Bauer sein ist eine Lebenseinstellung.

Next generation

Was uns als Landwirten Sorgen bereitet, ist die Altersstruktur in der Landwirtschaft. Da mein Sohn quasi in den Startlöchern steht, betrifft mich diese Problematik persönlich zwar weniger, aber es ist natürlich ein großes Thema. Der durchschnittliche Landwirt ist 53 Jahre alt, fast ein Drittel ist 55 Jahre und älter. Was fehlt, ist der Nachwuchs, was bei den vielen kritischen Stimmen gegen die moderne Landwirtschaft auch nicht verwundert.

Die Schwierigkeiten bei der Nachfolgeregelung werden uns noch eine ganze Weile begleiten, ein Ende ist jedenfalls nicht abzusehen. Auch der politische Versuch, mit einem sogenannten Junglandwirtzuschlag die jungen Leute zur Hofübernahme zu animieren (man könnte fast schon sagen: zu bestechen), ändert bislang so gut wie nichts. Drei von vier Landwirten finden keinen Nachfolger in der Familie. Ohne Nachwuchs geht das Höfesterben ungebremst weiter – und in die Lücke stoßen meistens die von den Kritikern nicht gewünschten »Agrarfabriken«.

Wie in anderen Branchen, in denen von Fachkräftemangel die Rede ist, brauchen auch wir Bauern mehr junge Menschen denn je, die sich für Landwirtschaft und Viehhaltung interessieren.« »Wie, muss man Landwirtschaft etwa lernen?«, ist eine häufige Frage, wenn ich Menschen begegne, die mich nach meinem Beruf fragen und denen ich dann was von der Ausbildung erzähle. Spätestens wenn ich denen dann noch sage, dass ich in Agrarwissenschaften promoviert habe, klappt der Unterkiefer staunend nach unten.

Gerne erzähle ich ihnen dann von den vielen Fächern, die im Studium zu lernen sind und dass sich nicht nur alles rund um Ackerbau und Viehzucht dreht, sondern auch als ein sehr wichtiges Fach Agrarökonomie eine immer größer werdende Rolle spielt. Der Beruf ist unglaublich vielseitig. So vielseitig, dass man damit auch Anchorman bei RTL werden kann. Ja, Peter Klöppel hat in Göttingen 1983 sein Diplom in der Fachrichtung Tierproduktion gemacht. Seine Diplomarbeit lautete: »Vergleich von Verhaltensaktivitäten und Aufzuchtentwicklung von Ferkeln in einstreulosen und eingestreuten Haltungssystemen.« Auf die Frage, warum er denn kein Landwirt geworden wäre, antwortete er in einem Interview: »Es gibt für Landwirte keinen Samstag und Sonntag, und wenn sie mal für eine Woche in den Urlaub fahren können, dann ist das schon viel. Ich war aber gern unterwegs, weg von der eigenen Scholle. Ich habe auch gern geschrieben, gern Sachen erklärt, gern Dinge herausgefunden. Deswegen schien mir Agrarjournalismus eine Alternative zu sein.«

Jetzt will ich aber natürlich keine Werbung dafür machen, Agrarwissenschaften zu studieren, um dann beim Fernsehen zu landen. Schauen wir uns doch lieber mal eine Anzeige aus einem landwirtschaftlich orientierten Internetportal an, die den Beruf des Landwirts so beschreibt:

Landwirt/-in

...moderne Vielfalt in Stall, Büro und auf dem Feld

Bist du gerne im Freien und beschäftigst dich gerne mit Tieren, findest du moderne Agrartechnik spannend und auch die Arbeit im Büro? Denn all dies sind Bereiche, in denen du dich als Landwirt bewegst. Wichtige Aufgaben sind sowohl die Versorgung der Verbraucher mit qualitativ hochwertigen Lebensmitteln als auch die Erzeugung nachwachsender Rohstoffe.

Als Landwirt musst du produktionstechnische Abläufe beherrschen, dich im Betriebsmanagement auskennen und die Anforderungen der Lebensmittel- und Produktqualität kennen. Du setzt moderne Computertechnik ein und lernst, umweltgerecht, ressourcenschonend und nachhaltig mit Boden, Luft, Wasser, Pflanzen und Tieren sowie Maschinen und Geräten umzugehen. Die eigene Arbeit muss gut organisiert sein und wirtschaftliches Handeln ist gefragt. Landwirte vermarkten ihre Produkte und achten dabei auf den Tier- und Umweltschutz. Der berufliche Alltag erfordert viel Verantwortungsbewusstsein, Sorgfalt bei der Arbeit und selbstständiges Handeln.

Immer öfter bieten Landwirte auch Dienstleistungen an, beispielsweise im Tourismus (»Urlaub auf dem Bauernhof«), in der Natur- und Landschaftspflege oder beim überbetrieblichen Einsatz von Landmaschinen. Die Erzeugung nachwachsender Rohstoffe (z. B. Hackschnitzel, Rapsöl) und regenerativer Energien (z. B. Biogas) ist auf vielen landwirtschaftlichen Betrieben ein wichtiger Erwerbszweig.

Ich finde, das beschreibt die Vielseitigkeit recht gut und zeigt gleichzeitig auch, welche menschlichen Eigenschaften ein junger Mensch mitbringen sollte, wenn er diesen Beruf ergreifen möchte.

Was man allerdings in keiner Stellenbeschreibung findet und auch nur selten in der Ausbildung erfährt, das sind die vielen kleinen Aufgaben, die mehr oder weniger im Verborgenen ablaufen – aber dennoch anfallen und deshalb nicht verschwiegen werden sollten.

Engagement, das keiner sieht

AGRIKULTUR

In Deutschland nennt man das, was wir Bauern machen, Landwirtschaft. Im englischen Sprachgebrauch ist es *agriculture*, ein französischer Bauer ist ein *agriculteur*, im Italienischen heißt er *agricoltore*, in Spanien *agricultor*. Schlägt man bei Wikipedia, das ja fast alles weiß, das Wort »Agrikultur« nach, so steht da nichts außer einem Verweis auf den Begriff »Landwirtschaft«. Und da steht zu lesen: »Als Landwirtschaft wird der Wirtschaftsbereich der Urproduktion bezeichnet. Das Ziel der Urproduktion ist die zielgerichtete Herstellung pflanzlicher oder tierischer Erzeugnisse auf einer zu diesem Zweck bewirtschafteten Fläche.« Schaut man nun wieder nach, was denn die Urproduktion ist, so lesen wir: »Die Urproduktion liefert zumeist die Rohstoffe für ein Produkt. Zu diesem Sektor gehören z. B. der Anbau und die Ernte landwirtschaftlicher Erzeugnisse, die Holzernte in der Forstwirtschaft, der Fischfang, das Erlegen von Wild bei der Jagd, das Schlachten von Vieh, die Nutzung von Wasserkraft.« Schlägt man übrigens nach, wie Wikipedia den Begriff »Bauer« definiert, so liest man dort, dass er beim Schachspiel »die schwächste Spielfigur« ist. Gibt mir auch zu denken.

Spaß beiseite. Landwirtschaft klingt sehr nüchtern, klingt sehr nach Wirtschaft und hat scheinbar mit Kultur nichts zu tun, wie es in anderen Sprachen noch hörbar anklingt. Wie ich schon weiter vorne im Buch erläutert habe, haben aber gerade die Ur-Produzenten die Basis für die Entwicklung der verschiedenen Kulturen gelegt. Und da der Landwirt überall auf der Welt ja meist auch Besitzer oder Eigentümer des Bodens war und ist, ist er eigentlich auch der Ur-Kapitalist. Sein Boden und sein Vieh sind sein Kapital. Politische Systeme, die versuchten, dies außer Kraft zu setzen (zum Beispiel mit LPGs in der DDR oder Kolchosen und Sowchosen in der UdSSR), haben sich nicht lange gehalten. Es liegt in der Natur eines Kapitalisten, dass er sein Kapital bewahren, besser noch: vermehren will, was bei Ackerland schwierig ist. Bei Landwirten kommt noch hinzu, dass sie in Generationen denken und bestrebt sind, das, was sie übernommen haben, in gleichem oder besserem Zustand an die nächste Generation weiterzugeben. Welches Interesse sollten wir Landwirte also haben, unser Kapital zu vernichten? Das Gegenteil ist der Fall. Ich hoffe, Sie sehen das spätestens nach der Lektüre dieses Buches ähnlich.

Die Journalistin und Buchautorin Iris Rohmann, die sich viel mit dem Thema Landwirtschaft beschäftigt und einige Fernsehbeiträge und -reportagen zu unterschiedlichen Agrarthemen produziert hat, sagte mir in einem Gespräch: »Ich gehe sogar noch weiter und behaupte: Unser Boden, und die Produkte die er hervorbringt, sind die Basis des Wohlstandes dieses Landes. Autos, Industrieprodukte und rosa Luftballons werden vergehen. Sogar das Internet! Der Boden bleibt derselbe – das Wasser, die Bäume und die Felder. Sie finden das romantisch? Wir können uns gern in tausend Jahren auf einer Wolke treffen und gemeinsam runterschauen. Ich wette, ich behalte recht.«

Und zum Erhalt dieser Lebensgrundlage gehören auch Aufgaben, die Otto Normalverbraucher nicht sieht.

VIELFÄLTIGE BEITRÄGE ZUM UMWELTSCHUTZ

Bei mir auf der Weide stehen die Bienenvölker von Gunther. Gunther ist ein Imker, der vor ein paar Jahren bei mir angefragt hat, ob er die Bienenstöcke auf meine Weide stellen darf. Da er in einem Wohngebiet sein neues Einfamilienhaus gebaut hat, gab es Ärger mit den Nachbarn, die sich vom Bienenflug belästigt fühlten und wohl auch Angst um ihre Kinder hatten. Die Weide vor unserem Hof liegt etwas abseits vom Ort, rundherum sind große Bäume, dahinter die Felder. Also ideal für die Bienen, die können direkt durchstarten, um den Pollen zu sammeln.

Ich hatte auch erst so meine Bedenken, weil ich wenig über Bienen wusste. Ich habe mich aber darauf eingelassen und habe es nicht bereut. Jedes Mal, wenn Gunther bei seinen Völkern ist, gehe ich zu ihm und erfahre mehr über Bienen. Über den natürlichen Ausfall über Winter, die Gefährlichkeit der Varroamilbe, über Viren, die die Bienen befallen können, die weit verbreitete Bienenkrankheit Nosemose, den parasitären Kleinen Beutenkäfer und den Bienenwolf, einer Wespenart, die sich von Bienen ernährt. Und die beschränkten Möglichkeiten, dagegen etwas unternehmen zu können. Gleichzeitig hat es aber auch meine Sensibilität erhöht. Bevor wir Maßnahmen in unserem Raps ergreifen, achten wir sehr darauf, dass der Bienenflug beendet ist. Das kann dann abends auch schon mal spät werden, aber wir und andere Landwirte wollen Gunthers Bienen nicht schaden – und allen anderen natürlich auch nicht. Bisher hat das immer geklappt, sonst hätte Gunther mir das sofort gesagt, er wohnt ja nur dreihundert Meter entfernt. Dafür, dass Gunther die Bienen bei mir stehen hat, bekomme ich ein paar Gläser Honig, für den Hausgebrauch. Und die kostenlose Bestäubung meiner Rapsfelder. Das ist viel mehr wert. Dass Gunther die Bienen bei mir stehen hat, mache ich gerne, das ist mein Betrag zum Umweltschutz.

Auf der Weide laufen auch die Schafe von Christian. Christian ist der Schäfer aus dem Nachbarort. Eigentlich ist er IT-Fachmann, aber die dreißig Schafe hält er noch nebenher. Wenn die Schafe im Frühjahr auf die Weide kommen, schauen wir mit danach, dass sie immer genügend Wasser haben. Wenn das Wasserbecken leer ist, füllen wir nach. Das ist kein Aufwand, wir kommen ja jeden Tag daran vorbei. Wenn die Schafe dann lammen, also ihren Nachwuchs bekommen, ist es immer ein Erlebnis, die kleinen Lämmer zu beobachten, wie sie neben ihren Müttern über die Wiese tollen, Bocksprünge machen und miteinander rangeln. Auch die Spaziergänger bleiben stehen, sehen sich das an und haben ihre Freude. Dafür, dass Christian die Schafe auf unserer Weide hält, bekommen wir an Weihnachten einige Stücke Fleisch. So ist unser Weihnachtsbraten gesichert. Mit meinem Sohn erneuere ich gelegentlich die Zaunpfähle, die im Laufe der Jahre morsch werden. Dann ist der Zaun wieder stabil, und die Schafe können nicht mehr weglaufen. Wenn die Weide runtergefressen ist, fahre ich mit dem Mähwerk einmal kurz drüber, damit Sauergräser und Ampfer nicht zu viel werden. Mache ich alles gerne, das ist mein Beitrag zum Umweltschutz.

Neben der Weide geht ein Wanderweg über mein Grundstück. Mit der Gemeinde und dem Gewässerverband habe ich einen 25-jährigen Pachtvertrag geschlossen. Parallel zu meinem Grundstück verlief in gerader Linie ein Bach. Der Gewässerverband wollte diesen Wasserlauf renaturieren.

Jetzt läuft der Bach in großen Bögen durch meine Parzelle. Es wurden Bäume auf meiner Parzelle gepflanzt. Wenn die Äste zu weit in den Wanderweg hineinwachsen und die Spaziergänger behindern, hole ich schnell die Motorsäge und schneide die ab. Mache ich gerne, das ist mein Beitrag für die Gesellschaft.

Vor drei Jahren haben unsere Kinder hundert Kilo Tulpenzwiebeln im Herbst neben den Wanderweg auf unserem Grundstück gepflanzt. War ein paar Stunden Arbeit, aber im Frühjahr war die Aue voll mit gelben und roten Tulpen. Das sah wunderschön aus. Die Spaziergänger haben dann die Tulpen sofort alle abgepflückt und sich die Blumen zu Hause in die Vase gestellt. Seitdem setzen wir keine Tulpenzwiebeln mehr. Was unser Sohn aber seit ein paar Jahren macht und was ich beim Thema »Nische« bereits erwähnt habe, ist die Erhaltung von seltenen Kartoffelsorten. Das Pflanzen und Vermehren alter Kartoffelsorten macht er gerne, auch wenn es sich finanziell (noch) gar nicht lohnt. Aber ganz nebenbei bewahrt er ein paar alte Pflanzensorten vor dem Aussterben, auch das ist ein Beitrag zum Umweltschutz.

Die Artenvielfalt hat auf unserem Hof deutlich zugenommen. Falken brüten schon seit über fünfzehn Jahren bei uns im Gemäuer. Ich denke, es sind Turmfalken, weil sie eben im Gemäuer brüten. In den letzten Jahren ist ein Eulenpärchen dazugekommen, das in der Scheune sein Nest gebaut hat. Welche Eulenart es genau ist, weiß ich nicht, ich kenne mich da nicht aus, und die fliegen ja auch meist in der Dämmerung und nachts. In unserem kleinen Wald, den ich vor dreißig Jahren angelegt habe, haben sich Eichhörnchen angesiedelt, die mittlerweile bis zu uns in den Garten kommen, weil da Walnussbäume stehen. Die Walnüsse buddeln sie im Herbst ein und vergessen auch schon mal welche. Dann sprießen im Frühjahr überall kleine Walnussbäume aus dem

Boden, die wir auch immer wieder fleißig ausgraben und an einer anderen Stelle einpflanzen. In der renaturierten Bachaue stehen jetzt auch Fischreiher. Da der Bachlauf nun breiter durch die Landschaft mäandert, fließt er ruhiger als früher – ideal für die Fischreiher, die sich dort bedienen und Fische fangen können. Das sind so viele, dass die paar Reiher dem Fischbestand nicht wirklich schaden können. Die Nutrias, die in der Böschung ihre Höhlen angelegt haben, sorgen mit dafür, dass der Bachlauf noch breiter wird. Nach jedem Hochwasser ist wieder ein Teil der Höhlen eingebrochen, und der Bach holt sich ein Stück Natur zurück. Das mit dem Lebensraum für all die Tiere machen wir gerne, das ist unser Beitrag zum Umweltschutz.

Nur mit den Schwalben ist es weniger geworden. In meiner Jugend, als wir noch Schweine und Kühe hatten, waren das deutlich mehr. Das lag an den vielen Fliegen, die ihre Eier in den Mist legten. Mit der Viehhaltung gingen auch die Fliegen, mit den Fliegen die Schwalben. Nur ab und zu verirrt sich noch mal ein Pärchen in den alten Schweinestall und brütet dort. Aber so viele wie früher sind es nicht mehr.

UNSERE WIRTSCHAFTSWEGE

Irgendwie müssen wir ja auf unseren Acker kommen. Noch können unsere Schlepper nicht fliegen. Also benutzen wir die Wirtschaftswege. Die sind zum Teil asphaltiert, zum Teil gepflastert, zum Teil sind es grüne Wege. Die befestigten Wege werden gerne von Fußgängern, Radfahrern oder Inline-Skatern mit benutzt. Das ist natürlich in Ordnung, denn die Wege gehören der Gemeinde und damit allen. Dass wir Bauern die Bankette pflegen, ist unser Beitrag. Dann kann das Wasser besser ablaufen, und die Wege frieren im Winter nicht auf. Das schont die Gemeindekasse, und da wir Bauern ja die erforderliche Technik haben, ist es kein allzu großer Aufwand.

Ab und zu kann es vorkommen, dass unsere Schlepper Erde vom Acker auf die Wege bringen. Die frische Erde bleibt im Profil der Reifen hängen und verliert sich erst nach und nach auf den Wegen. Beim nächsten Regen ist die Erde weg. Wenn es gar zu viel ist, schieben wir es auch mit dem Frontlader ab. Aber das kann auch schon mal etwas dauern, denn gerade im Frühjahr ist die Zeit knapp, und nicht immer hat man einen Besen dabei, um sofort wieder für Ordnung zu sorgen. Das gibt dann schon mal Stress, besonders mit den Inlinern. Es sind halt Wirtschaftswege (Land*wirtschafts*wege), und beide Parteien, Landwirte und Erholungssuchende, müssen sich den Weg teilen. Und Rücksicht sollte von beiden Seiten genommen werden.

Bei den grünen Wegen haben wir mit der Gemeinde eine gute Einigung erzielt. Die Gemeinde stellt im Rahmen ihrer finanziellen Möglichkeiten das entsprechende Material zur Verfügung, wir Landwirte holen das mit unseren Anhängern ab und bauen es in Eigenleistung selber ein. Vor allem die Fahrspuren werden mit Recycling-Material aufgefüllt und halten oft ein paar Jahre. Da kann man dann auch trockenen Fußes laufen oder mit dem Fahrrad fahren. Wir Bauern haben ja selbst ein Interesse daran, dass die Wege in Ordnung bleiben. Das ist unser Beitrag für die Gesellschaft.

FLURPFLEGE

Vor ein paar Jahren hat die Bundesbahn nicht weit von unserem Hof ein altes Stellwerk abgebrochen. Zurück blieb eine etwa dreihundert Quadratmeter große Fläche, die verwilderte. Dann habe ich etwas gemacht, was ich nicht durfte: Ich habe auf dieser Fläche (also auf fremdem Eigentum) Bäume gepflanzt, die sich in dem kleinen Wald auf unserem Grundstück selbst gesät hatten. Die habe ich ausgegraben und dort eingepflanzt. Es waren Wildkirschen, Ahorn und

Pappeln darunter. Heute sind die Bäume acht Meter hoch, und die Fasanen haben dort ein Rückzugsgebiet. Abends hört man die Hähne rufen. So ein klackendes Geräusch, wer Landwirt oder Jäger ist, kennt das.

Ein paar Schneeglöckchen und Osterglocken habe ich dort auch ausgewildert. Im letzten Jahr haben mein Sohn und ich das mit einer anderen Böschung, auch auf Bahngelände, gemacht. Wir freuen uns darauf, wenn es dort jetzt im Frühjahr auch grün wird. Spaziergänger haben uns gefragt, warum wir das machen, es wäre doch Aufgabe der Bundesbahn. Ja, das stimmt, aber die macht es nicht. Da machen wir es eben. Weil es der Natur hilft und alle es schön finden. Wir eben auch. Das ist unser Beitrag zum Umweltschutz.

DIE EHRENGABE

Neulich hat meine Mutter die Ehrengabe der Gemeinde erhalten. Das ist eine Urkunde und ein Strauß Blumen. Warum: Weil sie in der Aue, die entlang des Baches als Naherholungsgebiet angelegt wurde, ein kleines Gärtchen angelegt hat, mit Blumen und Sträuchern. Obwohl sie über neunzig Jahre alt ist, pflegt sie das und schaut nach dem Rechten, pflanzt neue Blumen, zupft das Unkraut. Und die Spaziergänger finden das toll. Und weil sie ein Kreuz pflegt, das 150 Jahre alt ist und das die Schützenbruderschaft vor dem Hof aufgestellt hat. Bisher hat sie das Kreuz jedes Jahr saubergemacht, weil sich dort immer wieder Moos ansetzte. Das ist kein großer Aufwand, aber ein anderer machte das nicht. Heute machen es ihre Enkel. Uns ist das Kreuz etwas wert.

LERCHENFENSTER

Die werden von uns Landwirten angelegt, indem man mitten im Getreide die Sämaschine aushebt und nichts sät. Dort, wo man nichts sät, kann man auch nichts ernten. Es ist ein

Freiraum für Feldlerchen, die dort, in der unbewachsenen Fläche, ihre Brut aufziehen können. Rundherum schützt sie das Getreide vor Feinden. Ist kein großer Aufwand, hilft aber der Natur. Und Lerchengesang ist etwas Schönes.

HAMSTER-ERWARTUNGSLAND
Ich bewirtschafte »Hamster-Erwartungsland«. Was das ist? Das ist nicht einfach zu erklären. Im Nachbardorf hat man 2005 eine große Kolonie von Feldhamstern entdeckt. Auf einhundert Hektar hat man rund zweihundert Bauten gefunden. Daraufhin entstand ein Programm zum Hamsterschutz. Auf freiwilliger Basis, mit den Landwirten. Dafür, dass die Landwirte beim Hamsterschutzprogramm mitmachten, gab es auch Geld, aus EU-Mitteln. Geld dafür, dass man beispielsweise bei der Getreideernte einen Teil des Getreides nicht abmähte, sondern als Winterfutter für die Hamster stehen ließ. Das ist kein großer Aufwand, macht aber Probleme bei der weiteren Bearbeitung des Ackers. Man muss mit weiteren Maßnahmen immer um diese Weizenbestände herumfahren. Und die Tauben lassen sich dort auch gerne nieder und ernten ebenfalls. Anschließend sitzen sie dann im Raps vom Nachbarn und fressen die leckeren jungen Pflänzchen ab. Das gibt Ärger.

Nun hat man in der Gegend in und um die Hamsterkolonie kleine Waldflächen zur Auflockerung der Landschaft angelegt. Sehen schön aus, die kleinen grünen Oasen in der Kulturlandschaft. 2013 hat man wieder die Hamsterbauten gezählt. Man hat noch sieben gefunden, fünf davon waren bewohnt. Wo ist der Rest geblieben? Was man nicht geplant hatte, war, dass in den Waldflächen Füchse ihre Bauten angelegt haben und auf den mittlerweile gut zehn Meter hohen Bäumen Falken, Sperber und Bussarde sitzen. Die haben einen wunderbaren Blick in die Landschaft und sehen alles, was sich dort bewegt. Das sind Kaninchen, Feldmäuse und eben auch Feldhamster. Und die haben sie sich geholt, um ihre junge Brut zu ernähren.

So ist etwas gründlich schiefgegangen, was gut gemeint war: Die Förderung der Hamster hat die Bestände ordentlich dezimiert. Und jetzt kommt mein Acker ins Spiel. Der liegt nämlich in der Nähe der ehemaligen Kolonie. Und weil dort weniger Waldflächen sind, hat man mich gefragt, ob ich nicht auch am Hamsterprogramm teilnehmen will. Mache ich jetzt seit fünf Jahren, aber es sind noch keine Einwanderer gesichtet worden. Es ist nach wie vor: Hamster-Erwartungsland.

Zum Engagement, das nur wenige sehen, gehört auch die Jagd. Und die gehört ja irgendwie zum Thema Lebensmittel mit dazu. Jedenfalls war sie das in früherer Zeit. Deshalb sage ich jetzt...

WAIDMANNSHEIL

Um es gleich vorweg zu sagen: Ich bin kein Jäger, ich bin Pazifist. Aber mein Vater war Jäger, mein Großvater sogar Kreisjägermeister. Meine Eltern hätten es sicher gerne gesehen, wenn ich auch den Jagdschein gemacht hätte, aber ich wollte das nie. Meine pazifistische Grundeinstellung ändert sich aber immer dann schlagartig, wenn mir die Kaninchen Hunderte Quadratmeter junger Rübenpflänzchen auffressen oder riesige Schwärme von Wildtauben gleich hektarweise die kleinen Rapskeimlinge aufpicken. Dann ziehe ich los, um Flatterband aufzustellen oder mittels Lärm die Wildtauben zu verscheuchen. Beides meist nur mit geringem Erfolg.

Also muss der Jäger ran – immer dann, wenn eine Überpopulation besteht und natürliche Regulationsmechanismen fehlen. Mein Freund Hubertus ist Jäger und hat mir zu diesem Thema Rede und Antwort gestanden. Seine Arbeit beginnt dann, wenn dem Landwirt wirtschaftlicher Schaden droht. Zum Beispiel bei Wildschweinen. Wenn Sie mal einen Acker gesehen haben, den Wildschweine in nur einer Nacht komplett umgepflügt haben, oder wenn Ihnen mal ein Keiler (männliches Wildschwein) im Wald begegnet ist, werden Sie das vielleicht auch so sehen. Sprechen Sie mal mit Hausbesitzern am Berliner Stadtrand: Die sind froh, dass es Jäger gibt, die dafür sorgen, dass die zu große Wildschweinpopulation zumindest etwas dezimiert wird. Gleiches gilt auch bei Waldbesitzern, die versuchen, einen Wald wieder aufzuforsten. Zum Schluss hilft nur noch ein aufwändiges Wildgatter oder ein mühsam angebrachter Verbissschutz an jedem jungen Baum, um die jungen Pflanzen vor ständigem Wildverbiss zu schützen.

Wie aber ist der schlechte Ruf der Jagd entstanden? Ohne Jagd war ein Überleben des Menschen lange Zeit nicht möglich. Dann, nach der Domestizierung einiger Tierrassen und der Etablierung der Viehhaltung, war das Jagdrecht wenigen privilegierten Ständen (Kirche und Adel) vorbehalten. Die Folge waren zum Teil unnötig brutale (weil nicht an der Nahrungsversorgung orientierte) Jagdmethoden und enorme Wildschäden, die von der Bevölkerung zu tragen waren. Erst die gesellschaftlichen Veränderungen im 19. Jahrhundert änderten das nach und nach.

Heute gibt es in Deutschland wieder Wölfe. Das finden wir alle, die Gesellschaft, schön. Endlich wieder Wildtiere, die aus deutschen Wäldern verschwunden waren. Wenn Sie aber Viehhalter sind, Ihnen der Wolf die Lämmer oder Kälber weghohlt, sind Sie nicht mehr so begeistert. Wenn dann noch gefordert wird, dass mehr Hühner im Freiland gehalten werden und möglichst alle Kühe wieder auf die Weide sollen, wird die Freude am freilaufenden Wolf gleich noch größer. Welche Tiere sollen also geschützt werden? Sind es die Nutztiere, ist es der Wolf?

Diese Frage stellt sich, so oder so ähnlich, auch in anderen Fällen. Sollte die Population der Wölfe weiter wachsen, könnte es irgendwann einmal auch zu Übergriffen auf Menschen kommen. Wie werden wir dann den Schutz des Wolfes diskutieren?

Egal, wie man dazu steht, dass das Töten eines Tieres zur Grundlage unseres menschlichen Daseins gehört, dürfen wir nicht außer Acht lassen, dass es ein ethisches Fundament braucht, das die Beziehung zwischen Tier und Mensch definiert. Wir müssen uns also jenseits jeglicher Tierschutz-Romantik stets fragen: »Darf oder muss ich sogar in die Natur eingreifen, um einen Ausgleich zu schaffen?«

Denn wir dürfen nicht vergessen, dass wir heute nicht mehr in einer Naturlandschaft, sondern in einer Kulturlandschaft leben. Straßenbau, Wohnungsbau, Energiegewinnung – fast jeder Lebensbereich greift in die natürlichen Prozesse ein. In unseren Breitengraden gibt es fast keinen Quadratmeter mehr, der nicht durch den Menschen beeinflusst worden wäre. Selbst die von vielen so gerühmten Nationalparks sind immer noch massiv von menschlichen Eingriffen betroffen. Dazu gehört auch die Jagd, die auch in Nationalparks unerlässlich ist.

Als Mensch bin ich auch sehr für Umweltschutz. Als Bauer aber vermisse ich in der Diskussion einen Konsens darüber, wie mir die durch Naturschutz entstandenen Schäden ersetzt werden. Im Fall von Bruno, dem bayrischen Problembären (2006), hat man sich darauf geeinigt, dass Jäger dieses Problem erledigen. Die politischen Entscheidungsträger wollten es so, und die Aufregung in der Bevölkerung war groß.

Die Diskussion um Wolf und Bär ist meiner Meinung nach aber eine Stellvertreter-Diskussion. Sie wird geführt, weil sich die Einstellung vieler Menschen zum Tier- und Naturschutz geändert hat. Ich habe den Eindruck, dass Natur immer dann etwas Schönes und Wünschenswertes ist, solange sie nicht das eigene Umfeld negativ beeinflusst. Ist dies dann doch einmal der Fall, ändert sich oft die Sichtweise. Maulwürfe ärgern mit ihren Maulwurfshaufen, Marder beschädigen Autos, Tauben nisten unter dem Dachfirst der Altbauwohnung. Da muss dann schon was unternommen werden, oder?

VEREINSLEBEN UND EHRENAMT
In unserer Gemeinde gibt es eine Bürgerstiftung. Die kümmert sich um soziale und kulturelle Dinge, die von keiner Gemeindeverwaltung und keinem anderen Verein übernommen werden. Ein Viertel in Vorstand und Kuratorium besteht aus Landwirten, nicht zuletzt, weil die seit jeher einen engen Bezug zu ihrer Gemeinde haben. Seit einigen Jahren stiftet die Bürgerstiftung, deren Kuratoriumsvorsitzender ich bin, den Grundschulen ein gesundes Frühstück mit Äpfeln und Möhren. Damit kennen wir uns aus, und die können wir auch preiswerter als zum Ladenpreis besorgen. Diese Aktion kommt sehr gut an, Kinder und auch Lehrer sind begeistert. Und um die neuen Flüchtlinge aus 21 Nationen kümmern wir uns auch. So haben wir, der Vorsitzende der Bürgerstiftung und ich, rund 50 Tüten mit haltbaren Lebensmitteln gepackt und an die Neuankömmlinge verteilt. Wir haben Mitbürger nach gebrauchten, auch defekten Fahrrädern gefragt und diese auf Kosten der Bürgerstiftung reparieren lassen und den Neuankömmlingen geschenkt. Wir finanzieren auch übergangsweise Deutschkurse für die Kinder. Ist eigentlich alles kein großer Aufwand. Aber es muss einer machen.

Auch im Rosenmontagszug sind wir Landwirte aktiv und mit unseren Treckern dabei. Ist kein großer Aufwand, und wir Landwirte machen das gerne, weil wir ja zur Gemeinde dazugehören. Im Elferrat sitzen auch welche von uns. Das Montieren und Bemalen der Motivwagen haben die Jecken bei mir in der Scheune machen können. Da ist es trocken, und es gibt viel Platz.

Im Herbst veranstaltet die Kirchengemeinde einen traditionellen Erntedankumzug. Wir danken Gott für die Früchte des Feldes. Damit das schön gestaltet wird, fahren historische und moderne Schlepper mit den Feldfrüchten in diesem Umzug mit. Unsere Tochter durfte 2015 die Erntekönigin sein. Viele Leute machen Fotos, weil sie das bunte Bild so schön finden. Das ist für uns Landwirte kein großer Aufwand, wir machen das gerne.

Übrigens finden die Fronleichnamsgottesdienste in Verbindung mit der Prozession meist auch auf unseren Bauernhöfen statt. Da wird vorher gründlich sauber gemacht, der Rasen gemäht, da werden Bänke aufgestellt und der Altar errichtet und geschmückt. Das sind schnell mal zwei volle Tage Arbeit. Dann kann die Prozession kommen. Nach einer Stunde ist sie wieder weg.

Wir Bauern und unsere Frauen sind in Kirchenvorständen und Presbyterien, in Gemeinderäten sowie Vorständen und Aufsichtsräten von Genossenschaften. Die Männer sind auch in Bruderschaften, weil es Schwesternschaften noch nicht gibt. Alles ehrenamtlich. Ist zwar alles etwas Aufwand, aber wir machen das gerne.

NOCH EIN WORT ZUR KIRCHE
Ein gefährliches Pflaster, auf das ich mich jetzt begebe, und ich will es auch nicht zu breittreten, weil es vom eigentlichen Thema des Buches zu weit wegführen würde. Aber in gewisser Weise auch gar nicht mal so weit. Und weil es unter uns Bauern immer noch viele Kirchenmitglieder gibt,

liegt es mir auf dem Herzen, auch zu diesem Thema etwas loszuwerden.

Eins vorab: In unserer Familie wird vor dem Essen immer gebetet. Unsere Ehe ist konfessionsverschieden, katholisch und evangelisch, und jeder von uns ist das mit Überzeugung. Der gemeinsame Gott eint uns.

Am Erntedanksonntag gibt es in unserer Gemeinde den bereits erwähnten Umzug mit den Früchten des Feldes. Auch die Kirche ist entsprechend geschmückt, aber ich weiß nicht, wie viele Kirchenbesucher damit wirklich etwas anfangen können. Das, was dort vor dem Altar liegt, kann man ja auch im Supermarkt kaufen. Oder eben am Erntedanksonntag gegen eine Spende mitnehmen. Das ist oft billiger als der Einkauf im Discounter. Wir Bauern haben es ja gespendet.

Dann höre ich die Predigt. Von »Bewahrung der Schöpfung« ist da die Rede und dass wir sorgsam mit der Natur umgehen sollten. Dass heute einiges in Unordnung geraten sei, und dass der Mensch nicht alles tun dürfe, was möglich ist. Und mehr oder weniger verschlüsselt, manchmal aber auch offen, werden die Begriffe Massentierhaltung, Pestizide oder Gentechnik in das Bewusstsein der Zuhörer gebracht, die andächtig lauschen und beifällig nicken. Unter ihnen sitze ich, der Bauer, der eben noch die Gaben des Feldes gespendet hat, und fühle mich in diesem Punkt dann irgendwie angegriffen, fast schon ausgeschlossen von der Gemeinde, weil ich damit ja ganz offensichtlich gemeint bin. Und nicht nur ich, sondern auch meine Berufskollegen, die auch so arbeiten wie ich.

Unser tägliches Brot gib uns heute. Wer gibt es uns denn? Wir Bauern sind die Handwerker für Nahrungsmittel. Wir sind Gottes Geschöpfe, die die Aufgabe haben, unsere Mitmenschen mit den Mitteln zum Leben, mit Lebensmitteln zu versorgen. Und dann singen wir:

Wir pflügen, und wir streuen den Samen auf das Land,
doch Wachstum und Gedeihen steht in des Himmels Hand,
der tut mit leisem Wehen sich mild und heimlich auf
und träuft, wenn heim wir gehen, Wuchs und Gedeihen drauf.

Er sendet Tau und Regen und Sonn und Mondenschein
und wickelt seinen Segen gar zart und künstlich ein
und bringt ihn dann behende in unser Feld und Brot,
es geht durch unsre Hände, kommt aber her von Gott.

Was nah ist und was ferne, von Gott kommt alles her,
der Strohhalm und die Sterne, das Sandkorn und das Meer.
Von ihm sind Büsch und Blätter, und Korn und Obst von ihm
das schöne Frühlingswetter und Schnee und Ungestüm.

Er lässt die Sonn aufgehen, er stellt des Mondes Lauf,
er lässt die Winde wehen und tut die Wolken auf.
Er schenkt uns so viel Freude, er macht uns frisch und rot,
er gibt den Kühen Weide und seinen Kindern Brot.

Und ich singe mit, aus voller Brust, und mir läuft ein Schauer über den Rücken, weil es genau das widerspiegelt, was ich jeden Tag bei meiner Arbeit erlebe. Dass wir Bauern eben nicht alles tun können und wollen, was möglich ist, sondern von einem Schöpfer abhängig sind, der es hoffentlich gut mit uns meint.

Landwirtschaft und Kirche waren lange Zeit die den ländlichen Raum prägenden Kräfte. Die Zahl der Landwirte nimmt ab, die der Kirchenbesucher auch. Die Kirchen positionieren sich zunehmend als eine NGO wie all die anderen auch. Gegen die moderne Landwirtschaft, gegen die Ernährungswirtschaft. Das belegt die Teilnahme von Misereor an der Demonstration »Wir haben es satt« 2015 in Berlin. Mit ihrem Geschäftsmodell »Anklagen und Spenden sammeln« stellt sich Misereor in eine Reihe mit Greenpeace, foodwatch und allen anderen NGOs. Das schmerzt. Wie wäre es denn, wenn die kirchlichen Organisationen in ihren Einrichtungen in der Kantine ab morgen nur noch Biolebensmittel anbieten würden? Und die Mitarbeiter nach kirchlichen Tarifen zu bezahlen, anstatt die Dienstleistungsbereiche in GmbHs auszugliedern?

Wie gesagt, ich möchte das hier nicht weiter vertiefen, darüber ließe sich ein eigenes Buch schreiben. Dennoch ist mir wichtig, die Rolle der Kirche zu erwähnen – gerade weil sie mir viel bedeutet. Und weil ich mit Sorge beobachte, dass auch zwischen Kirche und Bauern die Lücke immer größer zu werden scheint. Und auch diese Lücke ist in meinen Augen verbunden mit der Kommerzialisierung der Landwirtschaft, um nicht zu sagen: der Schöpfung – und dem allgegenwärtigen Zwang zur Wirtschaftlichkeit.

Der Zwang zur Wirtschaftlichkeit

Wenn ich mit Nicht-Landwirten über Landwirtschaft rede, ist die Wirtschaftlichkeit meist kein Thema. Umweltschutz, Tierschutz, Pestizide sind Begriffe, die sofort genannt werden. Ob sich mein Betrieb wirtschaftlich rechnet, interessiert kaum einen. Aber mich. Denn wie jeder andere muss auch ich von meiner Arbeit leben können. Und ich habe Konkurrenten. In meinem Fall sind das nicht die in der direkten Nachbarschaft, mit denen komme ich gut klar. Nein, meine Wettbewerber sitzen weiter weg.

»Bauern müssen doch eh nicht mehr arbeiten, die können allein von den Subventionen leben.« – Sie glauben gar nicht, wie oft ich Sätze wie diesen zu hören bekomme. Bevor ich die aktuelle Situation genauer erläutere und auf das Thema Subventionen eingehe, möchte ich auch hier ein bisschen ausholen, um die Entwicklung der letzten Jahrzehnte kurz zu umreißen – diesmal anhand meiner direkten Vorfahren…

Das Brot im Wandel der Zeit
oder: Warum die Brötchen immer billiger geworden sind!

VORGESTERN

Mein Urgroßvater fährt das Getreide mit Pferd und Wagen zur Windmühle nach Stommeln (Entfernung: drei Kilometer). Das Pferd frisst Heu (gibt es auf dem Hof), die Windmühle braucht Wind (gibt es hinterm Haus). Der Müller bringt das Mehl mit dem Pferd zu Bäckern in Stommeln und Umgebung. Außerdem verkauft er Mehl an Hausfrauen, die davon Brot backen. Der Bäcker backt Brot und verkauft es. In seinem Betrieb hilft der Sohn mit, der Lehrling bekommt Kost und Logis und ein Taschengeld. Auch der Handwerker im Ort backt sein Brot im Holzofen selbst. Das Holz kommt aus dem Wald am Ortsrand. Jeder handelt mit jedem einen fairen Preis für sein Produkt aus.

Kein Mensch redet vom Brötchenpreis.

GESTERN

Mein Vater fährt das Getreide mit dem Traktor (braucht Diesel) zum Landhändler im Ort. Der fährt das Mehl zur Mühle nach Neuss (Entfernung: zwanzig Kilometer). Die Mühle wird mit Strom (RWE) betrieben und hat etwa zwanzig Mitarbeiter. Die Mühle portioniert das Mehl zum Teil in Kleinpackungen und liefert es mit Lkws an Dorfläden und einige Handelsketten rund um Neuss. Von den Läden gelangt es in die Haushalte, die davon Brot backen. Außerdem wird Sackware per Lkw an einen Händler geliefert, der die Bäckereien bedient. Vom Händler wird es wiederum mit dem Lkw zu den Bäckereien gefahren, die davon in modernen Elektro-Backöfen Brot backen.

Der Handwerker im Ort verdient in der Stunde 12,– DM.

Ein Brötchen kostet 10 Pfennig. Von einem Stundenlohn kann er 120 Brötchen kaufen. Für 100 Kilogramm Weizen bekommt mein Vater 48,– DM. Davon kann er 480 Brötchen kaufen.

Jeder hat sein Auskommen und ist zufrieden.

HEUTE

Ich fahre das Getreide mit dem Traktor zum Landhandelsunternehmen, das nicht mehr im Ort, sondern fünf Kilometer entfernt liegt. Den Landhändler im Ort gibt es nicht mehr.

Das Landhandelsunternehmen hat dreißig Mitarbeiter, wovon einer als Betriebsrat nur ca. 50 Prozent produktiv mitarbeitet. Bei der Anlieferung wird eine Probe genommen, die auf Qualitätsmerkmale und Rückstände untersucht wird. Die Probe wird zu einem speziellen Labor gefahren, das fünf Mitarbeiter und eine tolle technische Ausrüstung hat, mit der man einen Zuckerwürfel im Bodensee nachweisen könnte. Das Landhandelsunternehmen hat fünf eigene Lkws, die das Getreide zur Großmühle nach Duisburg fahren (Entfernung: sechzig Kilometer). Die Mühle in Neuss gibt es nicht mehr.

Die Mühle in Duisburg hat 120 Mitarbeiter und einen Betriebsratsvorsitzenden, der freigestellt ist. Die Mühle hat eine hochmoderne Einrichtung und ein eigenes Betriebslabor mit drei Angestellten, wovon die Leiterin Ernährungswissenschaften studiert hat. Dort werden das Getreide und das Mehl genauestens untersucht. Leider entspricht mein Getreide dieses Mal nicht ganz den Anforderungen der Mühle, denn es hat nur einen Eiweißgehalt von 12,3 Prozent. Man braucht Weizen mit 12,5 Prozent Eiweiß. Es wird mir mitgeteilt, dass man meinen Weizen leider nur als Mischweizen nutzen kann und daher einen Preisabschlag machen muss.

Da man in Frankreich Weizen mit 12,8 Prozent Eiweiß zum gleichen Preis wie meinen kaufen kann, wenn er 12,5 Prozent Eiweiß gehabt hätte, wird der französische Händler angerufen, der daraufhin französischen Weizen nach Duisburg bringt (Entfernung: vierhundert Kilometer). Die Mühle mischt beide Weizen und kommt auf 12,5 Prozent Eiweiß. Meistens jedenfalls. Etwas Schwund ist immer, das ist in der Kalkulation schon drin!

Die hochmoderne Großmühle nimmt das Mehl aufs Lager und bringt es dann mit eigenen Silozügen zu den Großbäckereien in der Umgebung. Da es nur noch wenige Großmühlen gibt, ist der Wettbewerb sehr scharf. In Oldenburg trifft man auf den Konkurrenten aus Hamburg, der allerdings eine etwas günstigere Fracht hat. Deshalb muss man beim Mehlpreis etwas nachgeben, um im Geschäft zu bleiben. Etwas Schwund ist immer, das ist in der Kalkulation schon drin!

Jetzt ist mein Getreide aus Rommerskirchen in Oldenburg beim Großbäcker angekommen. Dort geht es ins Lager. Der Großbäcker hat 250 Angestellte, davon dreißig in der Verwaltung. Die meisten sind in der Gewerkschaft. Der Großbäcker unterhält eine eigene Lkw-Flotte, die mit GPS von der eigenen Logistikabteilung gesteuert wird. Der Großbäcker liefert auf das Zentrallager von Aldi. Das liegt in Hannover und bedient Niedersachsen, Sachsen-Anhalt und Berlin. Aldi unterhält auch eine eigene Lkw-Flotte, die mit GPS von der eigenen Logistikabteilung gesteuert wird. Trotzdem kommt es vor, dass einmal das Mindesthaltbarkeitsdatum überschritten wird und ein Teil der Brötchen nicht verkauft werden darf. Etwas Schwund ist immer, das ist in der Kalkulation schon drin!

Der Lkw von Aldi ist pünktlich morgens um 5:45 Uhr in der Filiale in Berlin, wo um 9:00 Uhr meine Schwester zehn Brötchen kauft, die aus Weizen (und etlichen Zusatzstoffen) hergestellt wurden, der auf meinem Hof gewachsen ist. Die zehn Brötchen sind im Angebot, da muss man zugreifen. Leider sind es dann doch zu viele, drei Brötchen werden hart. Etwas Schwund ist immer.

Der Handwerker im Ort verdient in der Stunde 60,– Euro. Das Brötchen kostet 30 Cent. Davon kann er zweihundert Brötchen kaufen, achtzig mehr als früher. Und da soll mal einer sagen, die Brötchen wären teurer geworden!

Ach, übrigens: Ich bekomme für 100 Kilogramm Weizen 16,– Euro. Davon kann ich 53 Brötchen kaufen. Das sind 427 weniger als mein Vater. Aber alle anderen sind anscheinend zufrieden, denn ihre Kalkulation geht auf.

Dass auch der Bauer, der eigentliche »Essensmacher«, auf seine Bilanz schauen muss, haben die meisten Verbraucher längst aus den Augen verloren. Für Händler und Lebensmittelproduzenten ist er heute ein Lieferant wie jeder andere. Und wie eine alte Wirtschaftsweisheit nun einmal sagt: Im Einkauf liegt der Gewinn. Das führt dazu, dass der Bauer zu einem Faktor unter vielen in ihrer Wirtschaftlichkeitsrechnung degradiert wird.

Ich wünsche mir keine Pferdewägen zurück – aber glücklich kann diese Entwicklung am Ende keinen machen, selbst wenn die Brötchen noch billiger werden, als sie es eh schon sind.

Das globale Dorf – wo ist mein Konkurrent?

Schon mal was von MATIF, Eurex, Liffe oder CBoT gehört? Böhmische Dörfer? Für mich und meine Kollegen gehören diese Begriffe zum Alltag. Fast täglich schaue ich dort nach, wie sich die Preise entwickeln. Online, mit fünfzehnminütiger Verzögerung. Die beiden für mich wichtigsten Marktplätze möchte ich Ihnen kurz vorstellen.

MATIF (MARCHÉ À TERME INTERNATIONAL DE FRANCE)
An dieser Börse mit Sitz in Paris werden vor allem Weizen, Mais, Raps (inklusive Rapsschrot und Rapsöl), Braugerste und Milchpulver gehandelt. Der Schwerpunkt der Händler auf diesem Marktplatz sitzt in Europa. Dort kann ich den aktuellen Tagespreis erfahren. Um zu sehen, wie die Preisentwicklung der letzten Monate war, schaue ich mir noch die Chartkurve an. Für Weizen, der im August geerntet wird, ist für mich der Septembertermin von Bedeutung. Das ist aber nicht der Preis, den ich bekomme, sondern lediglich die Basis, auf der ich mit meinem Händler (bei mir die Genossenschaft) einen Vertrag machen kann. In der Regel liegt der Erzeugerpreis, also mein Preis, zwischen 20 und 30 Euro darunter, da der Händler ja noch die Kosten für die Erfassung, Qualitätskontrolle, Lagerung und Verluste hat. Denn ich liefere Rohware an, die er so nicht direkt vermarkten kann.

Ich könnte auch jetzt schon einen Vorkontrakt auf September 2016 machen. Das ist dann der Weizen, den ich im Herbst 2015 ausgesät habe, der aber erst im Sommer 2016 geerntet wird. Ob ich das machen soll? Das ist Spekulation. Ich habe es aber mit einer kleinen Menge trotzdem gemacht. Warum? Die Getreideernte 2015 war weltweit trotz des Hitzesommers gut, Weizen, Gerste und Mais haben sich prächtig entwickelt, die Vorräte auch. Während ich diese Zeilen schreibe, wird erneut von allen Ländern auf der Nordhalbkugel ein guter bis sehr guter Zustand der Kulturen berichtet. Somit steht zu erwarten, dass auch das Jahr 2016 eine große Ernte einbringen wird. Wenn das so käme, würden die Vorräte weiter wachsen. Das ist für Sie als Verbraucher eine gute Sache, denn wenn es eine Missernte gäbe, müsste man auf die Vorräte zurückgreifen. Allgemein ist man bemüht, mindestens 20 Prozent eines Jahresverbrauchs als Vorräte vorzuhalten. Alles, was darunter ist, wäre als kritische Versorgung anzusehen. Bei mehr als 40 Prozent Vorrat gilt der Markt als überversorgt, was sich dann in sinkenden Preisen niederschlagen würde. So die allgemeine Meinung, und so denken die, die mit den Produkten handeln. Ob das richtig ist oder nicht, interessiert nicht. So denkt der Handel eben, und so handelt er auch.

Ob ich das nun gut finde oder nicht, spielt keine Rolle. Ich muss froh sein, dass ich mir per Mausklick zumindest eine grobe Orientierung darüber verschaffen kann, was für meine Produkte zu erwarten ist.

CBOT

Das ist ein globaler Marktplatz, an dem sich fast alle Händler und Erzeuger orientieren, weil hier, am Chicago Board of Trade, riesige Mengen an fast allen agrarischen Rohstoffen gehandelt werden. Oft laufen die Preise an der MATIF und des CBoT gleichsinnig, aber nicht immer. Für meine Überlegungen, etwa beim Weizen, gibt es deshalb auch hier interessante Ansatzpunkte. Wenn der Preis in Chicago zum Beispiel steigt, hat das Hintergründe, die es herauszufinden gilt. Denn es könnte sein, dass sich diese Hintergründe auch auf den Preis an der MATIF auswirken. Und dann heißt es: Wachsam sein! Und warten, um hoffentlich den gewünschten Preis zu erzielen.

In Chicago wird aber nicht nur Getreide gehandelt, sondern auch Soja, Reis und Palmöl. Auch Rinder, aber das soll hier keine Rolle spielen. Soja ist deshalb für mich wichtig, weil aus Soja Sojaöl gewonnen wird, das mit Rapsöl konkurriert. Gleiches gilt für Palmöl. In welchem Produkt das Öl landet, ist der Börse egal. Öl ist Öl, und das kann in Lebensmitteln oder auch im Biodiesel landen. Das entscheiden der Preis und der Käufer. Spezialisten und Fachleute werden jetzt vielleicht sagen, »das hat er aber etwas einfach dargestellt«, aber hier soll es ja um die große Linie gehen, und für mich als Erzeuger sind die großen Trends von Bedeutung.

Wenn zum Beispiel Brasilien eine knappe Sojaernte einfährt, weil es dort nicht geregnet hat, steigt der Preis für Soja. Jetzt versuchen die Käufer von Pflanzenöl auf Alternativen auszuweichen, und da kommt mein Raps im Rheinland ins Spiel. Wenn jetzt noch in Malaysia meine Berufskollegen weniger Palmöl ernten und der Preis auch hier steigt, wird das Interesse an meinem Raps und dem daraus gewonnenen Rapsöl noch größer. Deshalb schaue ich auch auf die Meldungen bestimmter Agenturen, die über das Wetter in Brasilien und Südostasien berichten. So makaber es klingen mag: Ein tropischer Wirbelsturm kann meinen Rapspreis steigen lassen. Doch nicht nur das. Auch ein Streik der Lkw-Fahrer oder der Hafenarbeiter in Übersee kann Auswirkungen haben. Zumindest kurzfristig. So funktioniert das globale Dorf, und deshalb muss ich mich informieren, um für meinen Betrieb richtige Entscheidungen treffen zu können.

Nur der Vollständigkeit halber: An der Eurex werden unter anderem Kartoffeln, Schweine, Ferkel, Butter und andere Produkte aus Milch gehandelt, an der Liffe Zucker und Futterweizen, aber das interessiert mich nur am Rande, da ich ohnehin einen festen Vertrag mit meinem Zuckerunternehmen habe, in dem der Preis bereits festgelegt ist.

Und noch ein Wort zur Spekulation mit Lebensmitteln. Wenn ich an der Börse Vorkontrakte mache, also quasi spekuliere, so steht bei meinem Geschäft dahinter immer Ware, mein Weizen. Nun gibt es aber Menschen, die machen Geschäfte damit, dass sie Vorkontrakte kaufen, nur um diese anschließend weiterzuverkaufen. Sie haben keinen Weizen, sie sind auch keine Bauern. Das war ursprünglich nicht so gedacht, und das ist für mich wirkliche Spekulation. Bei allem Zwang zur Wirtschaftlichkeit – diese Form von Spekulation ohne Ware, nur auf dem Papier, gehört aus meiner Sicht endlich reguliert. Hier sind die Regierungen gefordert. Doch die regulieren lieber anderes.

So, jetzt ist Ihnen vielleicht klar geworden, warum auch wir Bauern in einem »globalen Dorf« wohnen. Der nächste Abschnitt beschäftigt sich mit dem lokalen Dorf, der Heimat. Vielleicht empfinden Sie das jetzt als etwas sentimental, aber nach dem Lesen wird Ihnen hoffentlich deutlich werden, warum ich Ihnen dieses sehr spezielle Thema, das vor allem bei mir im Braunkohle-geprägten Rheinland, eine besondere Rolle spielt, ans Herz legen möchte, denn...

Seine Heimat verkauft man nur einmal

»Ja, dem geht es gut, der hat doch Land verkauft.« Könnte man meinen, ist aber oft nicht so.

Ich möchte Sie mal mit ins Rheinland nehmen, wo ich zu Hause bin. Das Rheinland ist meine Heimat. Hier ist aber auch die Heimat eines großen Stromkonzerns, des Rheinisch-Westfälischen Elektrizitätswerkes, besser bekannt als RWE. Und die haben in der Nähe vier große, sogar sehr große Braunkohlekraftwerke. Und diese Kraftwerke haben einen großen, sogar sehr großen Hunger. Auf Braunkohle. Die fördern sie aus drei Braunkohlegruben, die zwei größten sind Hambach und Garzweiler. Da, wo heute die Gruben sind, waren früher mal Dörfer, waren Äcker, waren Bauernhöfe. Die sind jetzt weg.

Viele der Landwirte von dort sind gute Bekannte, manche sogar Freunde. Oft sprechen wir über die Umsiedlung von damals. Die Erinnerungen sind noch recht frisch, obwohl es schon über zwanzig Jahre her ist. Der Prozess wurde mit ersten Gesprächen eingeleitet, in denen die Familien mehr oder weniger unmissverständlich erklärt bekamen, dass es zu einer Umsiedlung keine Alternative gäbe. Dass sie von ihrem Hof, ihrem Acker, aus ihrem Dorf wegmüssten. Sich dagegen zu wehren würde nichts bringen, dann würde man zwangsenteignet werden.

Dann die Frage der Entschädigung. Man will ja nicht verkaufen, aber man muss. Angesichts dieser Tatsache wird einem alles viel wertvoller. Die alten Gebäude, die einem so ans Herz gewachsen sind, sind jetzt nur noch eine Sache: Länge mal Breite mal Höhe. Die Streuobstwiese: wie viel Kirschen, wie viel Birnen, wie viele Apfelbäume? Macht zusammen soundsoviel Euro. Ja, aber wir haben vor drei Jahren den Hof neu gepflastert, in Eigenleistung. Ein Quadratmeter Pflaster mal x Euro macht soundsoviel.

»Aber sie bekommen ja genug Geld, um sich ein neues Wohnhaus mit einer Halle daneben zu bauen. Und das wird sicherlich viel moderner und zweckmäßiger als das, was sie jetzt haben.« Ja, es wird zweckmäßiger. Zweck und mäßig.

Aber es ist eben nicht der alte Schuppen mit den Riegeln vor der Tür, die schon der Großvater beim Schreiner hat machen lassen. Auf denen schon 12 Schichten Lack, RAL 6005, moosgrün, drauf sind, und jede von diesen Schichten haben sie selbst gestrichen. Bei der sechsten Schicht, 1994, haben sie unterbrechen müssen, weil sie ihre Frau mit Wehen ins Krankenhaus gefahren haben. Bei der zehnten Schicht, im Sommer 2003 haben sie so geschwitzt wie noch nie, weil es tagelang über 35 Grad hatte. Und bei der zwölften Schicht gab es dieses große Unwetter, bei dem fast der halbe Hof unter Wasser stand. Aber es ist nur eine Holztür mit Riegeln drauf. Macht soundsoviel Euro.

Dann ziehen die Nachbarn weg. Sie bleiben. Dann machen die Geschäfte zu. Sie bleiben. Dann kommt ein Unternehmen, das die Toten ausgräbt, umbettet und sie auf den neuen Friedhof, 12 Kilometer weiter bringt, und auch die Kirchtüren werden zugemauert, damit niemand Unfug treiben kann. Sie bleiben. Die ersten Häuser werden abgerissen, die Struktur des Dorfes fällt auseinander. Sie bleiben. Ganz zum Schluss verlassen die Bauern das Dorf, weil sich der Bagger in ihre Äcker frisst, die sie bis zuletzt bewirtschaftet haben. Dann kommt der Möbelwagen, jetzt ist der Tag gekommen, an dem man seine Heimat verlässt. Für immer. Es gibt kein Zurück mehr, nie mehr wird man an den Ort zurückkehren können, der einmal die Heimat war. Zurück bleibt ein Loch im Boden.

Das mag jetzt alles sehr theatralisch klingen. Aber die Wirklichkeit ist schlimmer. Ich war vor ein paar Jahren mit einer Besuchergruppe aus Norddeutschland bei einem Umsiedlungslandwirt. Die niedersächsischen Bauern wollten wissen, wie das denn vor 15 Jahren mit der Umsiedlung gelaufen sei. Vor ihnen der Landwirt, eins fünfundneunzig groß, ein Kerl wie ein Baum, ein Kreuz wie ein Kaltblutpferd, tiefe Stimme. Nach fünf Minuten heulte er wie ein Schlosshund, weil die Erinnerungen an die Umsiedlung ihn selbst nach dieser langen Zeit überwältigten.

Gut, das passiert nicht überall in Deutschland, und auch bei uns nicht jeden Tag. Wie sieht es denn mit der anderen Heimat aus, die sich verkaufen lässt? Dem Bauland? Ich habe vor Kurzem Bauland verkauft. Ja, irgendwie freiwillig und dann doch wieder nicht. Denn unsere Felder gehörten uns nur zur Hälfte, Resultat einer sogenannten ungeteilten Erbengemeinschaft. Mit dem Erlös aus dem Verkauf des Baulandes konnten wir die Äcker wieder zurückkaufen, und nun befinden sie sich wieder im Familienbesitz. Das war mir wichtig. Der Preis: In wenigen Jahren werden nur hundert Meter von unserem Garten Wohnhäuser stehen, die mir den Blick über unsere Felder bis zum Horizont versperren werden. Das ist der Preis dafür, dass unsere Äcker nun wieder zum Hof gehören so wie eine Generation zuvor.

Ich habe auch Verwandtschaft, die ihre Höfe verkaufen mussten. Auf einem dieser Höfe steht jetzt der Flughafen München, auf dem anderen ein ganzer Stadtteil von Düsseldorf. Sie werden jetzt vielleicht denken: »Die sollen doch nicht jammern, die haben sich da doch bestimmt finanziell saniert«. Und Sie haben recht. Der Verkauf brachte so viel ein, dass beide Verwandten anschließend einen größeren Hof in Niedersachsen kaufen konnten. Aber eigentlich wollten sie das nicht. Mein Onkel, der in Bayern seine Familie gegründet hatte – seine Kinder, die dort in den Kindergarten und die Schule gingen und ihre Freunde hatten, im Gemeindeleben integriert waren – hat sich lange gewehrt und sogar ein paar Tage wegen Landfriedensbruch im Gefängnis gesessen. Er wollte seinen Hof, seine Existenz, seine Heimat behalten. Er konnte es nicht. Bauer sein ist halt mehr als nur ein Unternehmen zu führen. Bauer sein ist eine Lebenseinstellung.

Vater Staat und die Formulare

Warum heißt es eigentlich Vater Staat – aber Mutter Erde? Wohl deshalb, weil der Vater allgemein als der strengere Teil der Eltern angesehen wird.

Ich fühle mich von Vater Staat vor allem kontrolliert. Und das mit ELAN. Das ist die sehr irreführende Bezeichnung für die Elektronische Antragstellung für Fördermittel in der Landwirtschaft. Mit Elan im Sinne von »innerer Schwung,

Spannkraft, Begeisterung«, so der Duden, hat das rein gar nichts zu tun. Eher im Gegenteil.

Immer im März bekomme ich per Post eine CD zugeschickt, die ich dann auf meinen PC lade. Dann beginnt das Ausfüllen der Formulare. Welche Parzellen ich in diesem Jahr bewirtschafte, wie groß die sind, welche FLIK-Nummer (Flächenidentifikator-Nummer) die haben, was ich in diesem Jahr darauf anbauen werde, was im vergangenen Jahr dort gewachsen ist und so weiter und so fort. Bis dann das Flächenverzeichnis fertig ist. In jedem Jahr scheitere ich an der richtigen Eingabe der AUM (Agrarumweltmaßnahmen), weil ich ja VNS (Vertragsnaturschutz) mache, um die Feldhamster auf mein Feld zu locken. Da geht es dann um 100 Quadratmeter, die ich immer wieder falsch eintrage, aber wenn nicht alles richtig eingetragen ist, kann ich das Formular nicht abschicken.

Dann muss ich noch den Mantelbogen ausfüllen. Vieles ist schon vorgegeben, aber ich muss trotzdem alles nachsehen, ob es auch in diesem Jahr noch gilt. Im Betriebsprofil muss ich angeben, ob ich die Fruchtfolge einhalte (ja), ob ich Bewässerungsmaßnahmen durchführe (nein), ob ich eine Hoftankstelle habe (ja) oder ob ich fischmehlhaltiges Milchaustauschfutter eingesetzt habe. Da wir seit über zwanzig Jahren kein Vieh mehr haben, kann ich das Häkchen getrost bei »nein« setzen. Das ist aber nur ein kleiner Ausschnitt aus den Fragen.

Dann fülle ich noch die Anlage A aus. Die beiden anderen Anlagen ZA-P und KUP brauche ich nicht auszufüllen, weil ich keine ZAs (Zahlungsansprüche) verpachte und keine KUP (Kurzumtriebsplantage) habe. Ab diesem Jahr muss ich noch die ÖVFs (ökologische Vorrangflächen) angeben, weil die zu den AUMs dazugehören. Dann noch schnell die Umverteilungsprämie beantragen und mir die CC-Broschüre (Cross-

Compliance) durchlesen. Die ist ganz wichtig. Sie umfasst nur schlappe 88 Seiten, die Vorschriften muss ich aber alle einhalten, um bei der Kontrolle nicht negativ aufzufallen.

Damit ich auch alles richtig ausfülle, schickt mir die Behörde eine Anleitung zum Ausfüllen gleich mit. Als pdf-Datei. Würde viel Papier verbrauchen, die auch auszudrucken, weil die 92 Seiten umfasst. Jedenfalls war das 2015 so, wahrscheinlich ist es für 2016 etwas mehr, weil es neue und mehr Vorschriften gibt.

Übrigens: Das mit den Flächenangaben wird auch kontrolliert. Einmal per Satellit, dann bei der Vor-Ort-Kontrolle noch mal per Hand. Der Satellit könnte sich ja geirrt haben. Und wenn die Abweichung größer als 3 Prozent ist, gibt's Abzug, das heißt: weniger Geld. Wie ich das hinbekommen soll ohne eigenen Satellit, interessiert die Behörde nicht. Ich habe eine Parzelle mit einem Halbkreis als Grenze. Haben Sie da mal den Flächeninhalt ausgerechnet? Ganz schön kompliziert.

So, das wäre mit Elan geschafft. Zwei Wochen später kommt dann noch ein Formular, diesmal nicht von Vater Staat, sondern von der Saatgut-Treuhandverwaltungs GmbH in Bonn. Da muss ich nur eintragen, dass ich alles Saatgut zugekauft habe und nichts selbst hergestellt wird. Das ist einfach, denn ich kaufe, wie gesagt, alles Saatgut zu. Unterschrift, fertig. Kommt noch ein weiteres Formular, das nennt sich »Antrag auf Steuerentlastung für Betriebe der Land- und Forstwirtschaft«, in dem ich angebe, wie viel Gasöl (= Diesel) ich im vergangenen Jahr gekauft habe. Da ich ein Auto fahre, das auch Diesel verbraucht, tanke ich regelmäßig an einer öffentlichen Tankstelle und sammle alle Quittungen. Ich habe zwar eine eigene Tankstelle, aber da sollte ich besser nicht tanken, sonst gibt es Ärger. Und wehe, da fehlt eine Quittung. Auf der Quittung notiere ich den Zählerstand am

Tag des Tankens, damit ich da keinen Schwindel mache. Von wegen, die Landwirte fahren alle Diesel-Autos, weil sie billiger tanken können. In einem Jahr ist der Antrag als ungültig zurückgekommen. Auf einer Quittung stand 50,01 Euro, ich hatte aber nur 50,00 Euro angegeben. So was geht natürlich gar nicht! Habe mich auch in aller Form entschuldigt.

Zwischendurch gebe ich noch schnell die Meldung ab, wann ich wie viel organischen Dünger von wem bezogen habe. Die Behörde, in unserem Fall die Landwirtschaftskammer Nordrhein-Westfalen, kontrolliert dann, ob das auch mit der Angabe des Abgebenden übereinstimmt. Doppelt kontrolliert ist halt besser. Meiner Genossenschaft schicke ich noch ein Formular, dass mein Raps nicht auf ehemaligem Grünland gewachsen ist. Wegen der Nachhaltigkeitsverordnung. Dabei haben wir tatsächlich mal Grünland umgebrochen, aber das war im Jahr 1965 und betraf etwa 0,3 Hektar. Damals haben wir den Kuhstall aufgegeben. Zum Glück interessiert das aber heute, nach über 50 Jahren, keinen mehr.

Ich denke, Sie haben einen Eindruck gewonnen, wie groß die Freiheit und wie vielfältig die Zwänge auch für uns Bauern sind. Allein, wenn es um die Formulare geht, habe ich schätzungsweise fünfzehn Ansprechpartner. Mindestens, und nur für mich allein.

Sind nun alle Formulare und Anträge ausgefüllt und auf die Reise gebracht, beginnt die Arbeit auf dem Feld. Alle Maßnahmen, von der Bodenbearbeitung über die Saat, das Saatgut, den Pflanzenschutz und die Düngung, wirklich alles muss mit Termin, Menge, Ort und so weiter aufgezeichnet werden. Nennt man Schlagkartei, wobei ein Schlag ein anderes Wort für Parzelle oder Feld ist. Und die muss aufbewahrt werden. Für die Kontrollen eben. Wobei eine Schlagkartei so verkehrt nicht ist (ich will ja nicht nur jammern), da kann man selber auch immer mal wieder nachsehen, wie das in den vergangenen Jahren war, und seine Schlüsse für zukünftige Entscheidungen ziehen. Und da ich auch die Preise dazuschreibe (was keine Pflicht ist), habe ich so auch schnell die betriebswirtschaftliche Auswertung für jedes Feld. Das ist natürlich schon sehr hilfreich, und darum mache ich das auch gerne und sehr penibel. Ist ja etwas, was mich weiterbringt.

SUBVENTIONEN MIT ZUCKERBROT UND PEITSCHE – BEISPIEL GREENING

Mit Beginn des Jahres 2015 hat man uns Landwirten also das Greening verordnet. Die bisherige einheitliche Flächenprämie wurde in eine verringerte Basisprämie und eine zusätzliche Prämie für bestimmte Umweltmaßnahmen abgewandelt. Diese neuen Umweltmaßnahmen werden als Greening bezeichnet. Ohne Greening gibt es kein Geld. Das Greening ist aber ein bürokratisches Monster, das selbst ich, der mal studiert hat, nicht mehr verstehe. Ich habe dazu einen sehr interessanten, über achtzig Folien gehenden Vortrag gehört, in dem meinen Kollegen und mir das alles genau erklärt wurde. Ich habe aber nur die Hälfte davon auf Anhieb kapiert.

Was ich kapiert habe, ist, dass es jetzt ÖVFs gibt, sogenannte ökologische Vorrangflächen. Die Junglandwirtprämie für Landwirte bis vierzig Jahre, die Kleinerzeugerförderung und die Zusatzförderung für die ersten 46 Hektar lasse ich jetzt mal außen vor. Und den Ausgleich für benachteiligte Gebiete auch. Bei den ÖVFs kann ich nun jedenfalls wählen zwischen AUM-Uferrandstreifen, Waldrandstreifen, Feldrandstreifen, Leguminosen, Stilllegung, Nutzung als KUP, AUM-Blühstreifen und AUM-Blühflächen. Für alles gibt es unterschiedliche Punkte, wie in der Schule. Viele Punkte sind gut, wenige Punkte sind schlecht. Wenn ich Zwischenfrüchte anbaue, so wie ich das seit vielen Jahrzehnten mache, darf ich das jetzt nicht mehr so machen wie bisher. Da gibt es nämlich gar keine Punkte, und das ist ganz schlecht. Für mich. Jetzt muss ich also ÖVF-Zwischenfrüchte anbauen, und da sollen mindestens zwei Arten drin sein. Das ist wieder schlecht, weil es keine vernünftige Mischung gibt, die ackerbaulich richtig Sinn ergibt. Wenn ich selber mische, soll von einer Art mindestens 60 Prozent drin sein. Vom Gewicht? Von der Kornzahl? Vom Volumen? Müsste ich wissen, um keinen Prämienabzug zu riskieren. Denn wenn ich zum Bei-

Übersicht der ökologische Vorrangflächen (Ausschnitt)

	Stilllegung (Acker)	Pufferstreifen	Hektarstreifen an Waldrändern	Feldränder (Streifen)
Faktor	1,0	1,5	1,5	1,5
Lage	alle Ackerflächen	an Gewässern **und** auf Acker oder Grünland an Acker angrenzend, mit und ohne Ufervegetationsstreifen	am Wald **und** auf Acker	am Feldrand o zwischen zw Schlägen **und** auf Acke
Maße	keine	mind. 1 m max. 20 m in Summe (ggf. inkl. Ufervegetationsstreifen)	mind. 1 m max. 10 m	mind. 1 m max. 20 m
Mindestgröße	mind. 0,1 ha	zusammen mit Bezugsschlag mind. 0,1 ha	zusammen mit Bezugsschlag mind. 0,1 ha	zusammen m Bezugsschla mind. 0,1 ha
zulässige Pflanzenarten bei Einsaat	keine Kulturpflanzen zu Erntezwecken (z. B. Getreide etc.) Gräsermischungen, Wildblumen, krautartige Futterpflanzen (kein Mais)	keine Kulturpflanzen zu Erntezwecken (z. B. Getreide etc.) Gräsermischungen, Wildblumen, krautartige Futterpflanzen (kein Mais)	keine Kulturpflanzen zu Erntezwecken (z. B. Getreide etc.) Gräsermischungen, Wildblumen, krautartige Futterpflanzen (kein Mais)	keine Kultur pflanzen zu Er zwecken (z. B Getreide etc. Gräsermischun Wildblumen, k tartige Futterpf zen (kein Mai
Einsaattermin	Bis 01.04.	Bis 01.04.	Bis 01.04.	Bis 01.04.
Selbstbegrünung	ja	ja	ja	ja
gezielte Begrünung	ja	ja	ja	ja
Stilllegungszeitraum	01.01. bis 31.12.	01.01. bis 31.12.	01.01. bis 31.12.	01.01. bis 31.

spiel Phacelia (auch Büschelschön genannt) mit Ölrettich mische, kommt die Phacelia mit Sicherheit nicht durch, und dann stehen da nur dicke Ölrettiche, die Probleme machen. Und statt nun selber zu mischen und dabei Fehler zu machen, kaufe ich lieber eine fertige Mischung vom Züchter.

Ich möchte Ihnen hier nur einen Ausschnitt aus den Dokumenten der Landwirtschaftskammer zeigen, der illustriert, aus welchen Maßnahmen ich zur Erfüllung der Bedingungen auswählen kann und muss. Sie müssen das nicht

(Stand: 15.03.2015)

ischenfrucht	Grasuntersaat	Leguminosen	Kurzumtriebs-plantagen	Aufforstungs-flächen
0,3	0,3	0,7	0,3	1
e Ackerflächen	alle Ackerflächen	alle Ackerflächen		
keine	keine	keine	keine	keine
mind. 0,1 ha	mind. 0,1 ha	mind. 0,1 ha	mind. 0,1 ha	mind. 0,1 ha
e Liste der zu- sigen Pflanzen, ind. 2 Arten, x. 60 % Anteil er Art (Bezugs- sis Anzahl Sa- nkörner), max. % Grasanteil)	nur Grasarten (keine Gemische wie Kleegras o.Ä.)	siehe Liste der zulässigen Leguminosen, Leguminosen- gemische sind zulässig, keine Gemische mit anderen Pflanzenarten (z.B. Kleegras)	siehe gesonderte Liste der zulässigen Baumarten zur Anerkennung als ökologische Vorrangfläche	Baumarten nur gemäß der EU-Verordnungen, die zur Förderung der Aufforstung zugrunde lagen
.07. bis 30.09.	kein Einsaattermin	kein Einsaattermin	kein Einsaattermin	kein Einsaattermin
nein	nein	nein	nein	nein
ja	ja	ja	gezielte Bepflanzung	gezielte Bepflanzung
kein	kein	kein		

lesen, ich will Ihnen damit bloß zeigen, wie kompliziert nur ein einziger, winziger Aspekt meiner Produktionsweise geworden ist.

Mein Problem mit dem Greening ist, dass wir Landwirte uns dabei nicht mitgenommen fühlen. Uns wird – mal wieder – etwas vorgeschrieben, von dem man uns nicht erklärt hat, wozu es dienen soll. Dabei gibt es zum Beispiel bei mir im Rheinland eine Reihe von gut funktionierenden Kooperationen, zum Beispiel beim Trinkwasser oder mit der »Stiftung Rheinische Kulturlandschaft«, wo mit den Landwirten und nicht gegen sie gearbeitet wird.

Ein anderes Beispiel ist eine Bachaue direkt vor meinem Hoftor: Ich habe mit unserer Gemeinde und dem Gewässerverband einen langjährigen Vertrag gemacht, sodass ein Bach renaturiert werden konnte, ich erwähnte es ja bereits. Parallel dazu wurde ein Wanderweg angelegt, der sehr stark genutzt wird. Die Grünflächen pflege ich mit meinen Geräten. Die Aue macht die Gemeinde attraktiver und bringt mir etwas Geld ein. So wird ein Schuh draus. Leistung gegen Leistung.

Oder man führt wieder die Dauerbrache ein. Das hat es schon mal gegeben, ist aber wieder abgeschafft worden. Auf einer Dauerbrache können sich dann Fuchs und Hase über Jahre hinweg Gute Nacht sagen, Fasane und Feldhühner könnten dort ungestört brüten. Für mich als Bauer wäre es auch einfacher, da ich mich nicht mit einer Fülle von Einzelmaßnahmen beschäftigen müsste, die auch noch unterschiedlichen Regeln unterliegen, die man kaum behalten kann. Es bestünde auch die Hoffnung, dass durch die Herausnahme von Millionen von Hektar aus der Produktion in der gesamten EU langfristig die Preise für unsere Produkte wieder steigen könnten. Beim Greening habe ich den Eindruck, dass man dem bekannten Satz folgt: »Warum einfach, wenn es auch kompliziert geht.«

Auf die Direktzahlungen zu verzichten ist heute für mich schwierig. Man hat uns ja mit diesen Zahlungen gefügig gemacht, quasi angefüttert und das über Jahrzehnte. In meinem relativ kleinen Betrieb von 40 Hektar machen diese Zahlungen rund 30 Prozent meines landwirtschaftlichen Einkommens aus. Vor Steuern. Denn es wird gerne vergessen, dass dieses Einkommen aus Transferzahlungen ja auch versteuert werden muss. Von daher sind die im Internet veröffentlichten Zahlungen brutto, und je nach Steuersatz fließt da nicht gerade wenig wieder in die Staatskasse zurück.

Die Direktzahlungen werden seit 2015 wieder im Internet veröffentlicht. Sie können einen Namen eingeben oder auch eine Postleitzahl. Dann bekommen Sie alle Landwirte des Ortes mit Namen und Betrag angezeigt. Wie ich das finde? Ich möchte mit einer ganz persönlichen Empfindung antworten: Als ich das erste Mal unseren Familiennamen in der Liste gesehen habe, fand ich das sehr befremdlich. Jetzt können auch die Freunde unserer Kinder den Betrag sehen, den wir bekommen. Wie sollen sie darauf angemessen reagieren? Welche Antwort sollen sie geben? Wie würden Sie sich fühlen, wenn Ihr Gehalt oder Teile davon online, für jeden Menschen weltweit nachzulesen wären? Wir sind keine Politiker, die Nebenverdienste angeben müssen (wenn auch lange nicht so detailliert), oder bekleiden sonstige öffentliche Ämter oder Spitzenpositionen. Ich kann die Beträge meiner Nachbarn einsehen, weiß das aber einzuordnen. Ich könnte jetzt auch schnell ausrechnen, wie viele Hektar die bewirtschaften, zumindest Pi mal Daumen. Aber damit kann ich eigentlich nichts anfangen, und von daher kommen da bei mir auch keine Neidgefühle auf.

Nun gibt es immer wieder den Vorschlag, die Subventionen doch abzuschaffen. Und ich bin sofort dafür, wenn alle Subventionen abgeschafft würden. Nicht nur in Deutschland, sondern weltweit. Alle Subventionen abzuschaffen bedeutet, dass 1 Milliarde Euro für den Steinkohlebergbau, 1 Milliarde Euro Förderungen zur energetischen Gebäudesanierung, staatliche Förderungen von erneuerbaren Energien wie Photovoltaik, Solarthermie, Windkraft wegfallen würden. Sämtliche Förderungen des Biolandbaus und die Umstellungsprämien würden ersatzlos gestrichen. Und staatliche Filmförderung, Unterstützung von kulturellen Stätten wie Theater und so weiter gäbe es auch nicht mehr. Die Schweiz müsste ihre Förderung zum Erhalt der Almen natürlich auch streichen. Und die Liste kann man noch fortsetzen.

Was würde passieren, wenn man alle Zahlungen an alle Landwirte morgen einstellen würde? Ich habe mal versucht, mir dies vorzustellen. Bisher sind die staatlichen Transferzahlungen mit einer Unmenge an Regelungen verbunden, die wir Landwirte einzuhalten haben. Diese Regelungen hätten ja mit dem Wegfall der Zahlungen ihre Berechtigung verloren und würden ebenso abgeschafft. Bisher galt der Grundsatz: Wer die Musik bezahlt, bestimmt, was gespielt wird. Dies hätte für mich den Vorteil, dass eine Unmenge an Formularen und Anträgen morgen nicht mehr auszufüllen wären. Also Bürokratieabbau pur. Tausende von Beamten wären sofort ohne Arbeit. Arbeitslos können sie ja nicht werden! Staatliche Eingriffe in meine Produktionsweise fielen auch fort. Ich könnte wieder das anbauen, was mir in den Kram passt, ohne beispielsweise auf Greening-Einschränkungen Rücksicht nehmen zu müssen. Keine gesetzlich verordnete Brache, keine Blühstreifen oder sonstige ökologische Vorrangflächen, keine Agrarumweltmaßnahmen, keine Cross-Compliance, alles weg! Landwirtschaft so wie früher, nur für den Markt.

Jetzt könnte ich ja mehr produzieren, weil mir die gesamte Ackerfläche wieder uneingeschränkt für den Anbau zur Verfügung steht. Mehr zu produzieren drückt aber auf den Markt und auf die Preise. Wenn ich also geglaubt hatte, dass ich den Wegfall der Subventionen über einen höheren Preis ersetzen könnte, könnte ich mich getäuscht haben. Also bleibt ohne Subventionen nur eins: Wachsen oder weichen – und zwar noch viel radikaler, als wir es heute eh schon haben.

Die Streichung der Subventionen würde also das Gegenteil von dem bewirken, was man bezwecken wollte. Die kleinen Betriebe müssten aufgeben, die größeren würden noch größer, falls die dann noch die Liquidität haben. Das ist jetzt etwas polemisch, aber überspitzt könnte man sagen: Wir könnten das Land auch einfach an die Chinesen verkaufen, die sind sicher sehr interessiert. Mit ihrem Land-Grabbing in Afrika machen sie ja vor, wie es geht. Ob das aber der deutsche Verbraucher, »die Gesellschaft« will? Ich habe da so meine Bedenken.

Der Subventionsbericht der Bundesregierung (2011–2014) zeigt, dass nicht etwa die Landwirtschaft (1,2 Milliarden Euro), sondern die gewerbliche Wirtschaft (11,8 Milliarden Euro) den größten Teil der staatlichen Finanzhilfen und Steuervergünstigungen erhält. Die öffentliche Wahrnehmung ist aber eine andere.

Um einen fairen Wettbewerb zu ermöglichen, müssten aber auch andere Staaten auf Subventionen verzichten. Wenn Brasilien oder die USA die Bioethanol-Industrie fördert und eine Zwangsbeimischung eingeführt hat, unterstützen sie damit auch die landwirtschaftliche Produktion. China greift ebenfalls regulierend in den Markt ein, sei es durch direkte Subventionen oder durch Mindestpreise. Indien subventioniert unter anderem auch Dünger. Auch Importbeschränkungen sind ein beliebtes Mittel der indirekten Subvention, weil man so den heimischen Markt vor ungewollten Importen schützt. Die Beispiele ließen sich beliebig fortsetzen. Bevor Sie also über die »viel zu hohen Subventionen« für uns Bauern schimpfen, sollten Sie all diese Aspekte in Ihre Überlegungen miteinbeziehen. Bedenken Sie dabei bitte auch, dass der Agrarsektor einer der am besten geregelten Bereiche der EU ist. Und das ist für Sie als Konsument sicher nicht von Nachteil.

LANDSCHAFTSSCHUTZ ABSURD – BEISPIEL WALLHECKEN

Jetzt kommt ein Beispiel für die Absurditäten, die staatliche Eingriffe in die tägliche Arbeit von Bauern haben können. Selbst bei etwas scheinbar so Banalem wie einer Hecke.

Die Landschaften in Norddeutschland werden von Hecken geprägt, die man auch Knicks nennt. Das Knicknetz in Schleswig-Holstein ist mit etwa 68 000 Kilometern Länge einmalig in Deutschland. Seit etwa 1770, damals vornehmlich zur Abgrenzung von Koppeln beziehungsweise des Privatbesitzes angelegt, sind diese bepflanzten Wälle ein typischer Bestandteil der Kulturlandschaft geworden. Die Knicks sind Bestandteile des Ackers, liegen also auf dem Grund und Boden des einzelnen Landwirts und sind dessen Eigentum.

Die schleswig-holsteinischen Landwirte haben ihre Knicks über Jahrhunderte durch Pflege und Nutzung erhalten. Auch heute stehen die Landwirte zu dieser Tradition und ihrer Verantwortung für diese Landschaftselemente. Dass entlang der Knicks der Ertrag niedriger ist als in der Parzelle, hat man schon immer in Kauf genommen. Den Landwirten ist bewusst, dass ihre Knicks ein Biotop und somit Lebensraum für zahlreiche Tiere sind, seien es nun Insekten, Vögel, Kleinsäugetiere oder Niederwild. Auch Fledermäuse können hier Deckung finden. Knicks sind zudem ein Zeugnis der Landschaftsentwicklung und steigern den Erholungswert.

All das wissen die Landwirte seit Jahrhunderten. Allerdings regiert in diese Verantwortung der Gesetzgeber zunehmend hinein. So wurden in einem Erlass des Ministeriums für Energiewende, Landwirtschaft, Umwelt und ländliche Räume des Landes Schleswig-Holstein im Juni 2013 die Durchführungsbestimmungen zum Knickschutz neu geregelt. Dieser Erlass umfasst insgesamt fünfzehn Seiten. Geregelt wird das »Auf-den-Stock-Setzen«, das »Aufputzen der Knickgehölze« und die Sicherung von »Knickharfen«. Ebenso wird vorgeschrieben, was auf dem Knickwallfuß und dem Knicksaum gemacht werden darf, soll und muss. Und er enthält auch alles, was dort verboten ist. Eine ganze Seite beschäftigt sich nur mit dem Überhälter-Management. Überhälter sind gemäß Biotopverordnung »im Knick stehende Bäume mit einem Stammumfang von mindestens einem Meter gemessen in einem Meter Höhe über dem Erdboden«. Neu ist, dass der Knicksaum beiderseits des Knicks jetzt einen halben Meter breiter sein muss. Dieser darf nicht mehr landwirtschaftlich genutzt werden. Neu ist auch, dass der Schnitt der Knicks nicht mehr senkrecht erfolgen darf, sondern in einem Winkel von 70 Grad. Klingt wie eine EU-Verordnung gegen krumme Gurken, oder?

Tatsächlich wird den Landwirten, denen der Knick und der Acker dahinter ja gehören, mit diesen Vorschriften, die hier bei Weitem noch nicht vollständig wiedergegeben sind, die Nutzung ihres Eigentums untersagt. Die Bauern in Schleswig-Holstein haben seit 1770 die Knicks gepflegt und in Ordnung gehalten. Auf diesen Erlass haben sie mit Sicherheit nicht gewartet. Und auch mich hat schon einmal »frohe Kunde« ereilt.

WOMIT KEIN MENSCH RECHNET – BEISPIEL DENKMALPFLEGE

»Sie haben aber einen schönen Hof!«, sagen viele, die unseren Hof zum ersten Mal besuchen. »Und alles so gut in Ordnung!« Ja, danke, das ist er. Das kommt nicht von alleine, und deshalb sind wir auch stolz darauf. Denn leicht ist das manchmal nun wirklich nicht.

Unsere sämtlichen Hofgebäude stehen unter Denkmalschutz. Seit zwanzig Jahren. Als wir damals alte Dächer sanieren mussten, weil sie einzustürzen drohten, wollten wir darunter eine Wohnung bauen. Nachdem wir den Bauantrag gestellt hatten, bekamen wir einen Brief, in dem uns mitgeteilt wurde, dass unser gesamter Hof jetzt unter Denkmalschutz stünde. Gefragt hat uns keiner. Für den nachfolgenden Umbau bekamen wir zwar einen Zuschuss, das war es dann aber auch schon. Seitdem haben wir rund 200 000 Euro in weitere Dachstühle und Dacheindeckungen investiert. Ohne Zuschuss, ohne Steuererleichterung, aus der eigenen Tasche. Und um alles für die Nachwelt zu erhalten.

Dann habe ich einen Antrag auf Errichtung einer Solaranlage auf den neuen Dachflächen gestellt. Irgendwie müssen die Investitionen in den Denkmalschutz ja finanziert werden. Der Antrag wurde abgelehnt. Begründung: Der Hof steht unter Denkmalschutz.

Wenigstens eine solarthermische Anlage, um damit meine Pelletheizung zu unterstützen? Nein, geht nicht – Denkmalschutz.

Dann wenigstens zwanzig Quadratmeter Solarthermie auf der Wiese? Nein, geht nicht – Landschaftsschutz.

Und weil die Gebäude ja alle unter Denkmalschutz stehen, ist auch an eine Außenisolierung der Wände, die Heizkosten sparen würde, nicht zu denken. Das hatte ich mir dann schon so gedacht. Das ist das »Schöne«, wenn man einen schönen Hof hat.

Vor ein paar Jahren zerstörte ein gewaltiger Hagel das Dach unserer Scheune, das mit Bitumenwellplatten gedeckt war. Da war nichts mehr zu retten, es musste komplett neu eingedeckt werden. Da sich der Schaden mit dem Hagel bei dem doch relativ weichen Material nicht wiederholen sollte, entschieden wir uns für gewellte Betonpfannen, damit das Bild des Hofes gewahrt werden konnte. Doch dann kam wieder der Denkmalschutz, der sich Tonhohlfalzziegel wünschte. Zu den Kosten von rund 50 000 Euro hätte dies nochmals einen Mehrpreis von rund 10 000 Euro ausgemacht. Kosten, die wir alleine zu tragen gehabt hätten, denn die Denkmalschutzbehörde war nicht bereit, die Differenz zu Betonpfannen zu tragen. Wir aber auch nicht. Es gab einen langen Streit, bis die Denkmalschutzbehörde schließlich einsah, dass sie uns die Mehrkosten ja wohl doch nicht aufbürden könnte. Und die gewellten Betonpfannen sehen den Tonhohlfalzziegel doch sehr ähnlich. Mir gefallen sie jedenfalls.

Das Gleiche haben wir beim Einbau neuer Fenster erlebt. Ein-Scheiben-Kunststofffenster, die leicht zu reinigen sind und nie gestrichen werden brauchen, durften wir nicht einbauen. Es mussten Holz-Sprossenfenster sein, die zum einen schlecht zu putzen sind, zum anderen regelmäßig nachgestrichen werden müssen. Hier haben wir allerdings nachgegeben, denn es ist ja schön, wenn man einen schönen Hof hat. (Sie hören sicher den Seufzer zwischen den Zeilen.)

ICH BIN IMMER NOCH KEIN SCHEICH – BEISPIEL POLITIKVERSPRECHEN

Ich möchte mit einem Zitat aus der *Kölnischen Rundschau* vom 30.8.2004 beginnen. Dort war zu lesen: »Landwirtschaftsministerin Renate Künast (Grüne) setzt angesichts steigender Ölpreise auf den Ausbau von Bioenergie. Bauern könnten die ›Ölscheichs von morgen‹ werden, wenn das Potenzial nachwachsender Rohstoffe in Deutschland stärker genutzt würde, sagte Künast bei Vorlage des Ernteberichts. Für die deutschen Landwirte dürften sich die Absatzchancen außerhalb des Nahrungs- und Futterbereichs spürbar verbessern, erklärte Künast. Steuererleichterungen, der Ausbau der Verarbeitungskapazitäten und die tendenziell hohen Ölpreise sprächen für eine größere Verwendung von Getreide und Raps als Biokraftstoff.«

Zehn Jahre später ist im Programm der Grünen zur Agrarwende nichts mehr zu lesen. Das Wort Bioenergie ist vollkommen verschwunden. Und auch in ihrem Papier »So geht Energiewende« vom März 2013 taucht der Begriff kaum noch auf. In dem sechsseitigen Papier findet man erst auf der vierten Seite ein einziges Mal den Hinweis, »dass bei Bioenergien die Kostensenkungen noch nicht im erwarteten Ausmaß eingetreten sind«. Ansonsten wird nur von erneuerbaren Energien gesprochen, bei denen aber, bis auf zwei Sätze zur Biomasse, nur von Strom, EEG, Wind- und Wasserkraft und von Photovoltaik die Rede ist. Mehr oder weniger unterschwellig will man sich beim Thema Bioenergie »vom Acker machen«. Und auch staatlich geförderte Institute warnen, dass man möglicherweise in die falsche Richtung gefördert hat. Was die Gewinnung von Biomasse angeht, so soll Mais durch Blumenwiesen ersetzt werden, fordern die Grünen. Doch diese Mischkulturen kommen von ihrem Ertrag bei Weitem nicht an den Mais heran.

Nun wäre das alles auch nicht schlimm, denn auch Politiker können sich ja mal irren. Das wirklich Dumme daran ist, dass sich nicht nur viele Landwirte auf deren Worte verlassen und kräftig in die Bioenergie investiert haben.

Biogas macht fast die Hälfte der erzeugten Strommenge aus Biomasse aus. Laut Destatis gab es im Jahr 2012/13 in Deutschland 6300 Betriebe, die Biogasanlagen betrieben. Davon wurden 700 ohne Gülle betrieben, 3900 Betriebe nutzten zwischen 30 und 60 Prozent Gülle, die Zahl der Betriebe mit einem Gülleanteil von über 60 Prozent lag bei 1300. Der allgemeine Eindruck, dass Biogasanlagen vorwiegend mit Mais betrieben werden, lässt sich mit diesen Zahlen folglich nicht belegen.

Zu der gesamten Stromerzeugung trägt die Erzeugung aus Biomasse mit 7 Prozent bei, der Anteil aus Biogas liegt folglich bei weniger als 4 Prozent.

Wie eben ausgeführt, betreiben im Jahr 2013 6300 landwirtschaftliche Betriebe eine Biogasanlage. Die Zahl der Betriebe mit Solarenergie (Photovoltaik und Solarthermie) betrug 2013 jedoch 89 200. Und dazu benötigt man weder Gülle noch Mais.

Was hat aber Bioenergie mit meinem Betrieb zu tun? Erst einmal nichts, denn ich betreibe keine Biogasanlage, habe weder Photovoltaik noch Solarthermie auf meinen Dächern (aus Denkmalschutzgründen!) und betreibe auch keine Windkraftanlage. An der »Verspargelung der Landschaft« durch Windräder bin ich also ebenso wenig beteiligt wie an der »Vermaisung der Felder« für Biogasanlagen. Auf rund 20 Prozent der deutschen Ackerflächen wachsen Energiepflanzen. Ich habe mich nicht auf die Versprechen von Politikern verlassen, was, in der Rückschau, auch klug war. Obwohl: Wenn ich Mais zusätzlich mit in die Fruchtfolge aufnehmen würde, wäre diese noch vielfältiger, was ja eigentlich ein positiver Aspekt wäre. Ist schon schwierig, es jedem recht zu machen.

Was die Versprechen der Politiker angeht, ist es einigen meiner Berufskollegen anders ergangen. (Was jetzt kommt, ist stark verkürzt und stark vereinfacht. Man könnte ein ganzes Buch nur über Bioenergie schreiben, hier soll es nur um die große Linie gehen.) Ein Bauer in meiner Nachbarschaft wollte Scheich werden und hat, weil er Rapsanbauer war, auf Öl gesetzt, in seinem Falle also auf Rapsöl. Wenn man Dieselmotoren geringfügig umbaut, kann man diese mit Rapsöl betreiben. Da Biodiesel aus Rapsöl steuerbefreit war, hat er eine große Rapspresse gebaut und für eine Spedition mit einer Lkw-Flotte den Treibstoff produziert und verkauft. Die Lkw-Flotte fuhr komplett mit nachwachsenden Rohstoffen, also CO_2-neutral. Der Landwirt verdiente, der Spediteur sparte, und die Umwelt hatte den Nutzen. Das Modell war so erfolgreich, dass es andere ihm nachmachten.

Nach ein paar Jahren fehlten dem Finanzminister einige Millionen in der Staatskasse, weil weniger fossiler Diesel aus Erdöl eingesetzt wurde. Diesel aus Erdöl unterliegt bekanntlich der Mineralölsteuer und verschafft dem Staat Einnahmen. Da auch die gesellschaftliche Akzeptanz des Einsatzes von Pflanzenölen als Treibstoff stark sank, führte man 2013 die Besteuerung von Biodiesel flugs wieder ein. Der Spediteur hatte keinen Vorteil mehr, mein Berufskollege keinen Kunden und stellte daraufhin die Produktion von Rapsöl ein. Seine Rapsölpresse, die er für 250 000 Euro angeschafft hatte und auf zwanzig Jahre abschreiben wollte, steht seitdem still. Sie ist sechs Jahre in Betrieb gewesen. Jetzt kann er sie ganz abschreiben, weil die natürlich jetzt auch niemand mehr kaufen will.

Als das Thema Bioenergie noch als Lösung für den Klimawandel im Gespräch war, wollte man die Beimischungsquote für Pflanzenöl in Biodiesel schrittweise erhöhen. Auch diese Pläne hat man jetzt wieder fallen lassen, weil man zu der Erkenntnis gekommen ist, dass Biodiesel weltweit gehandelt werden kann. Dieser weltweite Handel führt dann dazu, dass in Asien Regenwälder abgeholzt werden, um dort zum Beispiel Palmen zur Palmölgewinnung anzubauen. Das ist kurzfristig ergiebig, aber nicht nachhaltig und gefährdet das Weltklima.

Nun ist es so, dass erwähnter Berufskollege schon immer Raps angebaut hat und auch den Nachweis der Nachhaltigkeit erbringen kann, genauso wie ich auch. Denn für unseren Raps haben wir kein Grünland umgebrochen. Dieser Nachweis ist also auch gut zu kontrollieren. Regenwald haben wir auch keinen abgeholzt. Das hilft in der Diskussion aber wenig, weil der Raps, den wir an die Mineralölindustrie hätten verkaufen können, ja nicht mehr für die Ernährung zur Verfügung steht und stattdessen andere Pflanzenöle aus aller Welt zu uns gebracht werden könnten. Diese dort produzierten Pflanzenöle könnten dann aus der Abholzung des Regenwaldes stammen.

Heute wird dem fossilen Diesel immer noch 5 Prozent Pflanzenöl beigemischt. Ob da auch mein Rapsöl drin ist, weiß ich nicht, weil ich nur Rapskörner an meine Genossenschaft verkaufe, die das für mich weiterhandelt. Es geht von deren Lager zu einer Ölmühle. Wohin die das verkauft, weiß die Genossenschaft auch nicht. Von daher könnte mir das Thema Bioenergie eigentlich schnuppe sein. Ist es aber nicht, weil meine Bekannten, die nicht aus der Landwirtschaft kommen, keinen kennen, der bei einer Ölmühle oder einem Mineralölkonzern arbeitet. Aber die kennen mich und erzählen mir, dass sie das mit der Bioenergie ja jetzt nicht mehr gut finden. Und dann setzen sie sich in ihren SUV mit Dieselmotor und fahren mit 160 über die Autobahn. Hoffentlich ist der nicht von Volkswagen, dann könnte ich denen aber was erzählen. Von wegen Umweltschutz.

Wir verheizen ja derzeit lustig unsere unterirdischen Wälder als wenn es kein Morgen gäbe. Unterirdische Wälder? Ja, denn Braun- und Steinkohle sind vor Millionen von Jahren aus pflanzlicher Biomasse entstanden. Und diese Energieträger sind endlich, das weiß mittlerweile jedes Kind. Es gibt Länder und Staaten, in denen es nur wenig Öl und auch kaum Kohle gibt. Brasilien ist so ein Land. Vor über dreißig Jahren hat dieser Staat begonnen, sich von fossilen Energieträgern unabhängig zu machen. Mittlerweile besteht der Energiemix schon zu 42 Prozent aus erneuerbaren Energien, über 15 Prozent der gesamten Energie stammt allein aus Zuckerrohr. Das Zuckerrohr wächst aber nicht am Amazonas, sondern viel weiter südlich in den Bezirken São Paulo, Paraná und Minas Gerais, im subtropisch geprägten Klima.

Zuckerrohr wird zweifach zur Energiegewinnung genutzt. Zum einen wird aus dem Zuckersaft Bioethanol destilliert, aus den pflanzlichen Resten, der Bagasse, die nach dem Abpressen übrig bleibt, wird durch Verbrennung Strom gewonnen. Die bei der Verbrennung entstehende Hitze wird größtenteils dem Produktionsprozess zugeführt. Eine Fabrik zur Herstellung von Bioethanol ist also in jeder Hinsicht autark und exportiert Energie in Form von Ethanol und Strom.

Eine solche Fabrik kann aus dem Zuckersaft aber auch Zucker herstellen. In einem gewissen Rahmen kann also die Produktion von Zucker oder Ethanol schwanken, was einzig und allein vom Preis für die Produkte gesteuert wird. Ist Zucker teuer, wird weniger Ethanol hergestellt. Es wird aber immer so viel Ethanol produziert, wie der heimische Markt benötigt. In jedem Fall wird dem Benzin zwischen 20 und 25 Prozent Ethanol beigemischt, ohne dass es Schäden an den Motoren geben würde. Und es sind die gleichen Hersteller, die auch die Motoren für europäische Autos bauen. Audi, Mercedes, Opel, Renault, alle bauen Pkws für den brasilianischen Markt der FlexFuel-Autos. Und es gibt auch Motoren, die reines Ethanol vertragen. So viel nur zu dem Gerücht, dass unsere Autos nicht mehr als 10 Prozent Ethanolbeimischung vertragen.

Probleme bekommen die brasilianischen Hersteller von Bioethanol nur, wenn Zucker und Erdöl wenig einbringen, so wie es 2015 der Fall war. Dann ist es nicht lohnend, einen höheren Anteil an Ethanol beizumischen, der Verkaufserlös von Zucker bringt aber auch weniger ein. Eine Beimischung von unter 20 Prozent Ethanol ist nicht möglich, weil dies die gesetzlich geregelte und politisch gewollte Untergrenze ist. Meiner Meinung nach ist Brasilien ein gutes Beispiel, wie man mit pflanzlicher Biomasse ein vernünftiges Energiekonzept erfolgreich umsetzen kann. Wenn es denn politisch und gesellschaftlich gewollt und akzeptiert ist.

In den USA ist der Fall etwas anders gelagert. Hier wird Bioethanol nahezu ausschließlich aus Mais gewonnen. Die Energie zur Gewinnung des Ethanols basiert auf fossilen Energieträgern. Die nach dem Produktionsprozess anfallenden Reste (Schlempe) werden wiederum mit fossiler Energie getrocknet und als Futtermittel (Dried Distillers Grains with Solubles = DSGS) verkauft. Hier sieht die Bilanz dann nicht ganz so günstig aus wie in Brasilien.

Wie soll es also mit der Bioenergie weitergehen? Ihnen und mir ist klar, dass auf lange Sicht die Vorräte an fossilen Brennstoffen endlich sind. Unser Wirtschaftssystem ist aber auf Brennstoffe angewiesen. Elektromobilität ist zwar möglich, doch die Zahl der Fahrzeuge, die auf deutschen Straßen mit Strom fahren, ist sehr übersichtlich, und es ist auch nicht zu erkennen, dass sich dies so ohne Weiteres ändern wird, wenn die Rentabilität dieser Fahrzeuge nicht deutlich besser wird. Die Anschaffungskosten und die Diskussion um die fehlende Reichweite halten viele davon ab, sich ein solches Fahrzeug zuzulegen.

Was meinen landwirtschaftlichen Betrieb angeht, so könnte ich mich autark versorgen. Mein Großvater hat den Hafer für die Zugpferde, die die Arbeit auf dem Feld erledigten, selbst angebaut. Genauso könnte ich das heute wieder machen: Das »Futter« für meinen Diesel-Schlepper wieder selbst anbauen, und für das Auto könnte ich mit meinem Rapsöl fahren. Ich könnte es dann aber nicht mehr verkaufen und als Nahrungsmittel zur Verfügung stellen. Genauso wäre es mit meinem Weizen: Statt ihn zu verkaufen, könnte ich daraus Ethanol für den Pkw herstellen (lassen) und damit meine eigene Mobilität sichern. Statt mit Erdöl das Haus zu beheizen, könnte ich klimaneutral meinen Weizen in die schon vorhandene Pelletheizung schicken und verbrennen. Eine Lösung für mich persönlich hätte ich also. Und lohnen würde es sich heute schon: Der Heizwert von einer Tonne Weizen entspricht 0,96 Tonnen Holz-Pellets. Für Pellets bezahle ich heute 190 Euro pro Tonne, für den Weizen bekomme ich inklusive Mehrwertsteuer 177 Euro pro Tonne. Bei gleichem Heizwert kostet der Weizen 184,38 Euro pro Tonne und ist somit rund 5 Euro billiger als die gekauften Holzpellets. Und während ich das gerade durchrechne, frage ich mich, warum ich das nicht einfach mache? Ich könnte es ja, wenn ich die Heizung etwas umbaue. Ich mache es aber deshalb nicht, weil ich doch ethische Bedenken habe und lieber Nahrungsmittel produziere. Für Sie.

Was ich mit diesen Bemerkungen sagen will: Wir müssen uns als Gesellschaft darüber klar werden, was wir wollen. So, wie es in den letzten zehn Jahren gelaufen ist, ist es jedenfalls nicht gut. Der Staat hat Anreize gesetzt, in die Erzeugung von Energie aus Biomasse zu investieren. Einige Landwirte haben dies als Chance begriffen und Biogas-Anlagen oder Ölpressen gebaut und Schlepper auf den Betrieb mit Pflanzenöl umgerüstet. Doch dann änderte sich die öffentliche Meinung in Bezug auf Bioenergie, und gerade diejenigen, die einst zu den Befürwortern gehörten, kritisieren heute die Entwicklung. Und neben den Landwirten haben sich auch viele Firmen auf die Versprechen der Politik verlassen und kämpfen heute ums Überleben.

Wir wollen keine Energie aus Atomstrom, keinen Braunkohlestrom und auch keine Energie aus Biomasse. Wir wollen aber auch nicht im Dunkeln sitzen, und unsere Volkswirtschaft ist auf Energie angewiesen. Daher stellt sich auch mir immer wieder die Frage: Für wen soll ich produzieren? Für Ihren Teller? Für den Trog? Oder doch für den Tank? Bis das entschieden ist, gilt für mich: Priorität wird immer der Teller haben.

DIE ÄNGSTE DER VERBRAUCHER ...

... sind die Albträume der Bauern

Zugegeben, die Überschrift ist etwas reißerisch. Aber an dieser Stelle wird es in Diskussionen tatsächlich immer wieder sehr emotional: Horrorszenarien, Anfeindungen, Protest und Widerstand – beim Thema Lebensmittel kocht die Stimmung schnell über. Ich finde das im Grunde sogar gut. Denn es zeigt, dass noch nicht alle Verbraucher komplett abgestumpft sind und sich viele der Aufgeregten tatsächlich für das Thema interessieren. Doch leider sind diese Debatten nur selten konstruktiv, manchmal hat es was von bockigen Kindern, die sich weigern, auch nur einen Millimeter auf den anderen zuzugehen. Ich möchte deshalb – bei allem Herzblut, das natürlich auch von meiner Seite aus darin steckt – versuchen, mich möglichst sachlich den Ängsten der Verbraucher zu stellen und meine Sicht der Dinge zu erläutern.

Was wollen die Verbraucher wirklich? Wovor haben sie Angst? Wozu sind sie selbst bereit? Wie schaffen wir wieder eine Annäherung? Wie könnten gemeinsame Lösungen aussehen, um die Unzufriedenheit auf beiden Seiten zu beheben oder wenigstens zu mindern? Das sind Fragen, die ich mir ständig stelle – nicht immer lässt sich eine schnelle und klare Antwort finden. Muss es auch nicht. Hauptsache, wir fangen endlich damit an.

Unterschiedliche Aspekte meiner Arbeit als Bauer habe ich ja bereits im ersten Teil dieses Buches geschildert – jetzt sind also Sie an der Reihe: der Verbraucher. Sie als Verbraucher wollen im Grunde genommen nur eins: möglichst wenig für Lebensmittel ausgeben. In Fernsehinterviews hört man immer wieder Aussagen wie diese: »Ja, bin ich denn bescheuert? Ich gebe doch nicht mehr aus, wenn ich es auch billiger bekommen kann?« Das ist ehrlich, und das ist auch verständlich. Das steckt ein Stück weit in uns allen drin. Deshalb fällt es vielen von uns auch so schwer, aus dem Teufelskreis auszubrechen.

Das geht mir natürlich nicht anders. Wenn ich zum Beispiel in den Baumarkt gehe und dort eine Gartenschere liegen sehe mit dem Super-Sonderangebots-Preis von 4,99 Euro – dann habe ich da auch schon mal zugegriffen. Gebe ich offen zu. Die ist ja auch wirklich billig. Ja, das ist sie: billig. Aber nicht preiswert. Sie ist ihren Preis nicht wert. Spätestens nach drei Monaten fällt irgendeine Schraube raus, das Gewinde ist ausgeleiert, eine Ersatzschraube ist eh nicht zu bekommen, und ich werfe sie in die Tonne. Das Gleiche mit dem Akkuschrauber für 49,90 Euro. Hält ein paar Wochen, dann ist der Akku sauer. Ab damit in die Tonne. Dass in irgendeinem asiatischen Land Menschen für einen geringen Lohn diese Teile montiert haben, damit sie für uns billig sind, verdrängen wir ohnehin.

Wir Verbraucher – da zähle ich mich mit dazu – sind fast schon schizophren (natürlich im übertragenen Sinne, wieder nicht pathologisch): Wir stellen hohe moralische Ansprüche, an alle anderen sowieso, aber eigentlich auch an uns – entscheiden im Alltag aber ganz anders. Ein Beispiel: Vor Kurzem habe ich die Ergebnisse einer nicht repräsentativen Umfrage eines Fernsehsenders gesehen. Demnach kaufen rund 16 Prozent der Befragten ausschließlich beim Bauern ein und zahlen gerne mehr. Wenn das so wäre, müssten die Parkplätze vor den Hofläden überfüllt sein von hier bis Meppen. Rund dreizehn Millionen Deutsche tätigen dort angeblich ihren Einkauf. Wenn die Wahrheit nicht so traurig wäre, müsste ich jetzt laut lachen.

Die größte Verbrauchergruppe waren laut dieser Umfrage diejenigen, die angaben, zu wenig Geld zur Verfügung zu haben, um höherwertige, teurere Lebensmittel einkaufen zu können. 36 Prozent machte diese Gruppe aus, mehr als ein Drittel der Bevölkerung. Würde auch das stimmen, wären das rund 29 Millionen Deutsche. Haben wir wirklich so viele Niedriglohn- und Sozialhilfeempfänger? Oder denken wir einfach nur, wir müssten billige Lebensmittel einkaufen, weil es uns die Discounter auf allen Kanälen zubrüllen? Oder weil es alle anderen auch machen? Warum glauben wir in einem der reichsten Länder der Erde an ein unumstößliches »Recht auf billig«?

Schauen wir doch zuerst einmal, wo wir Deutschen tatsächlich einkaufen, wenn wir nicht von Fernsehsendern danach gefragt werden. Laut der Gesellschaft für Konsumforschung (GfK Consumer Index 03/2014) betrug der Anteil am Umsatz für Lebensmittel beim Discounter 43,9 Prozent, beim Vollsortimenter im Lebensmittel-Einzelhandel (zum Beispiel Edeka, Rewe) 26 Prozent, in SB-Warenhäusern (zum Beispiel Real, Metro) 22,6 Prozent und in Drogeriemärkten 7,4 Prozent. Zahlen, welcher Umsatz in Bauernläden oder auf Wochenmärkten getätigt wurde, liegen leider nicht vor.

Das durchschnittliche monatliche *Haushalts*bruttoeinkommen der Deutschen betrug laut Destatis im Jahr 2013 exakt 4086 Euro. Der Anteil der Ausgaben für Lebensmittel sinkt von Jahr zu Jahr. Waren es 1950 noch 50 Prozent, sind wir inzwischen (ebenfalls 2013) bei 14 Prozent angekommen, wobei dieser Wert sogar noch Getränke und Tabakwaren beinhaltet. Rein für Lebensmittel sind es 12,8 Prozent. Für Mobilität geben wir 14 Prozent aus, für Freizeit, Kultur und Unterhaltung 11 Prozent. Wohnen und Energie werden mit 35 Prozent veranschlagt. In Spanien liegen die Ausgaben nur für Lebensmittel bei 15 Prozent, in Frankreich bei 16,4 Prozent und in Italien bei 19,5 Prozent. Die Werte für Freizeit und Kultur liegen in allen drei Ländern zum Teil deutlich unter dem der Deutschen. Ich frage mich als Landwirt, als Erzeuger, als »Essensmacher« (weniger als Verbraucher), wie weit diese Schraube noch nach unten gedreht werden kann.

Warum mich das Kaufverhalten nicht kaltlässt? Es ist nicht so sehr die Frage, dass Lebensmittel im Vergleich zu anderen Gütern immer billiger werden. Es ist vielmehr die Einstellung uns Landwirten gegenüber, die dahintersteckt. Das Anspruchsdenken der Verbraucher und unsere Produktionsweise passen nicht mehr zusammen. Wenn Sie ein Hähnchen (1250 Gramm) beim Discounter für 2,79 Euro kaufen (= 2,23 Euro/Kilo), ist das nur so billig zu haben, weil es in großen Ställen mit mehreren 10 000 Tieren gehalten wurde. Aber die Verbraucher regen sich über Massentierhaltung auf. Wenn die Weihnachtsgans (4200 Gramm) für unter 10 Euro zu haben ist, dann nur, wenn sie zum Beispiel aus Osteuropa kommt. Aber die Verbraucher regen sich über Keime trotz Antibiotika auf, beschweren sich über Dumpinglöhne für die Arbeiter und kritisieren Schlachthöfe, die 20 000 Gänse pro Tag verarbeiten.

Erkenntnis Nr. 1: Lebensmittel sind uns nichts mehr wert. Das ist die traurige Wahrheit, an der nicht nur wir Landwirte zu knabbern haben. Die paar Cent für den Joghurt machen es uns leicht, ihn in den Müll zu werfen, wenn das Mindesthaltbarkeitsdatum um einen Tag überschritten ist. Dass man den auch noch Wochen danach bedenkenlos essen kann (wenn er im Kühlschrank stand), interessiert uns nicht. Dabei heißt Mindesthaltbarkeitsdatum nichts anderes, als dass er bis zu diesem Tag *mindestens* haltbar ist. Das sagt nichts aus über die Aufbrauchfrist. Welchen Sinn hat ein Mindesthaltbarkeitsdatum bei Haferflocken? Das ist doch nur gequetschtes Getreide! Ich lagere meinen Weizen problemlos über Monate. Und in ägyptischen Pharaonen-Gräbern hat man auch Getreide gefunden. Okay, das hat vielleicht doch etwas zu lange gelagert.

Warum ich mich aufrege? Die billigen Preise führen auch dazu, dass etwa ein Viertel (!) des Obstes und Gemüses, das in Deutschland eingekauft wird, im Müll landet – sei es in Kantinen, Restaurants oder ganz normalen privaten Haushalten. 80 Kilo pro Kopf und Jahr. Und da ist die Ware, die es aus optischen Gründen nicht einmal bis in den Handel schafft, noch gar nicht dabei – was gerne mal 30 Prozent der Ernte oder mehr betrifft! Dass der »sparsame Deutsche« mit diesen Lebensmitteln sein Geld quasi auf den Müll wirft, nimmt er ganz offensichtlich nicht wahr. Kein Wunder, wenn wir mehr fürs Autofahren ausgeben als fürs Essen. Es sind nämlich vor allem billigere Lebensmittel, die weggeworfen werden – kost' ja nix! Und ganz nebenbei: Es sind in der Regel die Besserverdienenden, die auch mehr wegwerfen – die merken das wohl noch weniger als die anderen, kost' ja erst recht nix!

Auf der Suche nach den Gründen für diesen Konsumirrsinn kommt das Bundesministerium für Ernährung und

Landwirtschaft zu mehreren Antworten: die Verlockung durch Sonderangebote, die man eigentlich gar nicht benötigt; die schlechte Einkaufsplanung der Verbraucher; die falsche Lagerung der Lebensmittel zu Hause, um nur einige zu nennen. Die Politik setzt daher auf Aufklärung und »informierte Verbraucher«. Aber auch im Grunde sehr löbliche Kampagnen wie »Zu gut für die Tonne!« ändern bisher nichts Grundlegendes am Einkaufsverhalten der Verbraucher. Warum? Meine Erkenntnis Nr. 2: Unser Essen ist uns nichts mehr wert, weil es schlicht und ergreifend viel zu billig ist. Portemonnaie schlägt Hirn.

Wie soll man auch etwas wertschätzen, von dem man nicht weiß, wie viel Arbeit drinsteckt? Wenn man sich lieber von bunten Bildchen täuschen und Niedrigstpreisen locken lässt? Wenn man sich keine Zeit mehr nimmt, darüber nachzudenken, was und wie viel man eigentlich braucht? Mit Schuhen und Klamotten und all den anderen Dingen machen wir's schließlich genauso. So haben wir es irgendwann gelernt. Und warum sollten wir unser Einkaufsverhalten ändern, wenn es alle anderen doch auch machen? Das ist doch so gewünscht.

Tief im Innern wissen wir als Verbraucher ganz genau, dass es da eine gewaltige Schieflage gibt: Zwischen dem, was wir sagen, und dem, wie wir handeln, liegen Welten. Hält man uns das Mikrofon vor die Nase, geben wir vor, regional und saisonal einzukaufen. Im Januar liegen dann im Supermarkt die Auslagen voll mit Spargel aus Südafrika, Mangos aus Brasilien, Bananen aus Costa Rica und Äpfeln aus China. Komisch eigentlich? Nein! Das wird nämlich alles von uns gekauft, sonst würde der Handel es nicht anbieten – der verhält sich vielleicht manchmal zynisch, aber im Grunde einfach nur viel rationaler als wir Verbraucher.

Was wir dann im Supermarkt vorfinden, ist weder regional noch saisonal, wie wir es doch eigentlich am liebsten hätten beziehungsweise in der letzten Umfrage angekreuzt haben. Aber wir greifen zu. Nur dieses eine Mal. Und beim nächsten Mal. In der Regional-Ecke finden wir dann Blattsalat aus Frankreich. War das ein Versehen? Vorsatz? Ich weiß es nicht, aber unter regional stelle ich mir etwas anderes vor. Regional sind die Möhren meines Nachbarn, die drei Kilometer vom Supermarkt entfernt gewachsen, geerntet und in die Tüte gepackt wurden. Aber die bleiben meistens liegen – wenn es sie überhaupt zu kaufen gibt.

Unser Verhalten gibt dem Handel absolut recht – auch wenn wir das als Verbraucher oft nicht wahrhaben wollen. Schließlich sind wir davon überzeugt, dass wir ja nur kaufen können, was der Handel uns anbietet. Ach ja, und wir werden von der Werbung manipuliert. Ist die Macht des Verbrauchers also nur eine Illusion? Sind wir in Wahrheit alle nur Marionetten oder gar wehrlose Opfer?

Okay, Opfer ist vielleicht ein bisschen hoch gegriffen. Aber wir haben immer noch dieses dubiose Gefühl, dass uns das alles irgendwann um die Ohren fliegen wird und wir eigentlich etwas ändern müssten. Also die anderen. Ja, keine Frage, die anderen müssen anfangen, sonst geht es nicht. Deshalb stellen wir Forderungen. Damit zeigen wir der Welt unser Verantwortungsbewusstsein – und nicht zuletzt unseren Mitmenschen, »dass wir uns nicht länger für dumm verkaufen lassen«. Im Netz – dem Stammtisch des 21. Jahrhunderts – wird dann gegen Gott und die Welt gewettert. Auch bei Bauer Willi. Ein Lebensmittelskandal jagt den nächsten, irgendjemand muss dafür ja schließlich verantwortlich sein! Wir wollen die Schuldigen bestraft sehen, und zwar möglichst schnell, denn wir haben keine Zeit. Und der nächste Skandal steht bestimmt auch schon in den Startlöchern. Wir brauchen einen Sündenbock. Und dann greift man sich gerne das Naheliegendste: die schwächste Spielfigur beim Schach.

Bad news are good news

Auch ich falle auf die Berichterstattung der Medien zu dem ein oder anderen Thema immer wieder herein, wenn Botschaften oft verkürzt und damit auch verzerrt dargestellt werden. Um sich aber ein vernünftiges Urteil erlauben zu können, müsste man auch die Hintergründe der Nachrichten studieren. Das tun wir meist nicht, weil die Flut der Themen uns einfach überschwemmt. Wir lesen die Überschrift, vielleicht noch die ersten fünf Zeilen, fertig. Dann haben wir eine Meinung dazu, das reicht uns.

Jetzt ist es nun mal so, dass wir alle jeden Tag mehrfach Lebensmittel zu uns nehmen und das Interesse der Medien an diesem Thema von Natur aus sehr hoch ist. Logisch: Es bringt Quote, es bringt Leser, es bringt Zuhörer, denn schließlich betrifft es jeden. Das war nicht immer so, aber spätestens seit wir im relativen Überfluss leben. Und seither kann man vor allem mit schlechten Nachrichten zu Lebensmitteln punkten. Gerne werden auch alte »Skandale« recycelt. Dabei spielt es keine Rolle, ob die angeprangerten Zustände in der Zwischenzeit beseitigt wurden. Wenn es nicht mehr der Wahrheit entspricht, kann sich der Betroffene ja wehren. Dann bringt man halt an irgendeiner Stelle eine Richtigstellung, was soll's. Die liest eh keiner mehr. Und wenn, dann wird es möglicherweise noch als Rechtfertigung verstanden nach dem Motto: »Irgendetwas muss an der Sache ja wohl dran gewesen sein.« Die Mechanismen sind hinlänglich bekannt.

Doch die Front gegen Landwirte und gegen die Ernährungswirtschaft im Ganzen ist heute groß und gut organisiert. Es gibt eine richtiggehende Industrie der »Nahrungsmittelgegner«. Da haben wir die Schützer: Tierschützer, Umweltschützer, Artenschützer. Deren Geschäftsmodell besteht oft darin, mit dem bisher genannten Vokabular (und teilweise weit darüber hinaus) Angst zu machen. Sie rufen zu Aktionen auf und lassen eine Petition nach der anderen los. Und sammeln erfolgreich Spenden. In einem Beitrag für die *Schweriner Volkszeitung* schrieb der Journalist Jan-Philipp Hein am 5. Januar 2014: »NGOs genießen bei uns Journalisten in vielen Fällen ein beinahe grenzenloses Vertrauen. Greenpeace, der BUND, der NABU, Attac, PeTA, oder wie sie sonst alle heißen, haben extrem kurze Drähte zu den Medien. Sie retten die Welt, die Tiere, die Umwelt, beschützen uns vor den finsteren Machenschaften der Kapitalisten und haben selbstverständlich nie eigene Interessen, die es zu hinterfragen gelten könnte.«

Und es gibt die Experten. Von der Definition her sind dies Menschen, die »langjährig auf einem Fachgebiet gearbeitet, sich so einen großen Überblick verschafft und wissenschaftliche Ergebnisse veröffentlicht haben«. Wer sich öffentlich über Lebensmittel äußert und Soziologie, Politologie oder Theologie studiert hat, ist definitiv kein Experte. Jedenfalls nicht in Bezug auf Lebensmittel. Und laut Wikipedia »handelt es sich bei den Tierrechtlern vorwiegend um Philosophen und nicht um Juristen«. Welche »Gesetze« sie anwenden und wer die Verbrecher sind, bestimmen sie allein. Meist sind das wir Landwirte.

Wie man mit Begriffen und Zahlen Unsicherheit erzeugen kann, will ich mal an einer Meldung aufzeigen, die ich für meinen Blog geschrieben habe: Überschrift des Artikels »Skandal – Cyanidin in Erdbeeren«. Wie sieht Ihre erste Reaktion aus? Sauerei, das müsste verboten werden, aber mich wundert ja heute nichts mehr. Dann lesen Sie noch, dass auch E 210 (Benzoesäure) nachgewiesen wurde, von dem man sagt, dass es zu Allergien, Asthma und, in hohen Dosen, zu epileptischen Anfällen führen kann. Jetzt ist Ihnen endgültig der Appetit vergangen, Sie rufen nach dem Gesetzgeber.

Doch Sie können sich wieder entspannen: Alle diese Stoffe kommen ganz natürlich in der Erdbeere, übrigens auch der Bioerdbeere vor. Cyanidin gehört zu den Anthozyanen und sorgt dafür, dass sie die wunderbare Rotfärbung bekommt. Was ich mit diesem Beispiel bewusst machen wollte, ist, dass wir immer wieder auf scheinbare Wirklichkeiten hereinfallen, die sich bei genauerer Analyse als gezielte Desinformation, Halbwahrheit oder, wie in diesem Fall, als ein gezieltes In-die-Irre-Führen herausstellen. Wir lesen kaum mehr als die Überschriften von Artikeln, hören nur die ersten drei Sätze einer Nachricht, um dann auf den Inhalt der Meldung erschrocken, entsetzt oder zornig zu reagieren. Immer öfter genügt ein einziges Schlagwort. Wir hinterfragen nicht, wie in unserem Beispiel mit Cyanidin, ob es auch wirklich eine Gefährdung darstellt. Deshalb sind solche »Skandal-Meldungen« sehr zur Vorverurteilung und Stimmungsmache geeignet.

Bewusste Desinformationen, die bestimmten Zwecken dienen, sind jedoch absolut unwissenschaftlich und gefährlich. So ist es auch mit Dihydrogenmonoxid. Das ist lediglich eine andere Bezeichnung für H_2O, und das ist bekanntlich nichts anderes als Wasser.

Ich habe zum Spaß noch nach anderen Beispielen gesucht, wie wir Menschen mit Wissenschaft »an der Nase« herumgeführt werden. Kennen Sie den Nasenschreitling? Er gehört zur Gruppe der Rhinogradentia, wurde im Jahr 1957 von einem Zoologieprofessor detailreich und zoologisch sehr fundiert beschrieben und hat inzwischen Kultstatus erreicht. Aber es gibt ihn nicht. Wie die Steinlaus, die von Loriot erfunden wurde, sind beide Tiere Beispiele für den wissenschaftlichen Witz geworden. Das Hanghuhn hat ein kurzes und ein langes Bein, damit es auch im Allgäu gut an Hängen laufen kann. Der Heißköpfige Nackteisbohrer, der Gänge durch das antarktische Eis bohrt, um Pinguinen nachzustellen, ist blanke Erfindung, die jeder sofort bemerkt. Bei den Pflanzen macht der Quaderbaum (auch Quaderbambus) von sich reden. Er wurde in der *Naturwissenschaftlichen Rundschau* im Jahr 1978 beschrieben, und kaum jemand erkannte den Scherz dahinter.

Doch zurück zu den Skandalen, zu den Kritikern in den Medien. Warum ich dieses Thema so ausführlich beschreibe? Weil wir Landwirte diesem Bombardement der Schlagworte jeden Tag ausgesetzt sind und uns ständig die scheinbar in Stein gemeißelten Vorurteile anhören müssen. Wir werden in den Medien überwiegend negativ erwähnt, ohne dass man uns selbst zu Wort kommen lässt – oder viel zu selten. Wir versuchen aufzuklären, versuchen zu erklären, aber kaum jemand will es hören. Und dann habe ich festgestellt, dass ich damit nicht allein bin, als ich folgenden Satz von Joachim Müller-Jung in der FAZ gelesen habe: »Der Präsident der Royal Society, Biochemiker und Nobelpreisträger 2001, Paul Nurse, hat die politische Rede gegen unpopuläres Wissen kürzlich als einen Mangel an Führungsstärke bezeichnet. Es ist mehr: Es ist die Feigheit vor den Fakten und die Kapitulation vor der Demagogie. Eine Bankrotterklärung der Aufgeklärten.«

Der Dialog mit den Kritikern ist nicht einfach. Mit den Menschen an der Basis kommt man noch relativ einfach ins Gespräch, dort ist die Bereitschaft, dem anderen zuzuhören und sich auf den Austausch von Argument und Gegenargument einzulassen, noch relativ hoch. (Sie selbst sind zum Beispiel ein Beweis dafür, sonst würden Sie nicht diese Zeilen hier lesen, sondern längst fernsehen.) Je weiter man in der Hierarchie dieser Organisationen jedoch nach oben kommt, umso stärker ist die Abwehrhaltung. Das ist auch logisch, denn würde man eine gemeinsame Lösung finden, wäre die Geschäftsgrundlage für die jeweiligen »Schützer« ja nicht mehr gegeben. Also muss man sehr darauf achten, immer wieder Themen in die Öffentlichkeit zu bringen, die das Entsetzen und die Angst der Menschen weiter aufrechterhält. Sonst könnte man ja den Verein auflösen.

Das Thema Berichterstattung ist sicher sehr wichtig, wenn es um die Ängste der Verbraucher geht – aber natürlich nicht nur. Denn ganz ohne Inhalte geht es nicht. Was ist also dran am bösen Bauern?

Böse Bauern – vergiftete Nahrung, geschundene Tiere, gefürchtete Gentechnik

Ich nehme noch einmal die beiden Bilder, die viele Verbraucher von der Landwirtschaft haben, als Ausgangspunkt. Das erste Bild: die Idylle aus dem letzten Urlaub in den Alpen – grüne Wiesen, saftige Weiden, Kühe auf der Alm, die Sennerei, an der man Pause macht und eine zünftige Brotzeit mit einem kühlen Radler genießt, was nach der Wanderung besonders gut schmeckt. Die Landschaft besteht aus vielen kleinen Weiden und Feldern mit vielen bunten Blumen im Getreide, in denen die Schmetterlinge von Blüte zu Blüte fliegen. Und wenn es mal nach Mist riecht, dann schütteln wir uns kurz und lachen vor Freude auf: Natur pur, so muss Landwirtschaft sein!

Das zweite Bild: Wieder zurück aus dem Urlaub, schlagen wir die Zeitung auf, und die harte Realität holt uns ein: Gentechnik, Massentierhaltung, Pestizide, Nitrat im Grundwasser, verseuchte Hühnchen. Das zweite Bild in unserem Kopf entsteht. Alles ganz furchtbar, das darf nicht sein, das müsste man doch alles verbieten! Lebensmittel und Tierfutter sollen frei von Gentechnik sein, möglichst nicht gespritzt, möglichst nicht gedüngt, und wenn, dann organisch. Wenn organisch gedüngt wird, soll es aber nicht stinken, jedenfalls nicht vor unserer Tür. Wir wollen uns bei schönem Wetter schließlich auf die Terrasse setzen, da würde der Geruch bloß stören. Und nicht nur das.

Weil die Kritik an Mineraldünger wächst, verwenden wir Landwirte mehr organische Dünger. Organischer Dünger muss von den Mikroben aber erst im Boden umgesetzt werden. Er ist eben nicht so fein zu dosieren wie »Kunstdünger«. Wenn die Umsetzung von den Bodenlebewesen dann mal nicht so läuft, wie wir Landwirte das gerne hätten, regen Sie sich über Nitrat im Grundwasser auf.

Und weiter geht es bei der Verarbeitung von Lebensmitteln. Da macht das Schreckgespenst vom Chlorhühnchen die Runde. Natürlich sollen und müssen Ihre Lebensmittel keimfrei sein. Das ist doch selbstverständlich, und deshalb werden sie schon beim Verarbeiter gewaschen. Wenn dieses Waschwasser Chlorat enthält, findet man das auf dem Obst und Gemüse wieder. Dafür ist es aber auch keimfrei. Gilt übrigens auch für Biogemüse, auch da findet man Chlorat, auch wenn es hier als Kontamination und nicht als Pflanzenschutzmittelrückstand eingestuft wird.

Wir könnten auf riesige Mengen an chemischen Fungiziden gegen Krautfäule an Kartoffeln vollkommen verzichten, wenn wir das Resistenzgen aus Wildkartoffeln in unsere Kulturformen bringen könnten. Nein, Sie fordern ein generelles Verbot der Gentechnik in ganz Deutschland. Doch Stopp: nur der Gentechnik mit Pflanzen, genannt »grüne« Gentechnik.

Die bösen Bauern, die unsere Nahrung vergiften und die Umwelt kaputt machen! Mit diesen Bildern muss ich mich als Landwirt tagtäglich auseinandersetzen. Aber so einfach sind die Dinge nicht. Schauen wir uns die größten Themen und Vorwürfe gegen uns Bauern doch einmal genauer an.

German Angst – unkontrollierbare Gene?

Beginnen wir mit der Gentechnik: Ich habe mich mehrfach gefragt, ob es nicht sinnlos ist, sich mit diesem Thema sachlich auseinandersetzen zu wollen. Weil eine sachliche Auseinandersetzung schnell als eine Verteidigung des Bösen verstanden wird. Nach dem Motto: Meine Meinung steht fest, verwirren Sie mich nicht mit Tatsachen. Es ist nur so: Ich habe im Grunde keine Ahnung von Gentechnik. Wenn ich keine Ahnung habe, erlaube ich mir auch kein Urteil – ich muss die Fakten für sich sprechen lassen. Da haben einige meiner Mitbürger offensichtlich eine andere Auffassung.

Was mein Problem ist – und darauf habe ich bis heute von niemandem eine Antwort bekommen –, ist die Diskrepanz zwischen akzeptierter roter Gentechnik (in Pharmazeutik und Medizin) einerseits und verteufelter grüner Gentechnik (bei Pflanzen) andererseits. Dass es auch eine weiße, graue und blaue Gentechnik gibt, und wo die genau eingesetzt wird, wissen die wenigsten. Mich eingeschlossen.

Zur Züchtung: Ich kann nicht beurteilen, welche Form der Züchtung noch normal oder schon gentechnisch ist.

Cisgen, transgen, RDTS-System, ODM-Verfahren, Genome-Editing, Smart Breeding – das alles sind Begriffe, die ich schon mal gehört habe, in die ich mich auch eingelesen habe, die mich zum guten Schluss dennoch ratlos zurückgelassen haben, weil ich all diese Verfahren als Laie, der ich dann doch bin, nicht richtig einordnen kann. Ist das jetzt in Ordnung? Soll oder muss ich dafür oder dagegen sein? Ist Triticale zu verdammen, weil die Kreuzung aus Weizen und Roggen in die Biodiversität eingreift? Was ist wichtiger: Ursprünglichkeit oder eine gute Ernte? Darf ich keinen Käse mehr essen, weil das Labferment Chymosin, das zur Käseherstellung zwingend benötigt wird, überwiegend gentechnisch hergestellt wird? Was ist mit Lipasen, die auch in der Käseproduktion, bei Backwaren und in der Nudelherstellung Verwendung finden? Soll man diese Stoffe vorsichtshalber verbieten? Auch wenn man nach heutiger Kenntnis davon ausgeht, dass sie nicht schädlich sind?

Warum dürfen Medikamente (Insulin, Interferon und andere) gentechnisch hergestellt werden? Warum dürfen gentechnisch hergestellte Wachstumshormone und Impfstoffe verwendet werden? Wenn mittels Gentherapie die Vermeidung einer Krankheit möglich ist, sollten wir den betroffenen Menschen dann sicherheitshalber trotzdem von dieser Möglichkeit ausschließen?

Mittels weißer Gentechnik werden biologisch abbaubare Tenside in Waschmitteln hergestellt. Ist das nun gut für die Umwelt oder nicht?

Graue Gentechnik wird für die Behandlung von Abfällen, den Abbau von ausgelaufenem Öl, die Beseitigung von Lösungsmitteln und als Bioabsorber zur Reinigung von radioaktiven Abfällen eingesetzt. Ist das nun gut für die Umwelt oder nicht?

Die blaue Gentechnik steckt noch in den Kinderschuhen. Man erhofft sich, aus Cyanobakterien tumorinhibierende, entzündungshemmende und antivirale Medikamente herstellen zu können. Hilft oder schadet das dem Menschen?

Und noch ein Beispiel für grüne Gentechnik, das nicht nur für Landwirte interessant ist und bei dem zurzeit noch diskutiert wird, ob es unter das Gentechnikgesetz fallen soll oder nicht: Es gibt Wildformen von Kartoffeln, die gegen Kraut- und Knollenfäule resistent sind. Sie bringen aber kaum Ertrag und sind nicht für den Verzehr geeignet. Deren Gene wurden von einem staatlichen Institut in den Niederlanden, also eben nicht von einem der Saatgutkonzerne, in unsere heutigen Kartoffelsorten eingebaut. Das hat den Vorteil, dass große Mengen an Fungiziden nicht mehr benötigt werden. Und zwar bei Biolandwirten und konventionellen Betrieben. Wäre das nicht umweltgerecht? Es handelt sich ja um eine Übertragung von wenigen, ausgewählten Genen aus einer Kartoffelsorte in eine andere. Um Resistenzen vorzubeugen, werden mehrere, unterschiedliche Gene übertragen. Die Forscher machen sich also sehr viele Gedanken, um möglichen Risiken zu begegnen. Sie verfolgen, als staatliches Institut, auch keine kommerziellen Interessen.

Natürlich können die Züchter auch über Jahrzehnte die beiden Sorten kreuzen, bis man hoffentlich zu einem ähnlichen Ergebnis gelangen würde. Aber warum soll man, wie in diesem Fall, die Gentechnik nicht in der Praxis anwenden dürfen? Ich persönlich würde mich sehr dafür aussprechen, alles, was zur Erforschung notwendig ist, von einem in jeder Hinsicht unabhängigen Institut durchführen zu lassen (und nicht die Industrie), mit Offenlegung aller Verfahrensschritte, um in solchen Fällen mehr Sicherheit zu haben.

Ich habe diesen Fall einmal mit Johannes Remmel, dem NRW-Landwirtschaftsminister, diskutiert. Auch er stellte die Frage, ob man dieses Ergebnis nicht auch mit herkömmlicher Züchtung erreichen könnte.

Das wäre natürlich die eleganteste Lösung, doch leider lässt sich der Mechanismus von an- und abschaltbaren Genen (eine Besonderheit der Gentechnik) nicht so kontrolliert durch natürliche Züchtung erreichen.

Als EU-Landwirt, und damit per Gesetz gentechnikfreier Nahrungsmittelproduzent, kann ich mir eine gewisse Laien-Perspektive erlauben. Als Mensch aber muss ich mir, genauso wie Sie, die Frage stellen, wie wir damit umgehen wollen, dass Gentechnik nicht nur zur Profitmaximierung genutzt werden kann, sondern auch zur Bekämpfung des Hungers in der Welt.

Haben wir das Recht, den Anbau und die Entwicklung solcher Pflanzen zu verhindern? Sollten wir das Geld nicht lieber in die Erforschung dieser Fragen stecken als in einen Glaubenskrieg, der bisher nur Stillstand bedeutet?

In Deutschland ist dieser Stillstand aus Angst vor dem Unbekannten bereits Realität. Seit 2013 werden keine Freilandversuche mit gentechnischen Pflanzen mehr durchgeführt. Ob das ein »Gewinn« ist, wird sich herausstellen.

Ich will nicht missverstanden werden. Ich bin weder Befürworter noch Gegner von grüner Gentechnik. Mein Problem ist nur, dass ich die Diskrepanz in der Einstellung meiner Mitbürger zwischen grüner und all den anderen Anwendungen von Gentechnik einfach nicht verstehe.

Es gibt eine Partei, die 1987 in ihrem Wahlprogramm diese Forderungen aufstellte:

— Keine Digitalisierung des Fernsprechnetzes
— Keine Dienste- und Netzintegration im Fernsprechnetz (ISDN)
— Keine Glasfaserverkabelung (Breitband-ISDN)
— Stopp des Kabel- und Satellitenfernsehens

Jetzt lasse ich Sie raten, wer diese Partei war. Es waren die Grünen. Heute sind diese Dinge Alltag. Die Ängste, die man damals vor diesen neuen Techniken hatte, versteht heute niemand mehr. Im Gegenteil: Heute wird ein schnellerer Ausbau moderner Datenleitungen sogar dringend gefordert! Und zwar von allen Parteien!

Vor Jahrzehnten galten Mikrowellenherde als möglicherweise gefährlich. Heute hat fast jeder Haushalt diese Technik, ohne dass bisher nachweisbare Schäden aufgetreten wären. Alle paar Jahre wird über eine mögliche Strahlenbelastung durch Mobiltelefone spekuliert. Das interessiert aber heute kaum noch jemanden. Zu Recht? Zu Unrecht?

Ich bin nur ein Bauer, der ein wenig ratlos diese Diskussionen verfolgt. Der sich wünschen würde, dass wir einen Konsens darüber bekommen, was wir Landwirte dürfen und was Sie als Verbraucher akzeptieren. Warum gibt es bei der Diskussion um Gentechnik häufig nur ein Schwarz-Weiß-Denken, woher stammen die Ja-Nein-Fronten?

Auf die Frage, weshalb grüne Gentechnik so verpönt ist, könnte es mehrere Antworten geben:

1. Zufall. Wir möchten immer für alles eine Begründung haben, aber gibt es die immer? Gesellschaftlich relevante Meinungen können sich doch zufällig entwickeln. Im 19. Jahrhundert haben die Vorfahren der meisten heutigen Amerikaner noch in Europa gelebt. Heute finden Nordamerikaner Rohmilchkäse eklig und 200 km/h auf der Autobahn gefährlich. Wir Deutsche lehnen Chlorhühnchen ab und Waffen im Haushalt, wollen aber möglichst schnell über die Autobahn rasen. Und wehe, jemand versucht, ein Tempolimit einzuführen – der kann aber was erleben!

2. Die Kunden der Züchtungsunternehmen und die Kunden der NGOs, aus denen sich die wesentlichen Kritiker der Konzerne rekrutieren, sind komplett verschieden. Die Endkunden der Züchterhäuser sind Landwirte, denen sie ihre Sorten verkaufen. Ihre Kommunikation ist auf Landwirte ausgerichtet, und ihr Erfolg richtet sich danach, wie hoch ihr Umsatz mit den Landwirten ist. Die Kunden der NGOs sind alle Staatsbürger. Ihre Aktivitäten sind auf den deutschen Spendenmarkt mit einem Volumen von 5 Milliarden Euro pro Jahr und die Gesamtheit der Bürger ausgerichtet, weil sie dadurch ihre Existenz absichern. Nun ist Greenpeace kein Konzern, der auf Gewinn ausgerichtet ist, aber seine Kosten muss es schon erwirtschaften. In der Kommunikation mit den Bürgern agieren die Konzerne trotz großer Image-Abteilungen immer noch nicht professionell genug, weil sie damit keine Erfahrung haben und das über Jahrzehnte auch keine wichtige Rolle spielte. Darüber hinaus traut man den Verbrauchern wohl auch keine Auseinandersetzung auf Augenhöhe zu und verschweigt Interna lieber. Die NGOs agieren hier wesentlich geschickter.

3. Die meisten NGOs verbreiten sich über Kampagnen mit einfachen Botschaften, die komplexe Sachverhalte zwangsläufig aussparen. »Grüne Gentechnik ist böse«, ist so eine einfache Botschaft. Da muss man nichts mehr erklären, weil die Meinung der Bürger gefestigt ist. Es ist menschlich, dass in einem solchen Fall nur noch Bestätigungen wahrgenommen werden. Wenn ich nicht Landwirt wäre und die Entwicklung nicht von Anfang an mitbekommen hätte, wäre es mir vermutlich auch so gegangen. Interessant auch, dass der Name Monsanto im Zusammenhang mit Gentechnik mit Abstand am häufigsten genannt wird. Und das hat Gründe: Monsanto war die erste Firma, die

mit gentechnisch veränderten Pflanzen einen wirtschaftlichen Erfolg hatte. Diese Pflanzen sind resistent gegen Glyphosat, ein inzwischen umstrittenes Totalherbizid mit dem Markennamen »Round up«, das ebenfalls von Monsanto erfunden und kommerzialisiert wurde. Diese Resistenz wurde in Mais, Soja und weitere Pflanzen eingebaut, deren Anbau mittlerweile über 120 Mio. Hektar weltweit ausmacht. Alle außerhalb Deutschlands, da Roundup-resistente Pflanzen in Europa nicht eingesetzt werden dürfen. Glyphosat wird daher in Deutschland kaum auf Kulturpflanzen, sondern im Wesentlichen auf Nicht-Kulturpflanzen und unerwünschte Beipflanzen gespritzt. Ausgenommen davon ist die sogenannte Sikkation (Vorerntebehandlung) bei Getreide. Dabei wird Glyphosat auf noch nicht ganz reife Pflanzen gespritzt, die es in der Parzelle stellenweise geben kann. Dadurch sterben diese ab, trocknen dabei und können zusammen mit dem reifen Getreide geerntet werden. Obwohl diese Maßnahme eine Ernteerleichterung darstellt, nehmen viele Landwirte inzwischen davon Abstand, wahrscheinlich auch aufgrund der gesellschaftlichen Diskussion darüber.

Glyphosat wird recht schnell abgebaut. Je nach Boden beträgt die Halbwertszeit (DT50-Wert) im Mittel 14 Tage. Das ist zumindest der aktuelle Stand des BfR (Bundesinstitut für Risikobewertung), der zurzeit aber weltweit hitzig diskutiert wird. Bei Fertigstellung des Buches (Dezember 2015) prüfte die EU die fällige Verlängerung der Zulassung für Glyphosat noch. Die Diskussionen darüber werden wohl noch weitergehen und der Name Monsanto ist in aller Munde.

4. Freisetzung von gentechnischen Veränderungen. Da greift das Vorsorgeprinzip. Was kann da alles schiefgehen! Wenn australische Marienkäfer freigelassen werden, das

Große Springkraut oder die Herkulesstaude in die Wälder entkommen, amerikanische Eichhörnchen Großbritannien besiedeln, die Chinesische Wollhandkrabbe durch Schiffe in unsere Flüsse gelangt oder potente Bakterien (zum Beispiel Bacillus thuringiensis) freigesetzt werden, können diese Organismen nicht mehr eingefangen werden. Wenn sie auf eine ökologische Nische treffen, vermehren sie sich. Gentechnisch veränderte Kulturpflanzen hingegen sind immer noch Kulturpflanzen. In der Regel laufen die nicht frei in der Gegend herum. Selbst wenn gentechnisch veränderter Raps ausgesät würde und durch Pollenflug nicht gentechnisch veränderten Raps befruchtete, wäre es mit der Pflanze spätestens dann vorbei, wenn sie abgeerntet ist. Denn in der nächsten Saison wird auf dem Feld dann eine andere Frucht angebaut, die Rapsreste werden untergepflügt und etwaige keimfähige Reste davon (Durchwuchs) werden in der folgenden Kultur mit Pflanzenschutzmitteln bekämpft, können sich also nicht wieder ausbreiten.

Bei vegetativer Vermehrung, also ohne Bestäubung und Pollenflug, wie bei der Kartoffel, ist das Risiko für eine solche Verbreitung sogar noch geringer.

Dennoch – und da gebe ich jedem Kritiker recht – könnten so gentechnisch veränderte Pflanzen in unserer Nahrungskette gelangen, die nicht als solche erkennbar sind.

Das alles erkläre ich nicht so ausführlich, weil ich gerne genveränderten Raps anbauen würde, sondern weil der Normalbürger unter »Freisetzung« etwas ganz anderes versteht, als der sachkundige Experte, so dass er zu recht Panik bekommt.

Und damit komme ich zu einem weiteren wichtigen Punkt bei der Ablehnung von grüner Gentechnik:

5. Angst.

Man würde es sich bei der Erklärung dieser Angst zu leicht machen, wenn man behaupten würde, dass unsere Gesellschaft insgesamt technikfeindlich wäre. Nur wenige sehen beispielsweise die Entwicklungen in der Computer- oder Informationstechnologie kritisch, die meisten von uns können sich sogar für Weltraumforschung begeistern, die Landung einer Sonde auf einem Objekt im Weltall nach über zehn Jahren Flug bringt uns zum Staunen. Der Einsatz von Gentechnik zur Herstellung von Impfstoffen oder zum Abbau von Ölbelastungen wird von der Mehrheit der Bevölkerung ebenfalls positiv gesehen. Mit der Anwendung der grünen Gentechnik verhält es sich in der Angstforschung ähnlich wie mit der Kernkraft: Der Bürger kennt keine Details, mehr Aufklärung über die Fakten nährt nur neue Zweifel. Er kann diese Technologien nicht selbst beeinflussen, er muss sich bei der Anwendung auf andere verlassen. Zwar haben wir Menschen auch Angst vor Autounfällen, vor Aufzügen, vor Fallschirmsprüngen oder Impfungen. Hier aber haben wir die Wahlfreiheit, diese Dinge zu nutzen, den Schutz weiter zu verbessern oder einfach auf das Fallschirmspringen zu verzichten, was wohl die meisten von uns bevorzugen werden.

Bei der grünen Gentechnik kann zwar auch alles gekennzeichnet werden, aber es bleibt immer ein diffuser Zweifel, der auch nicht mit noch so vielen Studien beseitigt werden kann. Deshalb ist es wohl auch müßig, dem Bürger andere und neue Züchtungsmethoden erklären zu wollen. Da er oftmals schon nicht weiß, wie »normale« Züchtung funktioniert, wird er alles, was über die Kreuzung von Erbsen des Ordenspriesters Gregor Mendel in seinem Klostergarten hinausgeht, als unnatürlich ablehnen. Die Frage jedoch, was natürlich und was unnatürlich ist, ist weniger eine Frage der

Wissenschaft als vielmehr eine Frage der Ethik. Doch dazu komme ich noch.

Nun hat die Gentechnik längst Einzug in die Herstellung von Lebensmitteln gehalten. Bestrebungen, all diese Produkte, bei denen gentechnische Hilfsmittel eingesetzt wurden, generell zu kennzeichnen, sind bisher gescheitert. Die Heftigkeit, mit der diese Diskussion geführt wird, zeigt, dass es bei dieser Frage nicht um die Fakten geht, sondern dass darüber längst ein Glaubenskrieg ausgebrochen ist – der nur scheinbar im Namen der Verbraucher geführt wird.

Alles, was bei Laien ankommt, ist eine diffuse Angst. Angst, dass wir vom Verzehr der Lebensmittel krank werden. Dabei war die Lebenserwartung noch nie so hoch wie heute, und sie steigt nachweislich weiter. Unsere Lebensmittel werden auf alle möglichen Rückstände untersucht, die Produzenten mit Formularen erschlagen. Die Verarbeiter müssen jedes Jahr mehr und neue Zertifikate vorlegen, und trotzdem: Die Angst bleibt. Unsere Angst ist ein Luxusproblem.

In der Nachkriegszeit, als Lebensmittel knapp und oft nur auf Karte zu erhalten waren, sind viele Menschen aus der Stadt aufs Land gefahren, um überhaupt an Lebensmittel zu kommen. Damals hat niemand nach den Inhaltsstoffen auf der Verpackung gefragt (so es denn überhaupt eine gab). Den meisten Menschen auf dieser Welt geht es wie uns in der Nachkriegszeit. Sie wären froh, wenn sie ausreichend Kalorien zur Verfügung hätten. Ob diese Ernährung dann immer »ausgewogen« ist, ist ihnen erst einmal egal.

Züchtung und grüne Gentechnik zu erklären ist schwierig, ohne eine gewisse Bildung sogar unmöglich. Und eigentlich geht mich das alles auch nichts an, denn ich betreibe ja die Gentechnik nicht selber und verwende als deutscher Bauer auch ihre Produkte nicht.

Aber selbst wenn ich gentechnisch veränderte Produkte verwenden würde, wäre ich schlichtweg nicht in der Lage, mich so intensiv damit zu beschäftigen, wie das der Gesetzgeber tut. Daher muss ich mich in diesem Fall auf die staatlichen Richtlinien verlassen.

Doch wenn über Gentechnik berichtet wird, werden immer Bauern und Äcker gezeigt, auf denen Kulturen stehen, Landwirte werden zu ihrer Meinung befragt. Und da wird es eben doch wieder zu meinem Thema gemacht, obwohl wir mit der Materie überfordert und der falsche Ansprechpartner sind. Der Schalterangestellte der Sparkasse wird ja auch nicht in der Tagesschau für die Wirtschaftskrise in Griechenland verantwortlich gemacht.

Massentierhaltung – organisierte Tierquälerei?

Massentierhaltung: Ein wunderschönes Bild, um in den Medien Aufmerksamkeit zu generieren. Sie ist zu einem Kampfbegriff gegen jede Form der bäuerlichen Tierhaltung geworden. Und der Chor der Kritiker ist groß: Parteien, Prominente, Tierrechtler, Umweltschützer, Fernsehköche, Pfarrer: Alle sind sich einig, dass es »so ja nicht weitergeht.« Und bei der Tierhaltung kann ja auch fast jeder mitreden, der eine Katze, einen Hund oder einen Wellensittich sein eigen nennt.

Deshalb möchte ich zur Abwechslung mal die Sicht eines Bauern auf dieses Thema darstellen, nämlich meine. Zugegeben: Moderne Tierhaltung ist nicht »schön«. Sie ist hochspezialisiert, sie ist effizient, sie ist hygienisch. Es gibt keine Misthaufen mehr, auf denen der Hahn kräht, keine Weide, auf der sich die Schweine im Schlamm suhlen. Und kaum noch Kühe, die in einem dunklen Stall an der Kette stehen. Ich habe das selber alles noch auf unserem Hof erlebt, das ist gerade mal fünfzig Jahre her. Und es stank nach Ammoniak, die Wände waren voller Fliegen und die Kühe auch. Die Schweine wurden in einem dusteren Stall gehalten, auch hier stank es nach Ammoniak, und die Ratten liefen durch die Tröge. Das kann man sich sogar heute noch ansehen: in einem Freilichtmuseum in der Eifel. Ob man das schön findet, liegt nur am Betrachtungswinkel. Die Städter, die ich dort beobachtet habe, fanden das schön. Ich kann da nur entgegnen: Hygiene und Tierwohl sehen anders aus! Ställe des 19. Jahrhunderts wären überwiegend nicht mehr erlaubt, weil sie in keiner Weise den heutigen Tierschutzstandards entsprächen.

Die Realität heute sieht komplett anders aus: moderne, offene, licht- und luftdurchflutete Kuhställe, in denen sich die Kühe frei bewegen können, mit automatischer Entmistung und Liegematten aus weichem Gummi. Die Kuh geht dann zum Melkroboter, wenn sie Lust drauf hat, holt sich ihr Futter, wann sie will, oder lässt sich an der Kuhbürste den Rücken massieren. »Wellness-Hotels für Milchkühe« klingt vielleicht ein bisschen übertrieben, aber eines kann man nicht bestreiten: Das ist tiergerecht!

Die industrielle Tierhaltung ist aus dem Zwang entstanden, unter Preisdruck immer effizienter werden zu müssen, um so die Stückkosten zu senken. Und man darf nicht vergessen: Trotz all der Investitionen ist die Milch ja nicht teurer geworden. Für den Verbraucher zumindest. Als dreißig Kühe nicht mehr zum Überleben des Betriebes reichten, mussten es fünfzig oder hundert werden, damit das gleiche Einkommen erzielt werden konnte. Dieselbe Marktlogik griff natürlich auch bei Hühnern: Vor vierzig Jahren haben wir die Eier für 20 Pfennig das Stück verkauft, heute kostet es beim Discounter 10 Cent. Das geht nur, wenn ich immer größere Einheiten produziere.

Gleichzeitig sind aber auch die Anforderungen an die Hygiene gestiegen. Das ist natürlich gut so und war bestimmt auch nötig. Ein Beispiel: Als wir unsere Hühnerhaltung aufgegeben haben, kauften wir die Eier von einem Nachbarn im Dorf. Von »freilaufenden« Hühnern. Die Folge: Unser damals dreijähriger Sohn hatte eine schwere Salmonelleninfektion. Schuld daran war nicht etwa der Bauer, sondern schlicht die Tatsache, dass sich Salmonellen über den Kot der Tiere am oder im Ei aufhalten und sich so entweder durch das Anfassen der Schale oder den Verzehr des rohen Eis auf den Menschen übertragen. Bei der Käfighaltung kommen die Tiere und ihre Eier hingegen so gut wie nicht in Kontakt mit ihrem Kot – was schlechter fürs Tier, dafür aber sicherer für den Menschen ist.

Heute kommen 98 Prozent des Fleisches aus moderner Tierhaltung, 2 Prozent aus Biobetrieben. Ein Schlachthuhn aus einem Biobetrieb kostet zwischen 12 und 18 Euro, im Laden auch gerne bis 25 Euro, und das ist ein fairer Preis. Denn das Biohuhn bekommt mehr Platz, mehr Futter, mehr Zeit und macht mehr Arbeit. Und alle diese Produktionsfaktoren müssen bezahlt werden. Das ist beim Biobauern nicht anders als beim konventionellen. Beide müssen von ihrer Arbeit leben können, und das bedeutet: Nur wenn wir Verbraucher bereit sind, diesen Preis auch zu bezahlen, wird es mehr Bauern geben, die so produzieren. Wenn die Nachfrage nicht da ist, wird sie auch nicht gedeckt. Wer von Bauern verlangt, gegen wirtschaftliche Interessen zu handeln, der verzichtet sicherlich auch auf die nächste Gehaltserhöhung, oder?

Und noch eine unbequeme Wahrheit: Die meisten Bioeier, die beim Discounter verkauft werden, stammen aus Ställen mit bis zu 10 000 Hühnern. Recherchiert vom WDR (»Wie viel Bio ist im Ei?«). Die Marktlogik macht also auch vor Bioprodukten nicht halt.

Übrigens, seit dem Verbot der Käfighaltung in Deutschland kommen zwar keine Käfigeier mehr in den Laden, aber der überwiegende Teil von Eiern für die Weiterverarbeitung (Backwaren, Nudeln, Fertiggerichte) stammt weiterhin aus Käfighaltung. Nur dass diese Käfige nun in Polen oder Tschechien stehen, wohin sie verkauft wurden, nachdem man sie in Bayern oder Niedersachsen abmontiert hat.

Jetzt kommt das Argument, dass ja niemand Fleisch essen muss. Das ist richtig. Auch in meiner Familie gibt es Vegetarier, und das ist natürlich völlig in Ordnung. (Sie merken vielleicht schon, ich bin es nicht, aber da quatsche ich niemandem rein.) Angesichts von 8,2 Millionen Tonnen Fleisch, die 2014 in Deutschland produziert wurden – einem neuen Höchstwert! –, sieht es momentan aber sehr danach aus, als ob die große Mehrheit nicht auf Fleisch verzichten möchte. Pro Kopf und Jahr essen wir etwa sechzig Kilo Fleisch (vor BSE und Maul- und Klauenseuche waren es sogar mal achtzig, nachdem es in den Fünfzigern noch deutlich unter vierzig waren). Darüber hinaus wird exportiert, denn deutsches Fleisch ist auch anderswo begehrt. Angesichts dieser Zahlen kann mir bislang kein Mensch erklären, wie das alles mit unserer Billig-Mentalität anders funktionieren soll als mit Tierhaltung in großen Einheiten. Solange wir unseren Fleischkonsum nicht einschränken, und zwar weltweit, geht da gar nichts. Denn obwohl der Fleischkonsum in Deutschland 2015 leicht rückläufig war, steigt die Produktionsmenge, es wird also fleißig Fleisch exportiert.

Eines müsste den radikalen Tierschützern, die quasi jede Form von Tierhaltung ablehnen, allerdings auch klar sein: Selbst wenn wir es schaffen sollten, den Fleischkonsum zu reduzieren, müssen irgendwo Milch, Käse, Eier oder Daunen und Leder herkommen. Von Katzen- und Hundefutter ganz zu schweigen. Der Umsatz von Hunde- und Katzenfutter betrug im Jahr 2013 rund 2,7 Milliarden Euro. Und auch wenn der Vergleich etwas hinkt: Das ist etwa viermal mehr als für Babynahrung. Katzen und Hunde sind aber in den wenigsten Fällen Vegetarier. Das wäre auch unnatürlich, schließlich waren sie früher mal Raubtiere, und deshalb fressen sie auch heute noch Fleisch.

Und noch was: Wo sollen organische Dünger wie Gülle, Mist und Jauche herkommen, wenn wir die Tierhaltung abschaffen würden? Ich dünge gerne organisch, allein schon wegen der Erhaltung des Humus im Boden. In Biobetrieben ist es sogar ein Muss. Das geht auch bei uns nur durch Zufuhr von außen, weil wir ja das Erntegut (Getreide, Rüben, Kartoffeln, Rapskörner) abfahren. Jetzt sagen Sie bloß nicht: Nimm den Dünger doch vom Kompost! Wir reden hier von ein paar Millionen Hektar Ackerflächen, nicht von ein paar Hausgärten. Mit Verlaub: Tierische Scheiße ist kostbar, tierische Scheiße ist Natur. Durch den gezielten Einsatz von organischen Düngern aus der tierischen Produktion konnte der Einsatz von Phosphat- und Kalidüngern deutlich verringert werden, ohne dass die Erträge sanken. Weil mineralische Dünger immer teurer werden, lohnt selbst der Transport über weite Strecken in die Ackerbauregionen, wo er gemäß diversen Verordnungen und in staatlichen Datenbanken sauber dokumentiert und sinnvoll die energieintensiv hergestellten Dünger ersetzt. Und nebenbei die Bilanz in den viehstarken Regionen entspannt.

Angesichts der niedrigen Milchpreise werden sogar schon Rechnungen aufgestellt, die nahelegen, Milchkühe in »Dungkühe« umzutaufen:

Milchkuh: Vergleich der Erlöse unterschiedlicher Produkte

Milch	Rinderdung (»Kuhscheiße«)
Milchleistung l/Jahr: 7400	Gülle cbm/Tag: 0,055
Milchleistung l/Tag: 20,27	getrockneter Rinderdung (85 % Trockensubstanz) kg: 4,4
Erlös € pro Liter: 0,26	Erlös € pro kg (OBI): 1,28
Erlös pro Kuh und Tag: 5,27 €	Erlös pro Kuh und Tag: 5,63 €

Und da sage noch einer, Geld stinkt nicht ...

So, Spaß beiseite. Was im Zuge der Massentierhaltung auch gerne angeführt wird, ist der Aufreger Methan: Das Methan, das die Kühe ausscheiden, enthält den Kohlenstoff, der vorher von den Futterpflanzen der Atmosphäre entzogen wurde. Methan wird übrigens auch abgebaut und in seine Urbestandteile zerlegt! Liest man aber nirgends. Und dass die Zahl der Rindviecher in den letzten Jahrzehnten deutlich zurückgegangen ist und aufgrund der höheren Milchleistung der Ausstoß pro Liter Milch zurückgegangen ist, wird auch nicht berichtet. Passt ja auch nicht ins Weltuntergangsszenario. Übrigens produzieren auch Schafe, Ziegen, Büffel, Kamele, Giraffen, Antilopen, Elche und Rentiere und selbst Hirsche und Rehe Methan. Sie sind nämlich alle Wiederkäuer und damit in der Lage, vom Menschen nicht nutzbare Pflanzen in Energie (Fleisch, Milch, Leder) umzuwandeln.

Doch wie entsteht das Gas, warum produzieren nur Wiederkäuer wesentliche Mengen davon? Das hat mir mein Freund Franz-Josef erklärt, der als promovierter Viehwirt Spezialist in solchen Dingen ist. Wiederkäuer haben vier Mägen und die wunderbare Eigenschaft, Pflanzen, die viel Zellulose enthalten (Gras, Mais, Luzerne oder anderes faserhaltiges Futter), aufzuschließen, indem sie sie zuerst fressen und gleich runterschlucken. Einmal unten, wird es quasi vorverdaut, ganz ähnlich, wie bei der Waschmaschine in der Vorwäsche eingeweicht wird. Hat die Kuh genug gefressen, und der Vormagen ist voll, »würgt« sie das grobe Futter in kleinen Portionen wieder hoch ins Maul, wo es durch Wiederkauen zu einem Brei zerrieben wird. Dann schluckt sie den Brei wieder herunter, und die Fermentation beginnt. Die Pansenmikroben (der Pansen ist einer der vier Mägen) können angreifen und das Futter besser verdauen. Die aus dem Futter aufgenommene Energie wird dann zur Fleisch- und Milchproduktion und zum Erhalt der Körperfunktionen verwendet.

Bei der Fermentation im Vormagen entsteht durch die Mikroben zwangsläufig Methan. Dieses Methan wird dann einfach durch »Rülpsen« in die Umwelt abgeben (das meiste Methan kommt tatsächlich vorne raus, nicht hinten). Nun wird seit Langem durch intensive Forschung versucht, den Viechern (gemeint sind die Mikroben) die Methanbildung abzugewöhnen, und zwar aus zwei Gründen: Erstens will man den Energieverlust reduzieren, der im Methan steckt, und zweitens die unerwünschte Umweltbelastung minimieren. Doch als man glaubte, erste Erfolge erzielt zu haben, merkte man, dass die gesamte Mikrobenpopulation darunter litt, nicht nur die Methanbildner. Das machte sich in einer schlechteren Verdauung bemerkbar. Somit wird man vorerst noch weiter damit leben müssen, dass Kühe, Schafe, Ziegen, Kamele, Rehe, Hirsche und alle anderen Wiederkäuer auch weiterhin Methan in die Umwelt abgeben.

Das Methan (CH_4), das ausgeschieden wird, enthält den Kohlenstoff (C), der vorher von den Futterpflanzen der Atmosphäre entzogen wurde. Methan wird auch wieder abgebaut (durch methylotrophe Bakterien), was aber relativ langsam vonstattengeht. Dass sich Methan in großen Mengen auch bei der Umsetzung in Mooren und Permafrostböden oder sonstiger Umsetzung von pflanzlicher Masse unter Sauerstoffabschluss bildet, sei nur der Vollständigkeit halber erwähnt. Sollten die riesigen Flächen an dauerhaft gefrorenem Boden im Norden Russlands oder in Kanada einmal auftauen, hätten wir möglicherweise ein größeres Problem.

Und weil es so schön ist, noch ein paar Zahlen hinterher: Um 1900 lebten in Deutschland rund 18 Millionen Kühe, heute sind es mit rund 13 Millionen etwa 27 Prozent weniger. Und hinzu kommt der erwähnte Fakt, dass durch die Leistungssteigerung der Tiere der Methanausstoß pro Liter Milch zurückgegangen ist. Heute fahren auf deutschen Straßen rund 50 Millionen Fahrzeuge und stoßen CO_2 aus. Wie viele Fahrzeuge gab es um 1900? Richtig: fast keine. Aber wer würde schon ernsthaft mal das Auto stehen lassen oder ganz darauf verzichten?

Küken schreddern: Ja, das ist kein schöner Vorgang, und auch wenn Küken mit Gas getötet werden, macht es das nicht besser. Als Verbraucher, der keinen Bezug zur Tierhaltung hat, werden Sie entsetzt sein, dass so etwas möglich ist. Das verstehe ich voll und ganz. Erstaunlich ist jedoch, dass dieses Thema erst im Frühjahr 2015 in den Medien auftauchte, und zwar genau zu dem Zeitpunkt, als der Landwirtschaftsminister sich für Alternativen stark machte. Mit einem Mal wurde dies in fast allen Medien thematisiert, die sofortige Abschaffung dieser seit vielen Jahren gängigen Praxis gefordert, und selbst ein Vergleich mit Nazi-Deutschland durfte nicht fehlen.

Auf die Frage der Ethik gehe ich gleich noch ein, hier zunächst der Hintergrund für diese Maßnahme: Da der Mensch das Huhn sowohl als Eierlieferant als auch als Fleischlieferant nutzt, haben diese Züchter die Optimierung der jeweiligen Nutzung als Zuchtziel. Folglich wurden Hühner gezüchtet, die besonders viele Eier legen, und andere, die viel Fleisch liefern. Die Verwertung des Futters ist in beiden Fällen so, dass möglichst viel davon im jeweiligen Produkt (Eier oder Fleisch) landet. Eine Alternative zum Töten der männlichen Küken bei eierliefernden Hühnern wäre ein Zweinutzungshuhn. Vom Prinzip her wäre dies auch machbar, diese Rasse hat aber den Nachteil, wenn man das denn so bezeichnen will, dass sie weniger Eier und weniger Fleisch im gleichen Zeitraum liefert. Auch die Futterverwertung ist nicht optimal. Das macht in der Konsequenz beide Produkte, Eier und Fleisch, teurer. Und den Effekt des höheren CO_2-Ausstoßes darf man in diesem Zusammenhang auch nicht unerwähnt lassen, da diese Zweinutzungstiere ein langsameres Wachstum haben und somit länger bis zur Schlachtreife benötigen.

Übrigens: Auch im Bio-Bereich werden, bis auf wenige Ausnahmen, die gängigen Rassen eingesetzt, und auch hier werden die männlichen Küken getötet. Eine Lösung könnte aber auch die Früherkennung des Geschlechtes im bebrüteten Ei sein, doch ist diese Technik noch nicht ausgereift.

Und damit sind wir wieder beim Verbraucher: Wenn wir weiterhin die gleiche Menge Eier und Hühnerfleisch essen wollen – wovon ich erst einmal ausgehe –, würden mehr Tiere benötigt, um die gleiche Menge zu erzeugen. Mehr Tiere bedeuten aber mehr Futter, und weil die Futterverwertung auch schlechter ist, noch einmal mehr Futter und mehr Zeit, die die Tiere im Stall stehen. Möglicherweise müssen bei einer Zwei-Nutzungs-Rasse, die auch bei Kühen möglich wäre, auch die Haltungsformen überdacht und neue Ställe gebaut werden. Das benötigt Investitionen, die über mehrere Jahre verteilt werden müssen. Machbar ist alles, aber am Ende des Tages ist es der Verbraucher, der entscheidet, ob wir Landwirte diesen Schritt gehen.

Im März 2015 wurde ein Gutachten des Wissenschaftlichen Beirates zum Thema Tierhaltung der Öffentlichkeit vorgestellt. Dort steht sinngemäß geschrieben, dass »die Landwirte mit Tieren Geld verdienen, was zum Fehlen einer emotionalen Beziehung führt«. Denkt man dies konsequent zu Ende, bedeutet es doch, dass erst dann eine gesellschaftliche Akzeptanz der Nutztierhaltung erreicht sein wird, wenn die Tiere in Freiheit leben. Doch dieser Gedanke erscheint mir absurd. Jedenfalls ginge es ihnen dann besser als unseren Hunden, Katzen, Wellensittichen, Goldfischen, Meerschweinchen und Goldhamstern.

Aber weiter heißt es auch: »In welchem Ausmaß allerdings Nutztieren Gelegenheit zum Erleben positiver Emotionen gegeben werden soll, ist eine weitgehend ethische Fragestellung.« Das heißt, wenn ich das mal für mich übersetze: Wir wollen es anders, wissen aber auch nicht richtig, wie. Das hilft mir auch nicht viel weiter. Dennoch halte ich dieses Gutachten für einen wertvollen Denkanstoß, den wir Landwirte in der Diskussion mit unseren Kunden nicht zur Seite schieben sollten.

Die »Initiative Tierwohl«, die verbesserte Bedingungen für Nutztiere vorsieht, startete Anfang 2015, und viele Landwirte machten freiwillig mit. Es soll ja auch ein paar Cent mehr fürs Kilo Fleisch geben, als Gegenleistung für die dafür notwendigen Investitionen. Eine spürbare Trendwende hat die Initiative, die von Unternehmen und Verbänden aus Landwirtschaft, Fleischwirtschaft und Lebensmitteleinzelhandel organisiert und durchgeführt wird, bislang noch nicht bewirken können. Viele Verbraucher haben sie noch nicht einmal wahrgenommen. Hoffentlich werden die Bauern nicht enttäuscht, weil der Verbraucher doch wieder zum Sonderangebot greift. Mal sehen, welche Erklärung dann aus dem Hut gezaubert wird. Trotzdem ist es gut, dass sich erstmals die gesamte Wertschöpfungskette vom Hof bis in den Laden an einen Tisch gesetzt hat. Und das ist wichtig, das zählt.

Und dann wäre es schön, wenn mir irgendjemand bitte noch etwas erklären würde: Warum dürfen Kälber nicht von der Mutter, Ferkel nicht von der Sau getrennt, aber Kinder im Alter von drei Monaten in der Kita abgegeben werden? Vielleicht weil die Mutter Geld verdienen muss, so wie die Kuh? Werden denn die Hunde und Katzen in unseren städtischen Haushalten artgerecht gehalten? Domestizierung hin oder her, Hunde mit Sonnenbrillen, Pampers oder Pullover, Schlangen in kleinen Terrarien, Fische in kleinen Aquarien und vieles mehr – ist das tiergerecht? Nein, und noch viel schlimmer: Sie werden nur so behandelt, weil es den Menschen Spaß macht. Ernähren können sich die Menschen davon nicht. Die Ernährung der Bevölkerung müssen dann wieder wir »bösen Bauern« übernehmen, die »Tierquäler«. Die städtischen Tierhalter wollen aber als Tierliebhaber und Tierbeschützer in die Geschichte eingehen.

Seltsamerweise ist das Einsperren von Haustieren erlaubt, die Hundeleine ist keine Einengung der natürlichen Lebensweise, und dass die »Haus«-Katze kaum aus dem Haus kommt, ist auch normal. Ich möchte hier lieber noch auf eine Haltungsform eingehen, die über Jahrhunderte üblich war, jetzt aber zum Streitpunkt geworden ist: die Anbindehaltung von Milchkühen. Viele Tierschützer kritisieren diese und fordern eine Abschaffung. Weil die Tierschützer inzwischen eine sehr gute Lobby haben und es vielleicht sogar besser als die Landwirtschaftsverbände verstehen, ihre Meinung zu kommunizieren, üben sie damit auch einen nicht unbeträchtlichen Druck auf die Politik aus. Die kommt schließlich zu dem Ergebnis, dass die Abschaffung der Anbindehaltung wohl Volkes Stimme ist. Noch ist ein Verbot nicht beschlossen, aber es läuft alles darauf hinaus, dass dies über kurz oder lang der Fall sein wird. Wo aber werden Milchkühe in Anbindehaltung gehalten? Es sind vorwiegend kleine, bäuerliche Familienbetriebe, vor allem in Bayern und Baden-Württemberg. Schätzungen gehen davon aus, dass etwa ein Viertel der Milchkühe so gehalten wird. Meist sind es Betriebe, in denen Ställe mit fünf bis zwanzig Tieren stehen, oft im Nebenerwerb. Wenn Heu gemacht wird, ist die ganze Familie eingespannt, weil es gilt, in wenigen Tagen das Futter für den Winter einzufahren. So werden in der überwiegend kleinstrukturierten Landwirtschaft im Alpenvorland oder in den Mittelgebirgen Wiesen und Weiden erhalten und gepflegt, so wie es sich der Urlauber wünscht. Doch wenn die Tiere nicht auf die Weide können, zum Beispiel im Winter, stehen sie angebunden im Stall.

Doch das sehen professionelle Tierschützer kritisch. So ist in der Broschüre »Die Würde der Kühe«, herausgegeben von Animals' Angels (Februar 2015), zu lesen: »Gerade die kleinen und mittelständischen landwirtschaftlichen Betriebe könnten zum Beispiel eine tragende Rolle in der Landschaftspflege übernehmen. In dem generationenübergreifenden Wissen über die regionale Natur und Landschaft liegt ein großes, bisher weitgehend nicht genutztes Potential für eine der dringendsten Aufgaben des 21. Jahrhunderts. Das ›Mitleid mit den armen Kleinbauern‹ leugnet das Potential dieser Menschen und macht die Angehörigen eines ganzen Berufsstandes zu Opfern. Das ist überheblich und völlig unangebracht. Auch für Kleinbauern gibt es berufliche Alternativen, wo sie ihr Wissen, ihre Erfahrung und ihre Heimatliebe einbringen können. Die Anbindehaltung von Kühen gehört nicht zu diesen Möglichkeiten. Sie ist grausam, altmodisch und muss aufhören.«

Ich finde solche Aussagen grausam und zynisch, sie mit dem Begriff »Heimatliebe« in Verbindung zu bringen, überheblich.

Nur mit Landschaftspflege kann man auch dort keine Existenz aufrechterhalten, und ein Verbot der Anbindehaltung hätte zur Folge, dass diese kleinbäuerlichen Familienbetriebe, in denen die Viehhaltung die einzige Nutzungsmöglichkeit für ihr Grünland darstellt, ihren Betrieb aufgeben oder Millionen in den Bau neuer Ställe investieren müssten.

Ich bin nicht blauäugig und muss zugeben, dass es Exzesse in der Tierhaltung gibt und dass es Berufskollegen gibt, die mit der modernen Tierhaltung überfordert sind. Aber diese Exzesse sind nicht die Norm. Es geht bei der konventionellen Tierhaltung, die kritisiert wird, auch nicht um Schuld, sondern um die unterschiedlichen Perspektiven von Erzeuger und Verbraucher. Mir ist klar, dass es für jemanden, der über keine Erfahrung als Bauer verfügt, schwer ist, den Sinn eines Ferkelschutzkorbes oder die Notwendigkeit der Kastration von männlichen Ferkeln nachzuvollziehen. Auch kann jemand ohne landwirtschaftliche Kenntnis nicht erfassen, dass man heute seine dreißig Kühe nicht mehr zweimal am Tag seelenruhig vom Melkstand im Stall durch den Ort zur Weide treiben kann und wieder zurück, da die dafür nötigen Straßensperrungen die Bewohner der Neubausiedlungen auf dem Arbeitsweg in den Wahnsinn treiben würden.

Die Kritik ist in den meisten Fällen im Grunde nicht falsch, aber leider sehr kurzsichtig. Etliche Gegner der konventionellen Landwirtschaft hören sich nicht einmal mehr die Argumente der Bauern an – was von deren Seite wiederum oft mit Trotz quittiert wird.

Doch es gibt Alternativen, wo statt der Konfrontation der

Dialog gesucht wurde. Sie werden auch im Supermarkt angeboten. Es sind dies nicht nur Bioprodukte, sondern auch solche aus verschiedenen Programmen wie zum Beispiel dem Tierschutzlabel. Das Tierschutzlabel orientiert sich an dem Konzept und den Anforderungen, die von der Initiativgruppe Tierschutz-Label ausgearbeitet wurden. Diese Gruppe wurde durch die Universität Göttingen ins Leben gerufen und setzte sich aus Vertretern der Landwirtschaft, Fleischvermarktung und -verarbeitung, der Wissenschaft, des Einzelhandels sowie des Deutschen Tierschutzbundes zusammen. Hier wurden gemeinsam von Landwirten, der Wissenschaft und dem Deutschen Tierschutzbund Kriterien erarbeitet, die den Wünschen der Verbraucher nach mehr Tierwohl entsprechen. Klar ist allerdings auch, dass dieses Fleisch teurer ist, denn Tierschutz zum Nulltarif gibt es nicht. Trotzdem: Wir Verbraucher haben es selber in der Hand, diese Produkte zu kaufen.

Zu definieren, was tier- oder artgerecht ist, ist außerordentlich schwierig. Ich habe in einem Vortrag von Werner Schwarz, dem Präsidenten des Bauernverbandes Schleswig-Holstein, der übrigens in seinem Schweinestall eine Webcam installiert und ins Internet gestellt hat, dazu einmal Vorschläge gehört, die ich für überlegenswert halte. Es sind die fünf Freiheiten, die so auch für Menschen gelten sollten:

1. Die Freiheit von Hunger und Durst: Wo werden diese besser erfüllt? In der Natur oder im Stall? Ich meine, dass wir Landwirte dafür garantieren können, dass es unseren Tieren nie an guter Nahrung mangelt. Unsere Tiere können sicher sein, dass immer genug davon zur Verfügung steht und sie sich nicht an schlechter Nahrung oder gar giftigen Pflanzen wie dem Jakobskreuzkraut den Magen verderben.

2. Freiheit von Schmerzen: In der Natur werden Tiere krank und sterben über kurz oder lang. Kaninchen werden von Füchsen gejagt und aufgefressen. Das geht nicht schmerzfrei. Wird ein Tier im Stall krank, sehen wir Landwirte das und holen den Tierarzt, der ihm die notwendigen Medikamente gibt. Das Tier soll so wenig wie möglich unter der Krankheit leiden.
3. Freiheit von Unbehagen: Warum suhlt sich ein Schwein im Schlamm? Die wenigsten Verbraucher wissen das heute noch. Die Antwort lautet: Weil ein Schwein nicht schwitzen kann. Deshalb sucht es im Schlammloch den notwendigen Temperaturausgleich, denn die Hitze ist für das Schwein Stress! Haben Sie einmal Kühe bei Hitze gesehen? Oder bei Starkregen? Die stehen dann dichtgedrängt unter dem Baum, sofern der vorhanden ist, um sich zu schützen. Bei Kuh- oder Schweineställen mit Auslauf halten sich die Tiere zum überwiegenden Teil im Stall auf, weil hier das Klima sehr viel ausgeglichener ist als in der freien Natur. Genauso wie beim Menschen, der bei Hitze ins Haus flüchtet, »wo man es wenigstens aushalten kann«.
4. Freiheit von Angst und Leiden: Die Antilope in der afrikanischen Steppe muss immer in Hab-Acht-Stellung sein, um nicht vom Löwen gefressen zu werden. Hühner in Freilandhaltung müssen befürchten, vom Fuchs oder Greifvogel geholt zu werden, wenn der Mensch ihnen keinen ausreichenden Schutz zur Verfügung stellt. Auch auf die Gefahr hin, dass ich mich wiederhole, aber ich habe selber auf unserem Betrieb gesehen, wie Hühner ihren Artgenossen die Federn auspickten und diese in Panik immer wieder flüchteten. Das waren Hühner in Bodenhaltung, nicht in Käfigen. Sicher können wir Landwirte an den Haltungsbedingungen immer noch etwas verbes-

sern, aber dieser Aspekt sollte aus Sicht des Tieres nicht vergessen werden. Tiere haben andere Maßstäbe.
5. Die Freiheit zum Ausleben normaler Verhaltensweisen: Die gilt sicherlich nur in der freien Wildbahn. Der Kampf der Keiler um die Rangfolge, oft mit schmerzhaften Verletzungen, ist im Stall nicht möglich. Verluste von Jungtieren, seien es Küken oder Ferkel, sind in der Natur höher. Aber Rangkämpfe in Gruppen, Überlebenskampf gegen natürliche Feinde, Gewalt und Tod gehören ganz einfach zur Natur dazu.

Ich ahne, dass viele Verbraucher diese Punkte als provokant empfinden und mir widersprechen würden. Was mir aber an all diesen Ausführungen wichtig ist, was ich ernsthaft zu bedenken geben möchte, ist Folgendes: Sehen wir die Nutztierhaltung nicht zu sehr durch die Brille des Menschen? Und: Leben wir Menschen eigentlich artgerecht?

Diese beiden Fragen sollten Sie erst einmal sacken lassen. Ich möchte deshalb an dieser Stelle gar nicht weiter meinen Senf dazu geben, das Thema Ethik wird uns eh noch weiter begleiten. Warum klappen Sie das Buch nicht für eine Weile zu und gehen eine Runde in der freien Natur spazieren?

Alles überdüngt, alles verseucht?

Pflanzen brauchen Dünger, und das kann auch »Kunst«-dünger sein, den ich aber lieber Mineraldünger nennen möchte. Obwohl es schon eine hohe Kunst war, diesen Dünger zu erfinden. Wobei das eigentlich auch wieder nicht stimmt, denn die Nährstoffe kommen ja alle in der Natur vor. Die Erfindung war eigentlich »nur«, ihn in eine Form und Konzentration zu bringen, damit man diese Dünger technisch ausbringen kann. Aber der Reihe nach.

Sie werden mich vielleicht fragen, warum ich als Landwirt denn überhaupt düngen muss. Sie wollen doch lieber ungedüngte Nahrungsmittel, weil die doch sicher viel gesünder sind. Aber ganz so simpel ist das nicht. Obwohl, eigentlich ist es wirklich ganz einfach: Pflanzen brauchen zum Wachsen Nährstoffe. Diese Nährstoffe holen sie sich über die Wurzeln. Wenn die Pflanzen auf dem Boden stehen, entziehen sie dem Boden die Nährstoffe, wenn sie im Gewächshaus stehen, kann das auch eine Nährlösung sein, die an den Wurzeln vorbeifließt. Wenn dann die Zeit der Ernte kommt, fahre ich als Bauer die essbaren Teile weg. Nicht essbare Teile wie

Getreidestroh oder Rübenblätter bleiben auf dem Acker. Die Nährstoffe, die aber in den Getreide- oder Rapskörnern, den Kartoffeln oder Zuckerrüben stecken, landen dann bei der Genossenschaft, beim Kartoffelhändler oder in der Zuckerfabrik. Die fehlen jetzt im Ackerboden. Fruchtbarer Lößboden wie bei uns im Rheinland kann eine große Menge an Nährstoffen speichern. Bei Sandboden, der wesentlich grobporiger ist, ist der Speicher kleiner, weil an den gröberen Bodenteilchen weniger gebunden werden kann. Von diesem Speicher kann man eine Weile zehren. Wenn man aber über viele Jahre keine neuen Nährstoffe zuführt, wird die Menge, und damit die Konzentration im Boden, immer geringer. Es wird für die Pflanze immer schwieriger und anstrengender, diese Nährstoffe für sich zu erschließen. Sie reagiert mit Kümmerwuchs und bildet beispielsweise bei Weizen oder Raps nur noch so viele Körner aus, wie sie mit Sicherheit ernähren kann. Der Ertrag sinkt somit von Jahr zu Jahr.

Wenn von Strohdüngung gesprochen wird, ist das eigentlich ein falscher Begriff. Das Belassen auf dem Feld ist ja keine Zufuhr, sondern lediglich eine verminderte Abfuhr. Wenn ich mein Stroh verkaufe, dann nur, wenn der Wert des Verkaufes über den Kosten liegt, die ich aufwenden muss, diese Nährstoffabfuhr zu ersetzen. Wäre sonst ein schlechtes Geschäft. Bis auf ganz wenige Ausnahmen bleibt bei uns das Stroh immer auf dem Acker, Rübenblatt oder Rapsstroh ohnehin. Und mein Nachbar sammelt das Kartoffellaub auch nicht ein. Das Kartoffelfeuer von vor vierzig Jahren gehört schon lange der Vergangenheit an.

Wie und womit dünge ich in meinem Ackerbaubetrieb meine Pflanzen? Um nicht unnötige Kosten zu haben, mache ich in regelmäßigen Abständen Nährstoffuntersuchungen und bestimme neben den Nährstoffen auch den Humusgehalt und pH-Wert gleich mit. Diese beiden letztgenannten

Werte geben mir einen Anhaltspunkt, ob die Verfügbarkeit der Nährstoffe eher hoch oder niedrig ist. Bei einem niedrigen pH-Wert (quasi dem »Säuregehalt«) des Bodens ist die Verfügbarkeit geringer, zumindest für bestimmte Nährstoffe. Bei einem zu hohen Wert kann es aber genauso sein, dann werden bestimmte Nährstoffe fixiert, also festgelegt, und sind auch nicht verfügbar. Für meinen Boden strebe ich einen Wert zwischen 6,5 und 7,0 an. Bei anderen Bodenarten gelten andere Werte.

Der Humusgehalt ist auch sehr wichtig. Er zeigt mir unter anderem an, wie viel Wasser mein Boden speichern kann. Hier liegen die Werte bei meinem Boden bei rund 2,0 Prozent Humus. Torfböden haben einen sehr hohen Humusgehalt, weil die ja fast noch aus reiner Pflanzenmasse bestehen. Das kennen Sie vielleicht von Ihrer Blumenerde.

Die Hauptnährstoffe, die ich meinem Boden zuführe, sind im Wesentlichen Stickstoff (N), Phosphor (P) und Kalium (K). Düngemittel, die diese drei Nährstoffe (NPK) enthalten, nennt man Volldünger. Oft sind auch noch Spurenelemente wie Magnesium, Bor oder Mangan enthalten.

Womit dünge ich? Da ich kein Vieh habe, habe ich auch keinen Mist, Gülle oder Jauche. Bis vor etwa zehn Jahren habe ich daher überwiegend mit Mineraldünger die Nährstoffe zugeführt, dann aber jeweils die einzelnen Komponenten, gerade so, dass der optimale Nährstoffgehalt für das Wachstum der Pflanzen erreicht wurde. Mit dem Aufkommen von Biogasanlagen steht mir jetzt aber auch organischer Dünger zur Verfügung, das sogenannte Gärsubstrat. Das enthält die Nährstoffe aus der Gülle, die andere Landwirte in die Biogasanlage gefahren haben. In Regionen, in denen die Landwirte viel Vieh haben, gibt es auch viele Biogasanlagen. Damit die Konzentration an Gärsubstrat nicht zu hoch wird, vermarkten die Biogasanlagen das Produkt in die Ackerbauregionen. Und da die Nährstoffe in den Gärresten preiswerter als in Mineraldünger sind, dünge ich gerne diesen organischen Dünger, der alle Hauptnährstoffe enthält. Da ich auch eine Analyse mitgeliefert bekomme, weiß ich genau, wie viel ich davon einsetzen kann, um gezielt den Bedarf der Pflanzen zu decken, ohne diese zu überdüngen. Dann besteht bei Stickstoff nämlich die Gefahr, dass dieser ins Grundwasser ausgewaschen werden könnte.

Aber auch Vater Staat schaut mir auf die Finger, damit ich keinen Blödsinn mache. Mein Lieferant muss jede Lieferung an mich mit Menge, Datum, Name und Adresse an eine zentrale Datenbank melden, und ich muss wiederum melden, dass ich diese Menge bekommen habe – also eine doppelte Kontrolle. Außerdem muss ich nachweisen, auf welchem Acker ich welche Menge wann eingesetzt habe. In der bereits erwähnten Schlagkartei muss ich dazu noch aufschreiben, ob und wann ich welche Menge welchen anderen Düngers noch eingesetzt habe. Das wird wiederum mit den Lieferscheinen abgeglichen. Alle Daten muss ich mindestens zehn Jahre aufbewahren, denn jeden Tag kann ein Kontrolleur kommen und alles überprüfen. Und wehe, ich habe nicht alle Dokumentationen lückenlos geführt. Dann ist eine saftige Strafe fällig.

Organischer Dünger ist also eine gute Sache, hat jedoch einen entscheidenden Nachteil: Da es ein natürliches Produkt ist, weiß ich nie, wann wie viel Nährstoffe freigesetzt werden. Die organische Masse muss erst von den Bodenlebewesen in verfügbare Nährstoffe umgesetzt werden.

Das ist unter anderem abhängig von der Bodentemperatur und der Bodenfeuchte. Im Winter passiert nichts, da ruhen auch die Bodenlebewesen. Mit zunehmender Temperatur wachen die aus ihrem Winterschlaf wieder auf und machen sich daran, die organische Masse zu verarbeiten und dabei die Nährstoffe für die Pflanzen verfügbar zu machen. Sie kennen das vielleicht von Ihrem Komposthaufen, der im Frühjahr auch in der Höhe abnimmt, weil Blätter und Zweige umgearbeitet werden. Auch die Regenwürmer helfen mit, sie sind eigentlich die besten Mitarbeiter eines Ackerbauern. Deshalb unternehme ich alles, um denen das Leben so angenehm wie möglich zu machen. Dabei hilft auch ein guter Humusgehalt.

Wenn es aber zu trocken oder zu kalt ist, haben weder Bodenmikroben noch Regenwürmer Lust an der »Arbeit«. Dann werden von dem organischen Dünger nur wenige Nährstoffe freigesetzt, und die Pflanze hungert, obwohl genug gedüngt wurde. Meine Kollegen in Biobetrieben werden mir zustimmen, was die Freisetzung von Stickstoff angeht. In warmen und feuchten Jahren entwickelt sich dann der Bestand zu üppig, und das Getreide kann umfallen, in trockenen und kalten Jahren hungert der Bestand und bringt nicht den kalkulierten Ertrag. Damit das bei mir nicht passiert, dünge ich nur einen Teil mit organischem Dünger, in der Regel etwa die Hälfte dessen, was die Pflanze benötigt. Kommt nun ein kaltes und trockenes Frühjahr, kann ich mit Mineraldünger, der sofort verfügbar ist, das Feintuning übernehmen. Ich dünge gerade so viel, dass die Pflanze über diese Durststrecke (oder besser: Hungerstrecke) hinwegkommt. Irgendwann wird es dann doch wärmer und feuchter, und nun fließen die Nährstoffe aus dem organischen Dünger. Ist das Frühjahr jedoch feucht und warm, kann ich die Mineraldüngung stark einschränken oder sogar weglassen.

So kann ich während des gesamten Wachstumsverlaufs mit Mineraldünger eingreifen und steuern. Es wird nur so viel gedüngt, wie ich erwarte zu ernten. Blöd ist nur, dass ich das nie exakt vorhersehen kann, sondern ich muss mir einen Plan machen, wie viel das nach den Erfahrungen der letzten Jahre sein kann. Bei Weizen strebe ich beispielsweise einen Ertrag von zehn Tonnen pro Hektar an. Im Jahr 2013 war es mehr, weil die Witterung günstig war. Ich habe aber nicht mehr gedüngt, weil diese Nährstoffe von den Bodenlebewesen erzeugt wurden. In Jahren mit einer ausgeprägten Sommertrockenheit können es auch mal nur neun Tonnen pro Hektar sein. Da ich aber nach dem Weizen eine sogenannte Zwischenfrucht anbaue, die ich nicht ernte, bindet diese Zwischenfrucht die nicht genutzten Nährstoffe. Es soll ja nichts verloren gehen.

Vor dem Anbau einer Kultur mache ich also zuerst einen Düngeplan. Hat die Ernte stattgefunden, weiß ich ja exakt, wie viele Nährstoffe ich vom Acker weggefahren habe. Jetzt mache ich eine Düngebilanz und rechne die Differenz zwischen Zufuhr und Abfuhr auf das Kilo genau aus. Wir nennen das Hoftorbilanz. Alles, was an Dünger, egal in welcher Form, durch das Hoftor auf den Hof gekommen ist, und alles, was wieder den Hof verlassen hat, wird gegengerechnet. Wobei das mit dem Hoftor nicht wörtlich zu nehmen ist. Ich kann das auch direkt zum Feld fahren, es ist halt ein Bild für die Vorgehensweise.

Auf meinem Betrieb ist die Hoftorbilanz für Phosphor und Kalium seit Jahren negativ. Rein rechnerisch fahre ich also mehr Phosphor und Kalium weg, als ich dem Boden durch Dünger wieder zuführe. Das Verrückte an der Sache ist, dass die Nährstoffgehalte nicht sinken! Wie das geht, mehr wegfahren ohne sinkende Nährstoffgehalte? Jetzt kommen wieder der pH-Wert, der Humusgehalt und das Bodenleben ins Spiel. Wenn alle diese Parameter optimal zusammenpassen, können durch Zugabe von Kalk Nährstoffe aus dem Humus verfügbar gemacht werden. Das geschieht durch die Bodenlebewesen aus dem Nährstoffspeicher im Boden. Da die Bodenuntersuchung im Wesentlichen den Wert an verfügbaren Nährstoffen bestimmt, kann der Nährstoffgehalt trotz höherem Entzug konstant bleiben. Erst wenn dieser Wert an verfügbaren Nährstoffen sinkt, muss ich durch entsprechende Maßnahmen gegenwirken. Übrigens: Schwindeln kann ich bei der Nährstoffbilanz nicht. Jedes Kilogramm Dünger muss mit Rechnungen belegt werden, und die Gegenkontrolle kann auch bei meinem Händler oder meiner Genossenschaft stattfinden.

»Ja, ja«, werden Sie nun vielleicht sagen, »das klingt ja alles ganz nett, was du da so schreibst, aber ich lese doch jeden Tag in der Zeitung, dass ihr Landwirte das Grundwasser verseucht.« (Eine Seuche ist zwar bekanntlich eine ansteckende Infektionskrankheit und hat mit Nährstoffen rein gar nichts zu tun – aber ich verstehe schon, was gemeint ist.) Wenn von dieser »Verseuchung« die Rede ist, wird meist von Nitrat gesprochen. Sie kennen die unterschiedlichen Formen des Stickstoffs? Den Unterschied zwischen Nitrat und Ammonium? Nein? Okay, ich mache es kurz: Wir Landwirte und unsere Felder sind nicht die einzigen Quellen für Stickstoff aller Art. Alle Lebewesen, wir Menschen mit eingeschlossen, bestehen ja zu einem Teil aus Stickstoff. Immer wenn Lebewesen sterben, wird dieser Stickstoff wieder freigesetzt. So geschieht dies auch im Wald, wenn die abgestorbenen Blätter und Nadeln zu Boden fallen. So geschieht es in Seen, wenn Wasserpflanzen, Fische oder Mikroben den Weg alles Irdischen gehen. Von Friedhöfen will ich jetzt nicht reden, aber auch da werden Särge nebst Inhalt unter anderem wieder in Stickstoff zerlegt, was aber bei der Nitratproblematik wohl eher eine untergeordnete Rolle spielen dürfte. Unter welchen Bedingungen es zur Nitratauswaschung aus Waldboden kommt, wird kaum diskutiert, es ist jedoch Fakt, dass dies passiert. Eine weitere, nicht zu unterschätzende Größe sind Schäden im Kanalsystem. Dabei muss ein Kanalrohr nicht wirklich brechen, selbst durch feine Haarrisse kann der Inhalt des Kanalsystems, also zum Beispiel Fäkalien und industrielle Abwässer in den Boden austreten und letztendlich im Grundwasser landen, bevor sie die Kläranlagen überhaupt erreicht haben. Diese kaum sichtbaren Schäden im Kanalsystem zu entdecken ist aufwändig und teuer.

Dann gibt es auch noch punktuelle Stickstoffquellen. Sie können ja mal den Begriff »Wildpinkler« in Ihre Suchmaschine eingeben. Sie finden dort sogar einen »Wildpinkler-Atlas«, der ausweist, welche Strafen wo gezahlt werden müssen. Haben Sie schon mal die Zustände an Autobahnparkplätzen gesehen, wenn dort kein WC vorhanden ist? Und ehrlich, haben Sie, vor allem wenn Sie männlichen Geschlechtes sind, dies nicht auch schon praktiziert? Damen haben es da meist schwerer, verstehen aber sicher auch, was ich meine. Auch in der Nähe von Fanmeilen oder bei sonstigen Großveranstaltungen stellt sich dieses Problem. Die Universität für Bodenkultur in Wien schreibt, dass vor allem die Salze des Urins Pflanzen massiv schädigen können, wobei »heftiger Bierkonsum« das Problem wieder verringert. Na dann, Prost!

Wo wir aber gerade die Kläranlagen schon kurz angesprochen haben, hier noch einige Ausführungen, welche sonstigen Probleme diese noch haben. Bereits in den siebziger Jahren wurden vereinzelt Fibrate, Antibiotika, Antiepileptika oder Östrogene in verschiedenen Seen und Flüssen gefunden. Manche Arzneistoffe wie Carbamazepin widerstehen dem Klärprozess und tauchen im Abwasser der Kläranlagen auf. Die Verordnungsmengen werden zu fast 100 Prozent in die Umwelt abgegeben.

Die Hauptquelle für das Vorkommen von Arzneistoffen in der Umwelt bildet das häusliche Abwasser. Herstellungsbetriebe für Arzneimittel, Krankenhäuser oder andere medizinische Einrichtungen spielen in westlichen Ländern dagegen eher eine geringe Rolle. Neben den Kläranlagen treffen die Forscher auch in Flüssen, Seen und Teichen auf Spuren von Arzneimitteln. Diclofenac und Ibuprofen, aber auch Metoprolol und andere bekannte Wirkstoffe wurden in nahezu allen Flüssen und Seen gefunden, allerdings in Konzentrationen im Nano- bis Mikrogrammbereich, ein Ergebnis unserer ausgefeilten Labortechnik. Besonders belastet sind kleine Flüsse und Kanäle in dicht besiedelten Gebieten. Von den Flüssen und Seen können Arzneistoffe ins Grundwasser und von dort ins Trinkwasser gelangen. Und auch die Östrogene aus der »Pille« landen in der Kläranlage, ohne dass sie dort abgebaut werden können. Die Natur vergisst nichts.

Ich möchte aber noch einmal zum Anfang des Kapitels zurückkehren. Ich hoffe, es ist Ihnen nun klar geworden, dass auch Pflanzen Nahrung benötigen. Ich habe Ihnen erläutert, dass ich gerne organisch dünge, aber auch die Grenzen dieser Düngung aufgezeigt. Nun taucht in Diskussionen immer wieder der positiv besetzte Begriff »Kreislaufwirtschaft« auf. Er besagt ja nichts anderes, als dass die Nährstoffe, die in den Pflanzen gebunden sind, wieder auf den Acker zurückgeführt werden, um dort wieder zu neuen Pflanzen zu werden. Diesen Gedanken finde ich auch gut, er stellt aber für mich in gewisser Weise ein Problem dar.

Wenn Sie Ihre Nahrung aufgenommen haben, behalten Sie die ja nicht für ewig in Ihrem Körper. Irgendwann muss alles Unverdauliche den Körper wieder verlassen. Ohne auf Details eingehen zu wollen, landet das im Normalfall im Abwasserkanal und damit in der Kläranlage. Mit den Fäkalien landen aber auch, wie oben schon ausgeführt, medizinische Wirkstoffe aus Ihrem Körper mit in der Anlage. Möglicherweise werden auch noch andere Stoffe von Ihnen über die Toilettenspülung entsorgt. Wo bleibt Ihr Waschwasser mit den Phosphaten aus der Waschmaschine? Wohin kippen Sie Ihr Wischwasser mit den Reinigungs- und Desinfektionsmitteln? Dazu kommen noch Industrieabwässer, deren Menge und Zusammensetzung ich nicht kenne. Was von den Mikroben nicht zersetzt werden kann, geht entweder mit dem Wasser in den nächsten Fluss oder bleibt, gebunden an feste Bestandteile, im Klärschlamm zurück. Dieser Klärschlamm enthält dann zwar viele wertvolle Nährstoffe, die ich gerne wieder auf meinem Acker hätte, leider aber auch ein Sammelsurium an Stoffen, die Sie oder andere mit in den Kanal gegeben haben. Und jetzt frage ich Sie, was Sie an meiner Stelle tun würden. Soll ich diesen Klärschlamm auf meinen Acker bringen?

Ich verrate Ihnen, wie meine Antwort aussieht: Auf meinen Acker kommt kein Klärschlamm, trotz der wertvollen Nährstoffe und des schönen Begriffs der Kreislaufwirtschaft. Das ist mir zu heikel – ich kaufe doch nicht die berühmte Katze im Sack und riskiere, dass mein Land tatsächlich »verseucht« wird.

Nicht viel anders ist es mit Kompost, und zwar dem Kompost, der aus großen Kompostieranlagen kommt. Die Weltmeister im Mülltrennen packen in die braune Tonne nämlich leider nicht nur organische Abfälle, dort landen auch die Plastikbeutel, in denen die Küchenabfälle gesammelt wurden. Auch Blechdosen und Glasflaschen verirren sich schon mal da hinein, obwohl die wirklich nicht in die braune Tonne gehören. Kunststoff und Glas kann aber in keiner Kompostieranlage wirklich entfernt werden, und nach mehrfachem Umsetzen ist das auch so klein, dass es in der großen Menge kaum noch auffällt. Würde ich dieses Gemisch auf meinen Acker lassen, blieben Plastik und Glas dort bis in alle Ewigkeit, denn Glas verrottet niemals.

Sie verstehen also hoffentlich, warum ich zwar für Kreislaufwirtschaft bin, diesen Kompost aber nicht gebrauchen kann, obwohl viele wertvolle Nährstoffe darin enthalten sind. Schade eigentlich!

Aber Sie sehen: Von rücksichtslosem Überdüngen, um die Erträge auf Teufel komm raus zu maximieren, kann nicht die Rede sein. Klar, schwarze Schafe, falsche Einschätzungen und Fehlgriffe gibt es, weil Menschen auch Fehler machen. Aber für die allermeisten meiner Kollegen kann ich sagen: Wir Bauern sind sensibilisiert für dieses Thema und machen uns viele Gedanken, wie wir unseren Pflanzen Nährstoffe optimal zuführen können. Alles andere wäre ja auch schön blöd – schließlich ist unser Land auch unser Kapital.

Nichts als Monokulturen?

Was verstehen Sie unter einer Monokultur? Wahrscheinlich etwas anderes als ich, der Bauer. Geht man nach dem Wortursprung, der aus dem Griechischen stammt, ist es der Anbau einer einzelnen Pflanzenart auf einer Fläche. Unsere Getreide-, Rüben-, Raps-, Soja-, Reis-, Baumwolle-, Maniokfelder, die Bananen-, Kaffee-, Ölpalmen-, Kakaoplantagen sind nach dieser Definition alles Monokulturen. Aber auch der Schwarzwald, der Bayrische Wald mit Fichten und Tannen sind alles Monokulturen. Die Lebensmittelproduktion in Mischkulturen ist die absolute Ausnahme. Haben Sie jemals ein solches Feld gesehen? Ich für meinen Teil kann mich nicht daran erinnern.

Was Sie mit hoher Wahrscheinlichkeit unter Monokultur verstehen, ist die immer gleiche Kultur auf der gleichen Fläche. Das geschieht in der Tat bei Plantagen und bei Wald. Bäume, egal ob Kaffee oder Kakao, Fichten oder Tannen, brauchen mehrere Jahre oder Jahrzehnte, um einen Ertrag zu bringen. Doch auch das ist nicht das, was Sie meinen. Sie meinen Mais. Und der hat eine für uns Bauern wunderbare

Eigenschaft. Er ist selbstverträglich. So nennt man das, wenn eine Kultur nacheinander angebaut werden kann, ohne mit Ertragseinbußen zu reagieren.

Bei Raps, Zuckerrüben, Kartoffeln oder auch Eiweißkulturen (Leguminosen) wie Erbsen, Bohnen oder Lupinen geht das in der Regel nicht. Sie sind nicht selbstverträglich, sie können nur in einer Fruchtfolge mit mehreren Kulturen angebaut werden. Und das mache ich. In meinem Betrieb stehen beispielsweise die Zuckerrüben nur alle drei bis vier Jahre auf demselben Feld, der Raps alle sechs Jahre, dazwischen Weizen oder Gerste oder auch die Kartoffeln von meinem Nachbarn. Mit dem tausche ich schon mal Flächen, um eben eine möglichst weit gestellte Fruchtfolge mit häufigem Wechsel hinzubekommen. Sogenannte Fruchtfolgekrankheiten treten dann nicht oder nur in geringem Maße auf.

Mais habe ich noch nie angebaut, aber auch er würde die Fruchtfolge weiter auflockern. Wenn Weizen und Gerste geerntet wurden, säe ich im Herbst Zwischenfrüchte aus. Das können Gelbsenf oder Ölrettich, Phacelia oder Buchweizen oder andere Arten sein, die nur angebaut werden, um die Bodenstruktur zu erhalten, Nährstoffe in organischer Masse zu binden und den Bienen im Herbst noch Futter zu liefern. Dann blühen unsere Äcker gelb oder weiß, oder im Fall von Phacelia auch violett. Und Sie und die Bienen können sich daran erfreuen. Ich natürlich auch.

Diese Zwischenfrüchte werden nicht geerntet, sondern vor der Samenreife gehäckselt und wieder in den Boden eingearbeitet. Anschließend kann dann ohne Pflügen eingesät werden. Wir Bauern nennen das Mulchsaat, wenn der Boden vor der Saat flach gelockert wird, oder Direktsaat, wenn direkt in den unbearbeiteten Boden bestellt wird. Diese Bestellverfahren haben in den letzten Jahren deutlich zugenommen, weil sie zum einen das Bodenleben fördern, zum anderen auch kostengünstiger sind als die bisher üblichen Verfahren.

Es gibt nur wenige Landschaften in Deutschland, in denen Mais über mehrere Jahre an der immer gleichen Stelle angebaut wird. Dies ist meist dort der Fall, wo die Bodenqualität einen Anbau von anderen Kulturen nicht ermöglicht, oder dort, wo Futter für das Vieh benötigt wird. Einen besonderen Schub hat der Anbau von Mais durch die Förderung von nachwachsenden Rohstoffen, vor allem in Form von Biogas erfahren. Schätzungen gehen davon aus, dass rund ein Drittel des Silomais (Mais wird im grünen Zustand siliert = haltbar gemacht) in Biogasanlagen verwertet wird. Durch Änderungen im EE-Gesetz nimmt dieser Anteil aber kaum noch zu.

Viele Verbraucher verbinden mit Monokulturen auch eine besondere Anfälligkeit für Krankheiten oder Schädlinge, was wiederum den Einsatz von Pflanzenschutzmitteln (dazu komme ich gleich noch) erfordert, der sich negativ auf die Artenvielfalt auswirken kann. Ja, da ist durchaus etwas dran. Es gibt einige Regionen, in denen der Mais die dominierende Kultur ist und nicht oder nur in kurzen Fruchtfolgen angebaut wird. Dort können sich Fruchtfolgeschädlinge natürlich schneller ausbreiten und einen höheren Aufwand und Einsatz von Hilfsmitteln notwendig machen. Der Vorteil, dass der Mais selbstverträglich ist (hatte ich weiter oben schon erläutert), sollte uns Landwirte aber nicht dazu veranlassen, ihn immer und immer wieder auf der gleichen Fläche anzubauen. Aber er ist halt so verdammt ertragreich und so einfach in der Bestandsführung! Doch seit 2015 hat der Gesetzgeber dies aufgegriffen und im Zuge der Neuordnung von Fördermitteln eine Obergrenze eingezogen.

Doch noch mehr Verbraucher denken an riesige Palmölplantagen, für die wertvoller Regenwald abgeholzt wird, ebenso wie für Soja (vor allem als Futter für die Rinderzucht). Diese Monokulturen stehen aber weder bei mir im Rheinland noch sonst irgendwo in Deutschland. Da sind wir deutschen Bauern einfach der falsche Sündenbock. Aber vielleicht kann ich Ihnen dennoch weiterhelfen: Wenn Sie etwas gegen diese Entwicklung unternehmen wollen, kaufen Sie einfach keine Produkte, in denen Inhaltsstoffe aus diesen Monokulturen stecken. Die stehen auf jeder Packung, und wenn Sie sich nicht sicher sind, lassen Sie es im Zweifel einfach stehen, und greifen Sie zu regionalen Alternativen. Nur eines geht nicht: Auf das eine nicht verzichten wollen und lauthals das andere fordern. Und versuchen Sie mal, auf Produkte mit Palmölen und -fetten zu verzichten. Das ist gar nicht so leicht, weil es nicht nur in Lebensmitteln wie Margarine, Schokoriegeln und Pizza vorkommt, sondern auch in Waschmitteln, diversen Cremes und Lippenstiften. Und selbst in Kerzen und Lacken sind Bestandteile der Ölpalme enthalten.

Saatgutkonzerne –
Profitgier und Abhängigkeiten?

Manchmal werde ich gefragt, ob ich nicht auch von Saatgutkonzernen abhängig bin. Das ist aber relativ selten der Fall, denn meist wird es einfach nur behauptet. Dann fällt auch häufig der Name Monsanto. Dieses Unternehmen vertreibt in Deutschland Mais- und Rapssaatgut unter dem Namen Dekalb. Mais baue ich nicht an, Rapssaatgut beziehe ich meist von Rapool, einem Ring von mittelständischen deutschen Züchtern, das Saatgut von Dekalb mag auch gut sein, passt aber nicht in meinen Betrieb. Von daher will ich zu Monsanto-Saatgut nicht allzu viel sagen, auch wenn der Konzern schon fast ein Synonym für ein Abhängigkeitsverhältnis in der Landwirtschaft geworden ist. Vielleicht so viel und stark vereinfacht: Zu Beginn des letzten Jahrhunderts hat man entdeckt, dass es bei Pflanzen und Tieren einen sogenannten Heterosiseffekt gibt, der »luxurierende Bastarde« hervorbringt. Hört sich etwas komisch an, habe ich aber so im Studium gelernt. Die Produkte dieser ganz normalen Züchtung (hat nichts mit Gentechnik im heutigen Sinne zu tun) sind deutlich leistungsfähiger, haben aber den Nachteil, dass dieser Effekt wieder zurückgeht, wenn man diese Pflanzen oder Tiere wieder selber vermehren will. Das heißt, dass dieser Vorteil in der nächsten Generation wieder verloren geht. Diesen natürlichen Prozess zu ihren Gunsten machen sich Saatguthersteller nachvollziehbarerweise zunutze. Nun kann ich mir als Bauer überlegen, ob ich das ertragreichere Hybridsaatgut zukaufe, oder aber das nicht so ertragreiche Liniensaatgut verwende. Ich muss also bei Monsanto und Co. nicht mitspielen, wenn ich nicht will, auch wenn das von Kritikern so oft suggeriert wird. Doch zurück zu meinem Betrieb:

Rapssaatgut selbst herzustellen ergibt für mich keinen Sinn, weil ich je nach Anbaufläche lediglich zwanzig bis dreißig Kilo Saatgut benötige, was für 6 bis 10 Hektar reicht. Außerdem sind Hybridsorten meist leistungsfähiger als Liniensorten (siehe oben), das Saatgut müsste bei Eigenherstellung auch noch aufbereitet werden, und das lohnt nicht bei meiner kleinen Menge.

Bei Zuckerrüben kann ich zwischen fünf verschiedenen Züchtern wählen, fast alles Familienunternehmen, die es aber inzwischen zu einer beachtlichen Größe gebracht haben. Leistungsmäßig liegen die Sorten alle nahe beieinander, bestimmte Spezialsorten mit besonderen Eigenschaften sind zwar etwas teurer, können aber Probleme wie zum Beispiel Nematoden (Fadenwürmer, die die Wurzel befallen) oder Rhizoctonia (eine Wurzelfäule) lösen, ohne dabei Chemie einzusetzen. Das ist unterm Strich kostengünstiger und umweltfreundlicher, und so setze ich auch auf nematodenresistentes Zuckerrübensaatgut. Produziert wird das vor allem in Südfrankreich und Norditalien, weil dort die optimalen klimatischen Voraussetzungen herrschen. Hier ist die Aufwandmenge ähnlich wie bei Raps, eine Einheit (100 000 Saatgutpillen) für etwa einen Hektar wiegt nur rund drei Kilo. Derzeit kann ich unter rund vierzig Sorten wählen, für meinen Betrieb wähle ich meist zwei oder drei davon aus.

Bei Getreide ist die Auswahl an Züchtern und Sorten riesengroß. Der Bundesverband der Pflanzenzüchter hat rund 130 Mitgliedsunternehmen, allerdings sind dort die Interessen aller Züchtungsunternehmen gebündelt. Die meisten von ihnen sind kleine und mittelständische Unternehmen mit einer oft jahrzehntelangen Tradition.

Ein großes Problem, das die Züchter haben: Sie sind von *mir* abhängig! Wir Bauern möchten ja gerne immer das leistungsfähigste Saatgut haben, das auf dem Markt zu bekommen ist, und so ist der Konkurrenzkampf unter den Züchtern groß. Die Sorten werden von unabhängigen Stellen im direkten Vergleich angebaut und die Ergebnisse veröffentlicht. Sie sind für jedermann und jederfrau zugänglich. Logisch, dass das Interesse an den Sorten, die über dem Durchschnitt liegen, besonders groß ist. Es gibt Sorten, die sehr ertragstreu sind und die ich über mehrere Jahre immer wieder anbaue. Daneben teste ich auch immer wieder auf kleineren Flächen neue Sorten und wechsle dann, wenn sie für mich einen zusätzlichen Nutzen bieten.

Genauso ist es bei Kartoffeln, die aber nicht gesät, sondern gepflanzt werden. Kartoffeln können zwar blühen, bilden manchmal auch Früchte aus, die wie kleine Tomaten aussehen, aber diese Beeren werden nicht reif und sterben mit dem Laub im Herbst ab. Von daher spielt auch die Bestäubung bei Kartoffeln überhaupt keine Rolle, die Blüte ist quasi »eine Laune der Natur«, aber ohne jeden Sinn. Kartoffeln werden vegetativ vermehrt, was bedeutet, dass Pflanzenteile (Pflanzkartoffeln) genommen werden, um neue Pflanzen zu erzeugen. Das ist übrigens auch bei Pappeln oder Weiden der Fall. Wenn Sie dort einen Ast abschneiden und in die Erde stecken, treibt dieser wieder neue Wurzeln. Auch das ist eine vegetative Vermehrung.

Wie Sie sehen können, stehen die Züchter immer unter Erfolgsdruck, den ich auf sie ausübe. Dass ich von den Saatgutkonzernen abhängig sein soll, ist also grober Unfug, passt aber so manchem gut in den Kram.

Panik vor Pestiziden – Gift im Grundwasser und auf dem Teller?

Zum Einstieg eine kleine Geschichte: Im 17. Jahrhundert kam die Kartoffel nach Deutschland. Um ihre Verbreitung hier hat sich besonders der Preußenkönig Friedrich der Große im 18. Jahrhundert verdient gemacht. Denn auch sein Land Preußen, besonders die Provinz Brandenburg, hatte vielfach schlechte Sandböden.

Die Bauern in Preußen wehrten sich anfangs allerdings gegen den Anbau der Kartoffel. Vermutlich probierten sie zunächst die aus den Blüten entstandenen, wie kleine grüne Tomaten aussehenden, ungenießbaren Früchte. Auch die Kartoffelknollen aus der Erde schmeckten ihnen ungekocht nicht. Auch die Hunde wollten sie nicht fressen. Und eine Pflanze, die über der Erde (leicht) giftig war, sollte in der Erde ungiftig sein? Die Deutschen kennen bis heute das Sprichwort: »Was der Bauer nicht kennt, frisst er nicht.«

Deshalb erließ Friedrich der Große 1756 den »Kartoffelbefehl«: Jeder Bauer musste unter Androhung von Strafe Kartoffeln anbauen. Der König soll sich, um den Anbau der Kartoffel zu fördern, auch einer List bedient haben. Er ließ Felder mit Kartoffeln von Soldaten bewachen. »Was bewacht wird, muss wertvoll sein«, sagten sich die Bauern. Als die Soldaten deshalb nachts so taten, als ob sie schliefen, stahlen sich die Bauern einige Kartoffeln aus dem Acker. Da merkten sie, dass die Knollen richtig zubereitet – das heißt: gekocht – doch tatsächlich recht gut schmeckten. So jedenfalls die Geschichte. Und wenn sie nicht stimmt, ist sie jedenfalls gut erfunden.

Als im 19. Jahrhundert die Großstädte mit ihren Millionen Menschen entstanden, war die Kartoffel ein wichtiges Volksnahrungsmittel, besonders für die ärmeren Menschen: Kartoffeln waren das »Futter für die Masse«. Doch zwischen den Jahren 1845 und 1852 trat ein schwerwiegendes Problem mit weitreichenden Folgen auf: Die Kraut- und Knollenfäule vernichtete in diesem Zeitraum gleich mehrere Ernten, die Knollen faulten und konnten nicht mehr gelagert werden. Infolge der Hungersnot starben eine Million Menschen, zwei Millionen wanderten aus, vor allem in die USA. Diese Auswanderung geschah vor allem in Irland, wo der Kartoffelanbau eine große Rolle spielte.

Schließlich entdeckte man, dass Kupfer eine Wirkung auf den Pilz hat, der diese Krankheit auslöst. So spritzte man Kupfer und bekam die Krankheit einigermaßen in den Griff. Kupfer gehört aber zu den Schwermetallen und reichert sich folglich im Boden an. Deshalb waren wir Landwirte froh, als weitere, wirksame Pilzbekämpfungsmittel (Fungizide) entwickelt wurden, die sich zudem noch abbauten. Kupfer wird nun nur noch in der Bio-Landwirtschaft gespritzt; vor allem im Obst-, Wein- und Kartoffelanbau, da es keine wirksame, nicht synthetische Alternative gibt. Die Konzentration in den Lebensmitteln bewegt sich nach Untersuchungen der EU zwar unter den Grenzwerten, doch in den Böden lagert es sich dennoch ab. Darüber sind viele Bio-Landwirte sicherlich genauso wenig erfreut wie ich über die Unsicherheiten beim Glyphosat-Einsatz, doch ganz ohne Gift geht Landwirtschaft im großen Stil eben nicht.

Die Reihe der Beispiele ließe sich fortsetzen. Noch heute spielen für Mensch und Tier giftige Pilze wie Fusarium und Mutterkorn eine große Rolle, gegen die es bis heute noch kein wirklich wirksames Mittel gibt. In Ländern der Dritten Welt vernichten immer noch Rost-Epidemien (Rost ist auch ein Pilz!) große Teile der Ernte, obwohl es wirksame Mittel dagegen gäbe. Auch Blattläuse und andere Insekten lassen es sich an den Nutzpflanzen gut gehen. Besonders extrem sind Heuschreckenplagen, die zwar in unseren Breiten keine Rolle mehr spielen, aber anderen Bauern stark zusetzen. Hier gilt im Prinzip das Gleiche: Es gibt wirksame Insektizide (Mittel gegen Insekten), die nur dann eingesetzt werden, wenn diese Biester auch auftreten. Und es gibt Herbizide (Mittel gegen die Pflanzen, die man nicht auf dem Acker haben möchte = Unkräuter = Ackerbegleitflora). Für all diese Produkte hat man aus dem englischen Sprachgebrauch einen Namen importiert: Pestizide. Dieses Wort stammt ursprünglich aus dem Lateinischen (pestis caedere) und bedeutet übersetzt: Seuchen vertreiben. Und das meint doch eigentlich etwas Gutes, oder?

Als Landwirt kenne ich eigentlich keine Pestizide, ich benutze den Ausdruck »Pflanzenschutzmittel«. Denn das sind sie: Mittel, um die Pflanzen zu schützen, die uns ernähren. Doch der Reihe nach: Vor nicht einmal achtzig Jahren wurde das Unkraut mit Striegeln im Getreide, mit Hacken in Rüben und Kartoffeln entfernt. Deshalb heißen diese Kulturen auch heute noch Hackfrüchte. Einen Teil der Unkräuter bekam man mit den Maschinen weg, für den Rest musste von Hand gearbeitet werden. Im Bio-Anbau wird den Unkräutern oft mit Abflammgeräten zu Leibe gerückt, denn Handarbeit ist teuer. Um zum Beispiel Biomöhren unkrautfrei zu bekommen, müssen für einen Hektar zwischen 80 und 200 Stunden aufgewendet werden. Deshalb müssen Biomöhren auch teurer sein.

Die Herbizide werden nur zugelassen, wenn sie sich abbauen, ihre Wirkung also begrenzt ist. Dazu werden umfangreiche Rückstandsuntersuchungen gemacht, bevor die Mittel für den Gebrauch freigegeben werden. Ist der Abbau im Boden zu langsam, kommt das Mittel nicht in den Markt. Da die Auflagen immer höher werden, kommen auch immer weniger neue Produkte in den Handel. Höhere und schärfere Umweltauflagen sorgen auch dafür, dass Mittel vom Markt verschwinden, sobald es neue Erkenntnisse gibt. Wir Landwirte sind bestrebt, aufgrund der hohen Kosten eine möglichst geringe Menge an Herbiziden einzusetzen. Wir wählen gezielt diejenigen aus, die gegen die vorhandenen Unkräuter oder Ungräser wirken. Da wir unsere Felder über Jahrzehnte kennen, wissen wir, welche Unkräuter auf welchem Acker vor allem vorkommen.

Dann gibt es noch Fungizide, also Mittel, die gegen Pilze wirken, zum Beispiel gegen Mehltau, Septoria-Arten, Halmbruch oder Gelb- oder Braunrost. Sie werden diese Pilzkrankheiten wahrscheinlich nicht kennen, vielleicht noch von Ihren Rosen, die auch von Mehltau oder Rost befallen werden können. Aber das ist eine andere Spezies, gegen die andere Wirkstoffe eingesetzt werden müssen. Jede Pilzkrankheit hat ihre besonderen Vorlieben an das Wetter. Die eine mag es gerne kühl und feucht, eine andere lieber warm und feucht, wieder andere brauchen Regen zu einem genau definierten Zeitpunkt, um die Pflanze zu befallen. Wir Landwirte kennen diese Bedingungen, und es gibt auch Prognoseverfahren. Ein Beispiel: Der Juni 2015 war bei uns im Rheinland ausgesprochen trocken. Das führte dazu, dass wir die Behandlung gegen Ährenkrankheiten nicht durchführen mussten. Auch die Kraut- und Knollenfäule an Kartoffeln, die feuchtwarmes Wetter benötigt (wir hatten aufgrund einer Ostwindlage über Tage hinweg eine Luftfeuchtigkeit unter 50 Prozent), konnte sich nur wenig ausbreiten. Dann wird auch nicht behandelt, was obendrein günstig für den Geldbeutel ist.

Kommen wir zu den Insektiziden. Wenn irgendwie möglich, werden dafür Beizen verwendet. Dazu werden die Wirkstoffe noch vom Saatguthersteller direkt an das Saatgut gebracht und mit ausgesät. In meinen Zuckerrüben helfen 90 Gramm pro Hektar (10 000 qm), die jungen Rüben bis etwa Juni vor Schädlingsbefall zu schützen. Ich weiß noch aus der Erinnerung, dass in meiner Jugend noch zwei Liter eines Insektizids in den Boden eingearbeitet wurden. Heute gibt es Jahre, in denen ich in Zuckerrüben überhaupt kein Insektizid spritzen muss. Es sei denn, die Raupen der Gammaeule machen sich breit. Die Gammaeule ist ein Nachtfalter, der nur unter bestimmten Bedingungen zum Problem werden kann. In unserem Betrieb tritt er ungefähr einmal in zehn Jahren auf, wobei die Häufigkeit in den letzten Jahren aufgrund der sich ändernden klimatischen Bedingungen (es wird wärmer) etwas zugenommen hat. Insektizide in der Beize sind daher nicht nur für uns Landwirte, sondern auch für die Umwelt ein echter Gewinn. Mit winzigen Wirkstoffmengen kann ich ganz gezielt, nur im Bereich der keimenden Pflanze, diese vor Schädlingen im Boden oder die Blätter im Jugendstadium schützen. Der Wirkstoff verbreitet sich bei Bodenfeuchte nur in einem engen Raum rund um die Wurzel und wird dort aufgenommen. Der restliche Ackerboden bleibt frei davon. Von daher finde ich es auch sehr bedauerlich, dass uns bestimmte Wirkstoffe (Neonicotinoide) als Beize im Raps aufgrund eines gesetzlichen Verbotes nicht mehr zur Verfügung stehen und wir wieder den kompletten Bestand spritzen müssen. Das kann doch nicht umweltfreundlicher sein, oder?

Doch nicht nur ich als Landwirt setze Pflanzenschutzmittel ein, auch Sie kommen an diesen dann doch nützlichen Helfern manchmal nicht vorbei, sofern Sie einen Haus- oder Schrebergarten haben oder Zierpflanzen auf dem Balkon oder im Haus pflegen. So werde ich auch immer wieder von Nachbarn gefragt, was denn ihre Pflanze für eine Krankheit hat und was man dagegen tun könnte. Da es sich oft um Zierpflanzen handelt, sind meine Kenntnisse zugegebenermaßen sehr beschränkt. Bei Obst und Gemüse weiß ich noch etwas Bescheid, und die Wirkstoffe, die zum Beispiel im Baumarkt zu bekommen sind, sind auch meist die gleichen, die wir Landwirte einsetzen.

Richtig ungehalten können meine Mitmenschen werden, wenn ihre Buchsbäume von Raupen kahlgefressen werden, die Knospen an den schönen Rhododendren absterben, die Fichtennadeln durch Befall mit der Sitka-Laus braun werden oder Zimmerpflanzen durch Spinnmilben, Schildläuse oder Weiße Fliegen befallen werden. Dann heißt die Frage oft: »Hör mal, weißt du nicht irgendwas, was dagegen wirkt? Oder hast du nicht was, was du mir geben und mir in eine kleine Flasche abfüllen kannst?« Ich werde einen Teufel tun, das auch zu machen, denn neben der Tatsache, dass das verboten ist, weiß ich ja nicht, ob mein lieber Nachbar dies auch richtig einsetzen kann. Wir Landwirte müssen stets einen Ausweis mit uns führen, den sogenannten Sachkundeausweis, mit dem wir berechtigt sind, Pflanzenschutzmittel einzusetzen. Die kostenpflichtigen Schulungen dazu finden in regelmäßigen Abständen statt, und ohne Schulung gibt es keine Verlängerung.

Dass eine Schulung auch für Privatanwender sinnvoll

wäre, erzählte mir eine Beraterin, die einen Anruf von einer Dame bekam: »Hören Sie mal, ich habe im Baumarkt einen Liter Roundup gekauft und jetzt in die Gießkanne gefüllt, um damit den Vorplatz sauber zu machen. Muss da jetzt noch Wasser dazu, und wie viel?« Man stelle sich vor, die Dame hätte nicht angerufen. Dann wäre ein Liter unverdünntes Roundup, also das umstrittene Glyphosat, das auf meinem Acker für ein paar Tausend Quadratmeter gereicht hätte, von den Gehwegplatten direkt in die Kanalisation gespült worden und in der Kläranlage gelandet. Wahrscheinlich mit der Folge, dass wir Landwirte das dann wieder in die Schuhe geschoben bekommen hätten. Und das ist der Grund, warum ich meinen Nachbarn bei ihren Problemen mit Unkräutern, Pilzkrankheiten und Insekten nur mit Rat, aber nicht mit Tat helfe. Ich weiß mit Pflanzenschutzmitteln richtig umzugehen, weil ich das gelernt habe. Meine Mitbürger nicht. Das soll nicht überheblich oder arrogant klingen – es soll nur ausdrücken, dass wir Bauern uns unserer Verantwortung bewusst sind.

Und uns ist auch bekannt, dass vor wenigen Jahrzehnten noch viel sorgloser mit Pestiziden umgegangen wurde. Damals trug niemand Schutzkleidung oder traf sonstige Vorsichtsmaßnahmen – das hat uns damals auch kein Hersteller von sich aus gesagt. So hat mein Vater das Getreide zur Aussaat immer selber gebeizt. Mit Quecksilber, ohne Schutzkleidung, in ganz normalen Arbeitsklamotten. Zu seiner Zeit wusste man es nicht besser. Er ist 90 Jahre alt geworden, bevor er an Altersschwäche gestorben ist. Selbstverständlich hätte es ihm auch anders ergehen können, und heute wissen wir, dass ein verantwortungsvoller Umgang mit Pflanzenschutzmitteln, Geräten und Anwendungsbedingungen (zum Beispiel Wind) erste Bauernpflicht ist.

Nicht nur deshalb mache ich beim Pflanzenschutz generell nur das absolut Notwendigste. Dazu gehört eine ständige Beobachtung der Bestände, in der Saison mindestens zweimal pro Woche. Jedoch reicht es nicht alleine, nur zu sehen, ob eine Krankheit schon ausgebrochen ist. Dann ist meist der Schaden schon passiert. Ich muss auch anhand der Witterungsdaten vorhersagen können, ob ein Pilz meinen Weizen befallen hat, ohne dass man den Schaden schon sieht. Die Zeit dazwischen nennt man Inkubationszeit, ähnlich wie bei einer Grippe: Der Erreger ist schon im Körper, aber man fühlt sich noch nicht krank. Würde man jetzt etwas dagegen tun, käme man mit wesentlich weniger Medizin aus, weil sich die Bakterien noch nicht so stark vermehrt haben. Genauso ist es auch mit bestimmten Pilzkrankheiten: Wenn ich eingreife, bevor diese sich im Bestand etablieren konnten, kann ich mit wesentlich weniger Pflanzenschutzmenge viel mehr erreichen.

Ich muss aber auch wissen, wie die Mittel wirken. Das ist nämlich sehr unterschiedlich. Es gibt Mittel, die sehr gut heilend wirken, aber kaum vorbeugend und umgekehrt. Mir geht es ja darum, möglichst wenig zu spritzen, deshalb setze ich auf Kombinationen von Wirkstoffen, mit denen ich noch etwas warten kann, die dann aber gut heilend wirken und die andererseits möglichst lange vorhalten, damit ich nicht nach kurzer Zeit wieder behandeln muss. Deshalb ist es ja beim Menschen auch wichtig, dass er zum Beispiel Antibiotika auch dann noch nimmt, wenn er sich nicht mehr krank fühlt. Ansonsten kann es auch zu Resistenzen kommen. So ist es auch bei Pflanzen.

Bei der Vielzahl von Krankheiten kann ich nicht alles im Kopf behalten. Deshalb gibt es als Hilfsmittel Prognosemodelle. Die hat die Forschung anhand von langen Erfahrungsreihen erarbeitet und kombiniert den unterschiedlichen Befallsverlauf mit den unterschiedlichen Witterungsdaten.

In Jahren mit einem trockenen Frühjahr ist die Entwicklung von Pilzkrankheiten oft gering, in Witterungsphasen mit viel Wärme und Feuchtigkeit entwickeln sich viele Pilze meist prächtig. Die tagesaktuellen Prognosemodelle, die ich mir im Internet ansehen kann, helfen mir bei der Entscheidung, ob ich spritzen soll oder nicht. Abnehmen kann sie mir die Entscheidung aber nicht.

Ein weiteres Hilfsmittel sind Monitoring-Daten. Diese Daten werden von unabhängigen Beobachtern ermittelt, indem sie die immer gleichen Felder in regelmäßigen Abständen aufsuchen und auf Krankheiten oder Schädlinge hin untersuchen. Diese Daten, die meist wöchentlich erhoben werden, kann ich auch im Internet aufrufen und nachsehen, ob in meiner Nähe bereits Krankheiten oder Schädlinge aufgetreten sind. Wenn das der Fall ist, muss ich häufiger auf den Acker und nachschauen, wie es bei mir aussieht. Da manche Pilzsporen über weite Entfernungen geweht werden (es gibt sogenannte Roststraßen, also Winde, die Getreiderostsporen über weite Entfernungen transportieren), kann mir das Monitoring bei der Entscheidung helfen. Wie man auch hier wieder sieht, gehört das Internet zum Ackerbau heute unbedingt dazu.

Und noch eine Entscheidungshilfe steht mir zur Verfügung. Meine Genossenschaft hat in jeder Filiale einen Anbauberater, genauso meine Zuckerfabrik. Beide sind unabhängig, und ich kann sie fragen, was in meinem Fall zu tun ist. Da sie viele Landwirte beraten und somit viel Erfahrung sammeln und den größeren Überblick haben, lege ich auch besonderen Wert auf deren Empfehlung. Entscheiden muss ich aber zum Schluss immer selbst. Aber dabei hilft die langjährige Erfahrung. Und aus Fehlern wird man klug.

Nicht nur mit den Pflanzen, sondern auch mit den Bodenlebewesen (siehe Düngung) und mit Pilzen und Insekten haben wir Landwirte es mit Lebendigem zu tun. Da jedes Jahr anders ist, muss ich auch in jedem Jahr neu und anders entscheiden. Und anderes Werkzeug einsetzen. Das ist bei meinen Kollegen im Biolandbau nicht anders, vielleicht sogar noch etwas schwieriger. Alle Landwirte müssen ständig die Natur im Auge behalten und entsprechend reagieren. Auch der Biobauer möchte ja nicht, dass ihm Krankheiten und Schädlinge den Ertrag schmälern. Da sind wir beide gleich. Und auch er spritzt Pflanzenschutzmittel, andere als ich, aber ganz ohne geht es bei ihm auch nicht. Auch wenn es etwas hart klingt: Wir kämpfen beide ein Stück weit gegen die Natur. Wir machen uns aber auch Gedanken, wie wir sie möglichst lange nutzen können. Schließlich denken wir in Generationen.

Alle Pflanzenschutzmittel, auch die im Bio-Landbau, durchlaufen ein strenges Zulassungsprozedere. So ziemlich alle möglichen Auswirkungen auf Boden, Wasser, Luft, Flora und Fauna und schließlich auch negative Auswirkungen auf den Menschen werden überprüft und entsprechende Grenzwerte mit hohem Sicherheitsfaktor festgelegt. Für die Mittel werden dann Höchstmenge und Anwendungshäufigkeit in den Anwendungsverordnungen niedergeschrieben, ebenso die Technik, mit der diese ausgebracht werden müssen, wie weit der Abstand von anderen Kulturen oder von Gewässern ist. Die Gebrauchsanweisung liest sich dann fast wie ein Beipackzettel auf Arzneimitteln. Und irgendwie sind sie es ja auch. Arzneimittel für Pflanzen eben.

Höre ich da Zweifel? Sie sind nicht meiner Meinung, möchten mir sagen, dass ich »Pestizide« verharmlose, mir vielleicht vorwerfen, ich sei ja wohl von der Industrie gekauft, wenn ich so etwas schreibe? Können Sie gerne tun, und ich höre das nicht zum ersten Mal, mir sind diese Vorwürfe nicht neu, und ich kann damit leben, denn ich mache mir die Entscheidung für oder gegen den Einsatz dieser Mittel nicht leicht. Denn die von Ihnen verteidigte Natur ist auch meine Natur.

Was mich aber wirklich auf die Palme bringt, sind Meldungen über »Pestizidrückstände« in diesem oder jenem Produkt. Angaben über die Konzentration und den entsprechenden Grenzwert fehlen. So werden Ängste geschürt, dass das Lebensmittel »wahrscheinlich« lebensgefährlich sei. Wenn wir Wirkstoffe in die Umwelt entlassen, darf es uns doch nicht verwundern, dass wir diese bei unserer immer ausgefeilteren Labortechnik anschließend dort wiederfinden, das gilt übrigens auch für Medikamenten-Rückstände. Wenn Wissenschaftler nach bestem Wissen einen Grenzwert festlegen, der einen enorm hohen Sicherheitszuschlag beinhaltet, und man dann logischerweise Rückstände findet, diese aber nicht in das Verhältnis zum Grenzwert setzt, führt das nur zu einer unnötigen Verunsicherung von Verbrauchern und auch Landwirten. Die Fronten werden unnötigerweise verhärtet. Daher appelliere ich an beide Seiten mit dem Satz von Paracelsus: »Die Dosis macht das Gift.«

Gefährliche Seuchen –
und was davon übrig bleibt

Erinnern Sie sich noch an den Ausbruch der Vogelgrippe, die man auch Geflügelpest nennt? An die Schweinegrippe, den Rinderwahnsinn oder an EHEC? Zum Glück ist es seit Jahren ruhig geworden um diese Themen, und das ist gut so. Trotzdem möchte ich hier kurz darauf eingehen, weil dies Epidemien waren, die ja mit uns Landwirten in Verbindung gebracht wurden. Beginnen wir mit der Vogelgrippe. Es handelt sich hierbei um eine Viruserkrankung, die wohl durch einen sehr engen Kontakt von Geflügel auf Menschen übertragen werden kann. Aus Deutschland ist bisher kein einziger Fall bekannt, in dem es zu einer solchen Ansteckung kam. Weltweit lag die Zahl bei rund 1000 infizierten Menschen, etwa die Hälfte davon starben, die meisten davon in Asien. Im Sommer 2015 kam es zu einer großen Epidemie in den USA, bei der über 30 Millionen Hühner, Puten und Enten starben oder wegen Ansteckungsgefahr getötet wurden. Doch auch hier waren Menschen nicht betroffen. Einer der Stämme für die Vogelgrippe ist übrigens H5N1, und jetzt erinnern Sie sich vielleicht wieder. Bei dem Auftreten vor einigen Jahren befürchtete man eine Pandemie, die dann aber ausblieb.

Die Schweinegrippe ist ebenfalls eine Viruserkrankung (H1N1), die 2009/10 für Aufregung sorgte, Der medizinisch richtige Name wäre allerdings Neue Grippe oder Mexikanische Grippe, denn sie wurde nie aus Schweinen isoliert, lediglich Vorläuferformen, weshalb man sie – fachlich unkorrekt – als Schweinegrippe bezeichnete. Eine Übertragung ist (nach derzeitiger Kenntnis) nur von Mensch zu Mensch möglich, ein Verzehr von Fleisch ist somit unbedenklich. Bei der Pandemie starben laut WHO rund 20 000 Menschen an der Influenza-Erkrankung. Doch es gibt auch Zahlen, die vermuten, dass die Zahl größer ist. So ist es auch in Deutschland: Die Zahl der Toten schwankt zwischen 0 und 20, was daran liegt, dass nahezu alle Patienten, bei denen man bei der Obduktion das Virus gefunden hat, schon vorher schwer erkrankt waren. Laut der *ÄrzteZeitung* von 2011 sind 14 Todesfälle aus Großbritannien bekannt geworden, alle anderen europäischen Staaten hatten keine Toten zu beklagen.

Keinen Toten gab es in Deutschland bei der »Bovinen spongiformen Enzephalophatie«, Ihnen sicher besser bekannt als BSE oder Rinderwahnsinn. Man nimmt heute an, dass die Krankheit durch die Verfütterung von infiziertem Tiermehl ausgelöst wurde, da nach dem Verbot der Verfütterung die Zahl der erkrankten Tiere deutlich abnahm. Der Höhepunkt der festgestellten Infektionen beim Rind wurde in den Jahren 1992 und 1993 in Großbritannien erreicht (ca. 3700). Wird ein einzelnes Tier positiv getestet, wird die gesamte Herde gekeult (getötet). Die höchste nachgewiesene Zahl an infizierten Tieren betrug in 2001 in Deutschland 125 und ging seitdem stetig zurück. Seit 2010 sind keine Fälle mehr gemeldet, lediglich 2014 wurden zwei einzelne Tiere positiv getestet. Das dafür zuständige Friedrich-Löffler-Institut geht von einem Zufall aus. Bemerkenswert ist diese Erkrankung deshalb, weil nach dem Auftreten in Großbritannien in Deutschland umfangreiche Maßnahmen getroffen wurden, um die Erkrankung bei Rindern schon früh zu erkennen, darunter ein verpflichtender Schnelltest. Allein 2006 wurden 1,7 Mio. Rinder getestet, davon 16(!) positiv. Über die Frage, ob die Übertragung von BSE auf den Menschen möglich ist und dort die Creutzfeld-Jakob-Krankheit auslöst, herrschte lange Zeit Uneinigkeit. Heute gilt dies als weitgehend gesichert. Eine Übertragung von Mensch zu Mensch ist bisher nur durch Übertragung von menschlichem Gewebe nachgewiesen worden, also bei Operationen im Krankenhaus. War man 2005 noch davon ausgegangen, dass es in den folgenden Jahren zu einer Epidemie kommen würde, hat sich dies nicht bestätigt. Wohl auch, weil viele Menschen, die den Erreger von Natur aus in sich tragen, nicht erkranken, weil sie resistent gegen den Auslöser sind. Die letzte verfügbare Zahl nennt 9 Tote in Großbritannien im Jahr 2004.

Laut dem Online-Portal Statista starben 2011 50 Menschen durch EHEC, Die *Bild*-Zeitung titelte am 6.12.2011: »EHEC-Alarm in Deutschland: 53 Menschen sterben an den gefährlichen Bakterien, mehr als 4000 erkranken. Bei vielen greift die Infektion aufs Gehirn über. Auf den Intensivstationen herrscht Großalarm.«

Auch hier befürchtete man damals eine Epidemie. Erst standen Gurken aus Spanien im Verdacht, diese Krankheit zu verursachen, bis schließlich Sprossen aus Bockshornkleesamen auf einem Bio-Hof mit Restaurant als Quelle ausgemacht wurde. Der Samen stammte aus Ägypten. Der Bio-Betrieb wurde gesperrt, kurze Zeit später ebbte die Krankheit ab und mit ihr die Berichterstattung.

Anders verlief es beim »Dioxin-Skandal« ein Jahr vorher,

als rund 5000 Bauernhöfe geschlossen wurden. 2014, also drei Jahre später, wurde in diesem Fall das Urteil gesprochen. Das Ergebnis: die Angeklagten, in diesem Fall die Futtermittelhändler, werden wegen einer Ordnungswidrigkeit zu Geldstrafen von 1000 bzw. 3000 € verurteilt. 2015 musste ein Futtermittelhändler einem Landwirt Schadensersatz in Höhe von 43 000 € zahlen, weil er nachweislich dioxinbelastetes Futtermittel geliefert hatte.

Nicht so einfach ist die Analyse bei den Ursachen der gefährlichen MRSA-Keime in Krankenhäusern. Hier titelte die *Welt* am 3.6.2015: »Millionen Tote durch multiresistente Keime möglich«, um dann im Untertitel sofort auf die Massentierhaltung als möglichen Auslöser zu kommen. Mitarbeiter sollen diese Erreger in die Gesundheitseinrichtungen tragen.

Nun bin ich kein Mediziner, der fundiert und sachlich korrekt auflösen könnte, was dran ist an möglichen (oder auch unmöglichen) Zusammenhängen zwischen der landwirtschaftlichen Nutztierhaltung und den Todesfällen in deutschen Krankenhäusern. Ich verstehe schlicht und ergreifend davon nichts und erlaube mir dann auch kein Urteil. Was ich aber weiß, ist, dass der Mensch von Natur aus resistente Keime in sich trägt und diese bei häufiger Verwendung von Antibiotika selektiert werden. Das ist vergleichbar mit einem zu häufigen Einsatz der immer gleichen Wirkstoffe bei z. B. Unkräutern und Herbiziden nicht anders, und davon verstehe ich was. Was ich auch gehört und gelesen habe – und ich hoffe, das stimmt – ist, dass in den Niederlanden das Auftreten von multiresistenten Keimen in Krankenhäusern durch ein konsequentes Management und Monitoring sowie sehr strenge Hygienerichtlinien deutlich zurückgedrängt wurde. Deshalb gibt es dort so gut wie keine MRSA-Patienten mehr. Das passt alles nicht ins Bild der verrufenen Massentierhaltung. Ein Land, in dem die Tierhaltung noch intensiver praktiziert wird als in Deutschland, und das praktisch ohne MRSA? Das sollte uns doch zu denken geben.

Teure Bauern – rücksichtslos dank Subventionen?

Ein nicht ganz einfaches Thema. Aber ein hochbrisantes, weil es auch zu den typischen Schlagworten gehört, mit denen wir Landwirte konfrontiert werden. Was sind überhaupt Subventionen, warum bekommen wir Landwirte die überhaupt, und wäre es nicht besser, sie abzuschaffen?

Ich selber habe zu Subventionen ein gespaltenes Verhältnis. Ich würde viel lieber darauf verzichten, wenn ich dieses Geld über den Produktpreis erzielen könnte. Bei freien Märkten ist das aber wohl eine Utopie, da die Preise in Chicago oder Paris gemacht werden. Die Gründe für die Direktzahlungen haben sich ja auch im Laufe der letzten Jahrzehnte geändert. Dazu muss man aber ein wenig in der Geschichte zurückgehen, was zugegebenermaßen eine sehr trockene Materie ist. Die Historie ist aber wichtig, um zu begreifen, warum es die Subventionen heute immer noch gibt.

Unter anderem mit dem Slogan »Für Dich, Bauer – Adenauer« gelang es Konrad Adenauer 1953, eine absolute Mehrheit für die Christdemokraten im Bundestag zu holen. Und die Fünfzigerjahre waren es auch, in denen die noch junge Europäische Gemeinschaft das Instrument der Agrarsubvention als Marktinstrument einsetzte. In Deutschland arbeitete damals ein Viertel aller Beschäftigten in der Landwirtschaft, und es war gerade ein Jahrzehnt her, dass Europa nicht nur unter einem Krieg, sondern auch unter Nahrungsmittelknappheit, Hunger und Not gelitten hatte. Produktionssteigerung – so lautete das oberste Ziel, das sich die Gründungsstaaten der Europäischen Wirtschaftsgemeinschaft (EWG) deshalb setzten, als sie in den Römischen Verträgen 1957 eine Förderung der Landwirtschaft beschlossen. Europa sollte dauerhaft von Nahrungsmittelimporten unabhängig werden. Deshalb belohnte Brüssel von nun an Bauern umso stärker, je mehr sie produzierten. Die Landwirte folgten diesem Anreizsystem, die Produktionsmengen schossen in die Höhe. Damit erreichte die EWG innerhalb weniger Jahre ihr ursprüngliches Ziel – doch nun war es der Überfluss, der Sorgen machte. Die Zeit der Butterberge und Milchseen hatte begonnen.

1999 entkoppelte die EU die Agrarförderung von der Produktionsmenge und band sie an die landwirtschaftliche Fläche. Die Überproduktion endete, die notwendige Marktbereinigung blieb jedoch aus. Es gibt immer noch viele kleine Höfe, die aufgrund ihrer Produktionsmenge auf dem freien Markt keine Chance hätten. Die meisten Höfe in Deutschland sind nach wie vor Kleinbetriebe mit weniger als 15 Hektar Fläche – um effizient zu produzieren, müssten sie mit 0,45 Beschäftigten auskommen. Deshalb werden viele Betriebe auch im Nebenerwerb bewirtschaftet. Der Bauer klebt halt an der Scholle, solange es noch geht. Und es sind gerade die Kleinbauernhöfe, die die europäische Kulturlandschaft bewahren. Kuhweiden im Alpenvorland, Schafherden in der Lüneburger Heide – mit dem Ende der Subventionen und einer vollständigen Ausrichtung auf den freien Markt würden diese Landschaften wahrscheinlich schnell anders aussehen. An diesem Punkt gibt es eine seltene Allianz: Beim Erhalt der Kulturlandschaft sind sich Umweltaktivisten und Landwirte einig. Wir Bauern kämpfen ums Überleben, die anderen um Biotope.

Die 2005 eingeführte EU-Betriebsprämie ist nicht mehr an die Produktion gebunden, sondern an die ordentliche Bewirtschaftung der Flächen und an die Einhaltung der hohen europäischen Standards im Tier-, Natur-, Umwelt- und Verbraucherschutz. Die Landwirte werden nach EU-weiten Vorgaben auf die Einhaltung der Standards geprüft, das ist die bereits erwähnte Cross-Compliance, die von der EU wie folgt definiert wird: »Die sogenannte ›Cross-Compliance‹, auch Auflagenbindung genannt, ist ein Mechanismus, mit dem Direktzahlungen an Landwirte an die Erfüllung von Auflagen im Bereich Umweltschutz, Lebensmittelsicherheit, Tier- und Pflanzengesundheit und Tierschutz sowie den Erhalt der landwirtschaftlichen Nutzfläche in gutem Bewirtschaftungs- und Umweltzustand gebunden sind.« Bei Verstößen erfolgen Kürzungen der EU-Direktzahlungen.

Ebenfalls 2005 haben sich Europas Staaten darauf geeinigt, neben den Direktzahlungen pro Fläche an die Landwirte auch Geld aus einem Topf für »ländliche Entwicklung« auszuschütten. Das ist die sogenannte zweite Säule. Das vorrangige Ziel hierbei ist die Sicherung der Zukunft des ländlichen Raums, der insbesondere darauf beruht, dass die Landwirte über die bloße Lebensmittelerzeugung hinaus eine Vielzahl von Gemeinwohldienstleistungen erbringen. Die gezahlten Gelder sollen neue Einkommensquellen und Beschäftigungsmöglichkeiten erschließen und gleichzeitig die Kultur und die Umwelt des ländlichen Raumes bewahren. Hierzu zählen eine separate Förderung des Biolandbaus, Förderung von Erzeugergemeinschaften, Hilfestellung bei der Umstrukturierung von Kleinbetrieben und kostengünstige Darlehen für Junglandwirte. Auch Maßnahmen zur Erforschung und zum Wissenstransfer von klimaschonenden und emissionsarmen Produktionsverfahren sollen weiter gefördert werden. Alles klar? Und dabei habe ich mich bemüht, nur die Grundzüge einigermaßen verständlich darzustellen. In Wirklichkeit ist es noch viel komplizierter und je nach Staat und Bundesland unterschiedlich ausgestaltet.

Und jetzt noch ein paar Zahlen: Über die einzelnen Bundesländer fließen 21 Prozent aller EU-Finanzhilfen in die Landwirtschaft, das sind 1,9 von insgesamt 9 Milliarden Euro. Und zwar, um die Kostennachteile gegenüber der Konkurrenz in Billigländern auszugleichen. Denn all die Bestimmungen zum Umwelt- und Tierschutz verteuern logischerweise die Produktion in Deutschland. Das soll ausgeglichen werden, um Wettbewerbsfähigkeit überhaupt zu ermöglichen.

Eigentlich sollen also alle Zahlungen finanzielle Einbußen ausgleichen, die aufgrund des Standorts Deutschland entstehen. Die wenigsten Bauern gründen Tochterunternehmen in Liechtenstein, wie das in anderen Branchen gängig ist, aber das nur am Rande. Von den Subventions-Euros bleibt in der Regel auch nicht viel übrig, weil es wieder in den Betrieb investiert wird oder zum Lebensunterhalt dient. Wenn doch mal etwas hängen bleibt, muss es natürlich voll versteuert werden. Diese ganzen Ausgleichszahlungen machen zwischen 10 und 40 Prozent des Betriebseinkommens aus. Gerade bei kleineren Betrieben ist der Anteil höher als bei den großen, und je extensiver ein Betrieb wirtschaftet, umso größer ist der Anteil der Zahlungen am Betriebseinkommen. In meinem Betrieb ist es rund ein Drittel. Bei etlichen Biobetrieben überschreiten die Zahlungen sogar den Betriebsgewinn. Ohne Förderung würden sie einfach Miese machen.

Pflanzen mit Migrationshintergrund – aus der Heimat verdrängt?

Noch so ein Vorwurf, der gerne mal bei uns Bauern abgeladen wird. Gerade wenn es um Züchtung und Gentechnik geht, wird ja gerne vom Schutz der heimischen Pflanzen gesprochen. Heimische Pflanzen sind in Deutschland vor allem Bäume, denn noch zur Römerzeit waren weite Teile unserer Heimat von Wäldern bedeckt. Welche der heutigen, in Deutschland großflächig angebauten Kulturen sind wirklich heimisch?

Einige römische Autoren liefern uns Beschreibungen zur Ernährung und Wirtschaftsweise der Germanen. So zum Beispiel Tacitus, Plinius und Caesar. Demnach lebten die Germanen überwiegend von der Viehzucht, betrieben aber auch Ackerbau. Laut Caesar bestand ihre Nahrung zum größten Teil aus Milch, Käse und Fleisch. Aus archäologischen Funden kennt man große Wohnstallhäuser in germanischen Siedlungen, die auf Viehzucht in größerem Stil hindeuten, was die Berichte antiker Autoren bestätigt. Archäologisch nachgewiesen sind neben Rindern auch Schaf, Ziege, Huhn, Gans, Schwein, Pferd und

Hund. Ob alle diese Tiere gegessen wurden, ist nicht bekannt.

Die archäobotanischen Funde belegen vor allem den Anbau von Getreide, aber auch verschiedene andere Feldfrüchte wurden kultiviert. An Getreidearten wurde offenbar Gerste bevorzugt, seltener finden sich Weizen, Hafer, vereinzelt Rispenhirse, Roggen ist sehr selten. Getreide wurde sicher nicht nur zu Brei oder Brot verarbeitet, auch Bier wurde laut Tacitus daraus hergestellt. Nach Plinius ist die typische Speise der Germanen Haferbrei. Für den Anbau weiterer Pflanzen gibt es kaum Nachweise, sicher wurden diverse Früchte und Samen je nach Jahreszeit gesammelt, auch Tacitus bestätigt dies. Honig diente zum Süßen der Speisen, aber auch zur Herstellung von Met.

Aber auch Weizen, Hafer und Gerste stammten ursprünglich nicht aus Germanien, sondern wurden wohl über Tauschhandel aus dem Mittelmeerraum eingeführt. Gleiches gilt für Gewürze, die in der typischen Germanenmahlzeit fast vollkommen fehlten und erst im Mittelalter in Klostergärten anzutreffen waren. Da es im Winter kein Obst (Beeren) gab, bildeten dann Getreide, Fleisch und Käse den Schwerpunkt der Mahlzeiten. Die Küche war also sehr einfach.

Wenn ich heute durch die Felder fahre, sehe ich viele Kulturen, die den Germanen vollkommen fremd waren. Triticale, eine Kreuzung aus Weizen und Roggen, hat zumindest noch den Ursprung in den bekannten Getreidearten. Zuckerrüben führen schon in ihrer lateinischen Bezeichnung Beta maritima ihre Herkunft mit. Sie stammen aus Wildformen, die rund um das Mittelmeer zu finden sind. Noch heute werden Zuckerrübensamen in Südfrankreich und Norditalien vermehrt, weil unsere Breitengrade sich dafür klimatisch nicht eignen.

Raps stammt ebenfalls aus dem östlichen Mittelmeerraum. Die lateinische Bezeichnung Brassica zeigt, dass er als Kreuzblütler zu den Kohlgewächsen gehört, was man bei der Ernte durchaus auch riechen kann. Raps wird in Deutschland erst seit dem 17. Jahrhundert in nennenswertem Umfang angebaut.

Zu den großen Kulturen gehören heute Mais und Kartoffeln. Beide Kulturen waren bis zur Entdeckung Amerikas in Europa völlig unbekannt. Die Kartoffel wurde wegen ihrer schönen Blüten zuerst in botanischen Gärten angebaut. Erst nach 1700 fand sie auch Einzug in den Ackerbau, wurde dann aber schnell zu einem bedeutenden Grundnahrungsmittel.

Der Mais ist wohl die jüngste Kultur. Zwar wurde er schon kurz nach seiner Ankunft auf unserem Kontinent in Spanien kultiviert, aber erst nach 1800 begann man Sorten zu züchten, die auch an die kühleren Regionen Mittel- und Nordeuropas angepasst waren. Bei uns wird Mais erst seit den 1960er-Jahren vermehrt angebaut – dann allerdings mit massiven Steigerungsraten von 100 000 Hektar 1970 auf rund 500 000 in 2006.

Würde man die hier aufgeführten Kulturen noch auf den Bereich von Gemüse oder auch Obst erweitern, wäre die Liste noch viel länger. Tomate, Paprika, Blumenkohl, ja, selbst der beliebte Kopfsalat und viele weitere Kulturen, die heute in unseren Gärten wachsen, stammen ursprünglich aus anderen Klimazonen und wurden auf unsere Verhältnisse angepasst.

Neben den Kulturpflanzen gibt es aber auch eine Reihe von unerwünschten Immigranten. Stechapfel und Herkulesstaude (Riesenbärenklau) sind nicht nur giftig, sie sind auch schwierig zu kontrollieren. Aber auch Goldrute, Robinie, Schmetterlingsflieder und Drüsiges Springkraut gehören zu den invasiven Arten, die unsere heimischen Arten verdrängen können. Nicht selten wurden sie ungewollt aus unseren Gärten »entlassen«. Ich habe mich hier nur auf die Pflanzenwelt konzentriert. In der Tierwelt machen Nutrias, Waschbären, die Chinesische Wollhandkrabbe und andere Tiere nicht selten Probleme, indem sie Schäden in der Landschaft anrichten (Flussböschungen) oder in Nahrungskonkurrenz zu heimischen Arten treten.

Warum ich das alles schreibe? Weil unsere Denkweise, was natürlich ist, dadurch relativiert wird. Auch Jakobskreuzkraut ist natürlich, aber es ist hochgiftig und für Weidetiere letztendlich tödlich. Es ist, wie andere Pflanzen auch, allergen. Um es von Wiesen und Weiden zu entfernen, bleibt übrigens nur der chemische Pflanzenschutz oder – wie in Biobetrieben nicht anders machbar –, es mit Handschuhen von Hand auszureißen und in die Müllverbrennung zu bringen. Kompostieren geht nämlich damit auch nicht, weil die Pflanzengifte sich nicht abbauen.

Ob sich zugewanderte Pflanzen oder Tiere bei uns etablieren können, hängt maßgeblich davon ab, wie die äußeren Bedingungen sind. Und damit kommen wir zum...

Klimawandel – Nutzen oder Gefahr?

Auf der Seite des renommierten Alfred-Wegener-Institutes für Polar- und Meeresforschung findet sich ein Verweis auf eine Meldung des NOAA, der es nicht in die großen Medien geschafft hat. Der Monat März 2015 wies erstmals eine durchschnittliche CO_2-Konzentration von 400 ppm auf und stieg damit in den letzten 25 Jahren um 60 ppm. Ein höherer Gehalt an Kohlendioxid hat Auswirkungen auf das Pflanzenwachstum. Allerdings liegen nur wenige Studien dazu vor, die Aussagen sind zum Teil widersprüchlich. Einerseits sind höhere Konzentrationen positiv, weil sie die Photosynthese fördern und aufgrund des früheren Schließens der Spaltöffnungen an den Blättern Wasser sparen helfen, andererseits wird der Proteingehalt in den Pflanzen gesenkt, was sich auf die Qualität z. B. bei Brotgetreide auswirkt. Je nach Pflanzenart würden aber weiter steigende Konzentrationen schließlich toxisch wirken. Gleiches gilt für das Ozon, das auch in bodennahen Schichten vorkommt. Empfindlich auf bodennahes Ozon reagieren z. B. Weizen und Soja. Hier kann es bei einer zu hohen Ozon-Konzentration zu sichtbaren Blattschäden kommen. Untersuchungen dazu gibt es jedoch nur wenig. Ein weiterer, deutlicher Anstieg des CO_2-Gehaltes und gleichzeitig auch des Methan-Gehaltes ist durch das Auftauen von Permafrost-Böden zu erwarten, die immerhin fast ein Viertel der Landoberfläche auf der Nordhalbkugel ausmachen, so z. B. in Kanada und Sibirien. Es wird vermutet dass sie ebenso viel Treibhausgas freisetzen wie die historisch viel beachteten menschengemachten Veränderungen in der Landnutzung.

Der Klimawandel führt aber auch zu steigenden Temperaturen und Veränderungen in den Niederschlagsverhältnissen. Jeder von uns erinnert sich noch an Jahre mit sehr heißen Sommern und Witterungsphasen mit Temperaturen jenseits der 30-Grad-Marke. Immer wieder fallen neue Temperaturrekorde. Bei solchen Temperaturen reagiert die Pflanze trotz guter Wasserversorgung mit plötzlicher Abreife, was je nach dem Zeitpunkt des Eintretens der Hitzephase Mindererträge zur Folge hat. Wenn dann noch Trockenheit hinzukommt, wie es im Sommer 2015 in Nord- und Westdeutschland der Fall war, kann der Schaden enorm sein. Im gleichen Sommer klagte Nordamerika über lang anhaltende Regenfälle, die die Bewirtschaftung der Felder stark behinderten.

Mit der zunehmenden Erwärmung verändert sich aber auch das Auftreten von Schädlingen und Krankheiten. Durch das Verschieben der Klimazonen nach Norden treten hier mehr und mehr Schädlinge und Krankheiten auf, die bisher nur in südlichen Anbauregionen zu finden waren. Gleiches gilt auch für Pflanzen: Unkräuter, die wir bisher in Mitteleuropa nicht kannten, weil sie wärmeliebend sind, können sich nun auch hier ausbreiten. Andererseits wird auch der Anbau von Kulturpflanzen, denen es bei uns bisher zu kalt war, möglich. Der Weinanbau ist in ein paar Jahrzehnten dann vielleicht auch in Skandinavien möglich. Die Meteorologen rechnen auch damit, dass die jährlichen Schwankungen und Extremereignisse zunehmen werden. Hitzewellen, Trockenperioden, schneereiche und sehr milde Winter, Starkregen, Hagel und Sturm sollen häufiger als bisher auftreten, wobei diese meist regional unterschiedlich ausfallen. Was bedeutet dies für uns Landwirte?

Wir werden lernen müssen, uns mit der zunehmenden Variabilität des Wetters zu arrangieren. Dazu gehört die Auswahl der richtigen Kulturarten und der passenden Sorten, die auf die sich ändernden Bedingungen gezüchtet wurden. Hierzu gehört in unseren Regionen vor allem eine bessere Trockenheits- und Hitzetoleranz, und da kann die Züchtung helfen. Auch der Aussaattermin ist anzupassen, damit sommerliche Hitzephasen möglichst wenig Schaden anrichten. Wir müssen, um das Einkommen unserer Betriebe auch in Zukunft zu gewährleisten, unsere Betriebe durch den Anbau mehrerer Kulturen absichern, um so eine Risikostreuung vorzunehmen. Unsere Anbaumaßnahmen, wie z. B. die Bodenbearbeitung, müssen wir so anpassen, dass möglichst viel Wasser im Boden konserviert wird. Mulch- und Direktsaat sind solche Verfahren. Auch der Aufbau des Humusgehaltes durch organische Düngung und die Steigerung des Bodenlebens gehören dazu. Sollten Trockenphasen zunehmen, ist auch in eine Beregnung zu investieren, was allerdings oft an ökonomische und rechtliche Grenzen stößt. Wir benötigen ein Frühwarnsystem, um neue Krankheiten und Schädlinge frühzeitig zu erkennen und entsprechende Gegenmaßnahmen einleiten zu können.

Ich hoffe, Sie können erkennen, dass wir Bauern uns sehr intensiv mit dem Klimawandel auseinandersetzen müssen, damit Ihre Versorgung auch in den nächsten Jahrzehnten noch gewährleistet ist. Und das trifft nicht nur auf Mitteleuropa zu. Der internationale Agrarhandel wird an Bedeutung noch zunehmen (müssen), damit Ertragsausfälle in der einen Region unseres Planeten durch gute Ernten in anderen Regionen ausgeglichen werden können.

Der Landwirt und die Skandale

Zum Abschluss dieses Teils möchte ich Ihnen noch gerne drei Sätze von dem Psychotherapeuten und Soziologen Paul Watzlawick zum Nachdenken mitgeben:

1. »*Der Andersdenkende ist kein Idiot, er hat sich eben nur eine andere Wirklichkeit konstruiert.*
2. *Jeder meint, dass seine Wirklichkeit die wirkliche Wirklichkeit ist.*
3. *Der Glaube, es gebe nur eine Wirklichkeit, ist die gefährlichste Selbsttäuschung.*«

Von daher ist die Kritik bestimmter gesellschaftlicher Gruppen an der Wirtschaftsweise unserer modernen Landwirtschaft natürlich berechtigt, und wir müssen uns unbedingt mit diesen Gruppen zusammensetzen. Aber auch *unsere* Kritik an *deren* Kritik ist berechtigt. Und das ist es, was mich umtreibt: Ich versuche mit meinen bescheidenen Mitteln, jedem die Denkweise des anderen nahezubringen. Warum denkt er so, wie er denkt? Welche Rückschlüsse kann ich aus seiner Argumentation für mich mitnehmen? Und bin ich wirklich innerlich bereit, seine »andere Wirklichkeit« zu reflektieren? Oder antworte ich reflexartig mit den Gegenargumenten?

Ich hoffe sehr, dass Sie meine Sichtweise auf die angesprochenen Ängste der Verbraucher nicht voreilig als faule Ausrede, abgedroschene »Bauernweisheit« oder Ähnliches wegwischen. Vielmehr sollte deutlich geworden sein, dass sich Bauern sehr wohl mit den Sorgen der Verbraucher auseinandersetzen, dass sie diese ernst nehmen und in ihrem täglichen Handeln berücksichtigen.

Was mir bei all dieser Kritik perspektivisch die größten Sorgen bereitet, ist unser Nachwuchs. Ich habe in den vergangenen Monaten oft mit der Landjugend gesprochen und gehört, dass sie zwar Spaß an der Arbeit haben, aber, so wörtlich, »nicht mehr auf Partys gehen, wo sie als Landwirt alleine sind«. Sobald sie sich als Landwirt »outen«, sei die Fete gelaufen, und man müsse sich nur noch erklären. Und bitte: Das ist kein Einzelfall, ich höre das immer wieder. Über die unattraktiven Arbeitszeiten und die mangelnde Flexibilität habe ich bereits geschrieben. Da müssen wir die Gesellschaft, die verantwortlichen Politiker, die Medien und uns selbst fragen, wer denn in Zukunft den bäuerlichen Familienbetrieb überhaupt noch führen soll, wenn der Nachwuchs fehlt?

Warum wir selbst nicht unschuldig sind

Ich hoffe, ich konnte einige der Ängste und Vorwürfe gegen uns Bauern zumindest ein bisschen entkräften. Eines möchte ich aber noch einmal betonen: Zum Teil haben wir Bauern uns diese Suppe selbst eingebrockt.

Wir Landwirte haben uns zu sehr in unsere Wagenburgen zurückgezogen. Hören wir Kritik, wird vonseiten der Landwirte mit harten Bandagen gekämpft. Doch die konstruktive Vermittlung unserer modernen Wirtschaftsweise ist möglich, und sie ist nötig. Natürlich ist es schwierig, einem Verbraucher zu erklären, warum die Sau drei Wochen in einem Käfig gehalten wird, den wir Ferkelschutzkorb nennen. Warum die Tiere auf Spaltenboden laufen und nicht im Stroh. Warum wir Roundup zur Abreifebeschleunigung in die Ähre spritzen, was ich persönlich, wie oben beschrieben, allerdings für entbehrlich halte. Warum man mit Mineraldünger Nitratauswaschung besser verhindern kann als mit organischem Dünger. Warum Gentechnik auch ein Segen für die Menschheit sein kann. Es ist schwierig, dies zu vermitteln, aber es ist nicht unmöglich.

Wir Landwirte und unsere Verbände dürfen Fehltritte nicht entschuldigen. Wir machen damit die gesamte Branche unglaubwürdig. Wichtig ist, dass wir Landwirte auf unsere Kritiker zugehen. Das ist es schließlich, was ich auch mit diesem Buch versuche.

Bis vor gut zwanzig Jahren waren wir Landwirte noch etwas in unseren Gemeinden, heute sind wir eine Minderheit. Wir saßen im Pfarrgemeinderat oder Presbyterium, im Gemeinderat und in Vereinen. Keiner hat damals die Landwirte darauf angesprochen, wie sie produzieren. Es interessierte keinen. Und wir Landwirte haben es auch nicht erzählt, warum auch. Dann sind unsere Betriebe größer und moderner geworden, wir fahren heute mit der Anhängespritze mit großen Schleppern, haben 100, 300 oder 500 Kühe, 3000 Schweine oder 20 000 Legehennen und mehr. Auch heute fragt man uns nicht, wie wir produzieren, weil man die Bilder über das Fernsehen oder im Internet anschauen kann. Aber es sind nicht die Bilder, die wir uns wünschen, sondern es sind schlimme Bilder, die uns nicht gefallen.

Aber selbst viele Biobauern – die ja gemeinhin gerne als moderne Heilsbringer der Landwirtschaft betrachtet werden – interessiert es beispielsweise oft nicht, wie ihre Tiere geschlachtet werden. Sobald die ihren Hof verlassen, ist das Thema für sie erledigt. Jetzt sind wir wirklich nicht in erster Linie für die Zustände in Schlachthöfen verantwortlich, aber es darf uns auch nicht egal sein. Ich will damit nur klarmachen: Wir haben über zwanzig Jahre lang versäumt, unsere Mitbürger auf den Weg zur modernen Landwirtschaft mitzunehmen. Schlimmer noch: Wir waren froh, dass in den Schulbüchern die Idylle vom Bauernhof mit Kühen, Schweinen, Pferden, dem Hahn auf dem Mist und dem Bauern mit den Gummistiefeln am Hoftor und der Forke in der Hand gezeigt wurde. »Lass die das mal weiter glauben, wir wissen ja, wie es wirklich ist.« Und überhaupt: Für die ganzen Stadtmenschen, die sich für unsere Arbeit zu fein sind, hatten wir nur Kopfschütteln übrig.

Und jetzt haben wir den Salat. Welche Begriffe prägen heute die Landwirtschaft? Eben. Massentierhaltung, Gentechnik, Pestizide und Kunstdünger, der das Grundwasser verseucht – mit Steuermilliarden subventioniert! Na, herzlichen Glückwunsch.

Es wird Zeit, im wahrsten Sinne des Wortes den Saustall auszumisten. Ich hoffe sehr, dass viele meiner Kollegen mitziehen und sich den Fragen und Ängsten der Verbraucher stellen. Denn nie war das dringender notwendig als heute.

Gleichzeitig war es aber wahrscheinlich auch nie leichter – denn selten zuvor waren die Verbraucher interessierter als heute. Es sollte uns also gelingen, eine Allianz zu bilden. Denn ein treibender Faktor der Unzufriedenheit steht *zwischen* Verbrauchern und Bauern – und den überzeugen wir nur gemeinsam.

DIE MITTELSMÄNNER
Rewe, Aldi, Oetker, Nestlé & Co.

Kochen wir noch selbst, oder schauen wir nur Kochshows? Kaufen wir, was *wir* wollen, oder werden wir ständig manipuliert? Entscheiden wir wirklich noch selbst, was wir essen, oder machen das eigentlich längst andere für uns? Was essen wir überhaupt? Wo essen wir? Und wo kaufen wir ein?

Lebensmittelkonzerne und Handelsunternehmen beeinflussen unser Einkaufsverhalten immer stärker – und machen das so geschickt, dass es viele Verbraucher nicht einmal wahrnehmen. Wir funktionieren oft nur noch als Konsumenten, ohne es selbst zu merken. Das freut vor allem besagte Firmen, denn Lebensmittel sind ein riesiges Geschäft. Und bei einer prognostizierten Weltbevölkerung von über 11 Milliarden Menschen bis zum Ende dieses Jahrhunderts wird das Geschäft eines sicher nicht werden: kleiner.

Ich habe es bereits weiter vorne im Buch beschrieben, wie sich in den letzten Jahrzehnten die Kette der Nahrungsmittelproduktion verlängert hat: Verließen Obst, Gemüse, Fleisch, Milch, Eier etc. früher kaum einmal die Region, bevor sie auf unseren Tellern landeten, hat die Globalisierung heute längst auch unser Essen im Griff. Absurderweise nicht etwa, um bessere Lebensmittel zu liefern, nein, es geht in erster Linie auch hier ums Geld. Die Verfügbarkeit von allen möglichen Lebensmitteln zu jeder Jahreszeit hat natürlich ihren Preis – die Frage ist, wer den Preis am Ende wirklich bezahlt. Die Mittelsmänner jedenfalls nicht. Es ist schließlich ihr Geschäftsmodell.

Viele Wege, die unser Essen nimmt, sind für uns Verbraucher nicht mehr nachvollziehbar. Wir haben uns von unseren Lebensmitteln derart entfremdet, dass es uns schwerfällt, die Dinge klar zu sehen. Auch wir Bauern leiden immer stärker unter der immer stärkeren Arbeitsteilung und Globalisierung. Bei manchen Lebensmitteln fühlen wir Bauern uns von der Lebensmittelindustrie zu ausführenden Organen herabgestuft. Wer nicht mitspielt, wird gegen die Konkurrenz ausgespielt und fliegt raus. Fast schon fremdbestimmt liefern wir das, was der »Markt« fordert. Ob das nun das ist, was der Verbraucher wirklich braucht, oder das, was der Handel möchte, weil damit die größten Renditen winken, spielt nur eine untergeordnete Rolle. Aber dennoch ist genau hier der Ansatzpunkt für uns als Verbraucher. Werfen wir also zunächst einen Blick auf den Handel.

Das Kreuz mit dem Handel

Bei allen Diskussionen um Lebensmittel wird ein Glied in der Wertschöpfungskette gerne vergessen: der Lebensmitteleinzelhandel, kurz LEH genannt. Es ist auch unmöglich, maßgebliche Vertreter von Aldi, Lidl, Rewe oder Edeka vor das Mikrofon oder die Kamera zu bekommen, sie sind sehr medienscheu. Nun bin ich nicht der ausgewiesene Experte für Ökonomie, aber einige Eindrücke, die mir auch als Konsument auffallen, will ich hier denn doch zu Papier bringen.

Der erste Eindruck: Der LEH hat bei all seinem Tun nur ein einziges Ziel – Gewinnmaximierung. Das wäre nicht weiter schlimm, denn jeder von uns strebt, wenn wir ehrlich zu uns selbst sind, dieses Ziel an. Warum nicht auch Aldi & Co.? Was Sie und ich wahrscheinlich aber nicht vertreten können, ist eine Gewinnmaximierung um jeden Preis. Und das ist im Lebensmitteleinzelhandel normal. Die Einkäufer verstehen es, die Rohstofflieferanten zum einen gnadenlos im Preis zu drücken und sie zum anderen in eine Abhängigkeit zu bringen, aus der kaum ein Anbieter schadlos aussteigen kann. Dazu ein paar Beispiele aus der Praxis.

Willkür beim Preisdumping – Beispiel Speisezwiebeln

Ein Nachbar von mir produziert seit einigen Jahren Speisezwiebeln. Diese unterliegen einem freien Markt, Vorkontrakte wie bei Getreide oder Raps, mit denen man den Preis vor dem Anbau schon absichern könnte, gibt es nicht, wohl aber Absprachen mit dem Händler, ob und in welcher Menge er ihm die Ware abnimmt. Die Ernte 2014 war sehr gut, die Qualität exzellent, und so war mein Nachbar guten Mutes. Aber nur, bis er das erste Preisangebot bekam: 3 Euro für 100 Kilogramm!

Nun gibt es nicht viele Händler, die mit Speisezwiebeln handeln, und die Preise bei anderen Händlern, die dann aber nicht mehr mit dem Trecker zu erreichen gewesen wären, hatten auch keine anderen Preisvorstellungen. Dazu wäre dann noch die Fracht gekommen. Schweren Herzens entschloss sich mein Nachbar, die erste Lieferung mit zwanzig Tonnen Ware zum Händler zu bringen. Kaum wieder zu Hause angekommen, rief der blutjunge Einkäufer bei ihm an und fragte wörtlich: »Was soll ich mit dem Scheiß? Da sind ja faule Zwiebeln mit drin, die kannst du gleich wieder abholen.« Also drehte er um, lud die Zwiebeln wieder auf und fuhr nach Hause, wo er die beladenen Hänger frustriert erst einmal stehen ließ. Zwei Tage später rief der Händler wieder an und fragte ihn, ob er jetzt wieder zwanzig Tonnen liefern könnte. Gesagt, getan, mein Nachbar hängte die immer noch mit der gleichen Ware beladenen Anhänger an seinen Schlepper und fuhr erneut zum Händler, wo der Einkäufer die Ware gemeinsam mit ihm begutachtete und für gut befand. Der junge Einkäufer dazu: »Siehst du, geht doch!«

Ich habe selbst lange Jahre Kartoffeln angebaut und kann von ähnlichen Erlebnissen berichten. Allerdings hatte ich meine komplette Ware vor dem Anbau mit dem Händler vertraglich abgesichert. Das machen nicht alle Landwirte, viele spekulieren auch und warten erst einmal die Preise ab. In Jahren mit großem Angebot versuchen die Händler dann die Vertragsware im Preis zu drücken. Da wird jede Kartoffel zweimal umgedreht, man findet blaufleckige, schorfige oder hohlherzige Kartoffeln, und für alles gibt es einen Abzug.

Ein Erlebnis der besonderen Art war ein Jahr, in dem Kartoffeln witterungsbedingt äußerst knapp waren. In unserer Halle lagerte noch ein Rest Kartoffeln, wobei diese Bezeichnung schon nicht stimmte. Es waren viele faule Kartoffeln dabei, stellenweise stand schon das Fruchtwasser zentimeterhoch unter den Kartoffeln. Und sie stanken, wie eben faule Kartoffeln stinken. Wir wollten diese gerade aufladen und zurück ins Feld fahren, als ein Anruf vom Händler kam: »Habt ihr noch Kartoffeln?« Wir erklärten ihm die Situation und dass wir uns schämen würden, ihm eine solche Ware anzubieten. Seine Antwort: »Egal, aufladen. Wir können alles gebrauchen!« Die Abzüge für faule Kartoffeln waren weitaus geringer, als wir erwartet hatten. Mit dem, was man früher einen »ehrbaren Kaufmann« nannte, hat das nicht mehr viel zu tun. Das waren nun Beispiele dafür, wie es möglich ist, uns Landwirte direkt im Preis zu drücken.

Regionale Tricks – Beispiel Milch

Ein anderes Beispiel stammt aus dem Juni 2015 und betrifft im Wesentlichen die Firma Aldi Süd. Zu diesem Zeitpunkt senkte Aldi (und in Folge auch alle anderen Ketten) den Milchpreis um 4 Cent (von etwa 34 Cent auf nun 30 Cent), obwohl sich an der in Deutschland erzeugten Milchmenge nichts geändert hatte. Gleichzeitig startete die Initiative Tierwohl, die für die freiwillig teilnehmenden Landwirte bedeutete, dass sie zusätzliche Investitionen für eine weitere Verbesserung der Tierhaltung belegen mussten, um für ein Kilogramm Fleisch 4 Cent mehr zu erhalten. Umso unverständlicher war die gleichzeitige Preissenkung bei der Milch. Doch das war es nicht allein. Einige Tage später kündigte Aldi Süd an, in Bayern zukünftig Milch unter der Bezeichnung »Meine bayrische Bauernmilch« zu verkaufen. Auf der Verpackung prangten nun gleich drei Siegel: das »Regionalfenster«, die Bezeichnung »Ohne Gentechnik« (was blanker Unsinn ist, da man Kuhmilch nicht gentechnisch herstellen kann) und als drittes Label die Bezeichnung »Geprüfte Qualität – Bayern«. Gleichzeitig schaltete Aldi eine Internetseite, auf der die 61 Landwirte, die diese Milch liefern, vorgestellt werden. Ja, Sie haben richtig gelesen, diese Milch stammt aus lediglich 61 Betrieben. Diese Milch wird in einer Molkerei gesammelt, die Landwirte bekommen für die Milch 2 Cent mehr (also 32 statt 30 Cent), im Laden beträgt der Mehrpreis 10 Cent.

Vordergründig betrachtet, werden Sie als Verbraucher nun sagen, dass Sie doch nun auch regionale Milch kaufen können und der Mehrpreis ja auch beim Landwirt ankommt. Allerdings nur 2 von 10 Cent Mehrpreis.

Das Signal im Milchmarkt ist deshalb ein ganz anderes: Es zeigt den großen Molkereien, dass Aldi Süd auf sie nicht unbedingt angewiesen ist. Das führt zu einem größeren Preisdruck, obwohl die Menge, die als regionale Milch vermarktet wird, eigentlich relativ gering ist. Die Bauern, die jetzt die Milch an Aldi liefern dürfen, werden sich erst einmal freuen, dass sie bei Aldi gelistet wurden und mit einem Spendenbeitrag von 2 Cent abgefunden werden. Womit ich wieder zum Anfang zurückkomme. Aldi hatte ja einige Tage zuvor den Milchpreis insgesamt um 4 Cent gesenkt, wobei die Milchpreissenkung für die 61 Landwirte jetzt nur noch 2 Cent betrug.

Die Idee, die hinter der Listung von regionaler Milch steckt, ist zum einen, zu testen, ob Sie als Verbraucher bereit sind, die Mehrkosten von 10 Cent zu bezahlen. Das Produkt weist ja die gleichen Qualitätseigenschaften auf wie »normale« Milch. Werden Sie als Verbraucher dies nicht tun, wird dieses Angebot nicht mehr gemacht, die 61 Landwirte und ihre Molkerei stellen sich wieder in eine Reihe mit allen anderen Milchbauern, die Homepage verschwindet, das Label genauso. Und der Mehrpreis von 2 Cent fällt dann natürlich auch wieder weg.

Geht das Konzept bei diesem Testmarkt allerdings auf, wird Aldi die großen Molkereien in anderen Bundesländern dazu auffordern, dem bayerischen Beispiel zu folgen und ebenfalls eine regionale Milch anzubieten. Dazu gehört dann die Offenlegung der Lieferanten, der Milchbauern, um die Transparenz gegenüber dem Verbraucher auch dokumentieren zu können. Damit will Aldi sich einen Marktvorteil verschaffen, weil »Regionalität ja gefragt ist«. Logisch, wenn es angeboten und genug beworben wird, wollen wir Verbraucher es ja auch haben. Wenn Aldi die Molkereien und die dazugehörigen Landwirte erst einmal unter Vertrag hat, steigt die Nachfrage für regionale Milch und sinkt bei der »normalen« Milch. Der Absatz »normaler« Milch wird schwieriger und der Preisdruck nochmals höher.

Was jetzt folgt, ist eine Annahme: Der Preis für »normale« Milch sinkt aufgrund der geringeren Nachfrage (in diesem Beispiel auf 26 Cent), die Preisdifferenz für regionale Milch bleibt aber konstant bei 2 Cent über dem Preis von »normaler« Milch. So kann es gut möglich sein, dass in ein paar Monaten der Erlös pro Liter Milch für regionale Milch bei 28 Cent liegt und damit 4 Cent unter der Startphase. Die

Differenz von 8 Cent, die Aldi für die regionale Milch mehr nimmt, bleibt aber, und das für eine gestiegene Menge. Ist doch clever, oder?

Würden Forderungen laut, zum Beispiel nach bestimmten Haltungsformen, in der Fütterung oder auch bei anderen Kriterien, kann Aldi diese Konditionen an die Molkereien weitergeben, worauf diese ihre Lieferanten nach den neuen Bedingungen selektieren. Die Betriebe sind ja jetzt bekannt. Landwirtschaftliche Betriebe, die die neuen Forderungen, die auch über das gesetzliche Maß hinausgehen können, erfüllen, bleiben weiterhin Lieferanten für regionale Milch. Betriebe, die diese Kriterien nicht erfüllen können oder wollen, dürfen zwar weiter liefern, aber nur zu den Bedingungen für »normale« Milch. Ist doch clever, oder?

Ausgelistet I – Beispiel Blumenkohl

Die Discounter haben den Anspruch, immer die billigsten Anbieter von Lebensmitteln zu sein. Ein beliebtes Mittel ist die Drohung mit Auslistung. Nehmen wir ein Beispiel aus dem Gemüsebereich: Blumenkohl.

Ich wette, es würde Ihnen nicht besonders auffallen, wenn Aldi einmal zwei Wochen keinen Blumenkohl im Angebot hätte. Die Einkäufer der Discounter sind gut informiert und wissen, ob eine große Ernte ansteht. Wenn der Preis nicht passt, wird den Lieferanten mitgeteilt, dass sie für die nächsten zwei Wochen keinen Blumenkohl anbieten wollen. Blumenkohl wird ausgelistet. Jetzt entsteht auf der Anbieterseite eine gewisse Panik, denn wenn der Blumenkohl nicht zum optimalen Zeitpunkt geerntet wird, leidet die Qualität, der Blumenkohl wird unansehnlich und ist schließlich nicht mehr vermarktbar. Das wäre ein Totalverlust. Und jetzt steckt der Blumenkohlbauer in der Falle. Einen Totalverlust kann er sich nicht leisten, sein Betrieb nicht verkraften. Daraufhin »überlegt« der Einkäufer des Discounters, Blumenkohl vielleicht doch wieder ins Programm aufzunehmen, »aber nur, wenn der Preis stimmt«. Und den legt er jetzt fest. Daraufhin kann der Landwirt überlegen, ob er das schlechte Angebot annimmt oder seine Existenz ruiniert. Ist doch clever, oder?

Ausgelistet II – Beispiel Tiere

Noch dramatischer ist die Angst vor der Auslistung jedoch bei der Herstellung tierischer Produkte. Blumenkohl oder Kopfsalat kann der Landwirt ja noch unterpflügen, aber bei tierischen Produkten ist er zwingend darauf angewiesen, diese schnellstmöglich zu vermarkten. Ein Schwein, das die Schlachtreife erreicht hat, wird mit jedem Tag qualitativ schlechter, setzt mehr Fett an und wird schließlich nahezu unverkäuflich. Und es muss weiter gefüttert werden. Das Gleiche mit Schlachthähnchen, Puten und so weiter.

Kühe geben jeden Tag Milch, man kann ihnen das Euter nicht einfach zubinden, und die Lagerkapazitäten auf dem Hof sind sehr begrenzt beziehungsweise ausgereizt. Also muss die Ware weg, zum Schluss zu jedem Preis, und das wissen die Einkäufer. Der Produzent, der Landwirt, kann langfristig nur reagieren, indem er die Kosten für die Tierhaltung weiter senkt. Da rund 50 Prozent der Kosten auf das Futter entfallen, wird er versuchen, möglichst billiges Futter zu kaufen, und gibt so den Druck an seinen Lieferanten weiter. Oder er erhöht die Zahl der gehaltenen Tiere, um die Stückkosten zu senken. Dies alles geht jedoch zu Lasten der Qualität oder des Tierwohls, denn irgendwo muss ja gespart werden. So ist es auch nicht verwunderlich, dass immer wieder schwarze Schafe in dieser Kette versuchen zu schwindeln. Wenn sie entdeckt werden, ist der nächste Skandal da, der die gesamte Branche in Verruf bringt. Dann lesen wir wieder von kranken Tieren, überfüllten Ställen oder unerlaubten Stoffen im Futtermittel. Und der Bauer ist der Schuldige.

Ausspielen der Macht – Beispiel Listungsgebühr

Neben der Auslistung wird von fast allen Lebensmittelketten vom Hersteller bei Markteintritt eine Listungsgebühr beziehungsweise Regalgebühr verlangt. Was bedeutet das?

Nehmen wir einmal in einem fiktiven Beispiel an, ich würde blaue Kartoffeln anbauen und an Supermärkte verkaufen wollen. Dieser hat Interesse an meinem Produkt. Damit ich jedoch liefern darf, verlangt der Einkäufer von mir eine Listungsgebühr. Die kann je nach Produkt zwischen 30 000 und 100 000 Euro betragen. Der Vertrag wird über eine bestimmte Menge und eine bestimmte Laufzeit geschlossen. In unserem Beispiel fallen bei einem Vertrag über zwölf Monate und eine Menge von 10 000 Tonnen zwischen 3 und 10 Euro pro Tonne an Listungsgebühr an. Die will er dafür haben, dass er den Stellplatz im Regal, der ja bisher von anderen Kartoffeln besetzt wird, mit meinen blauen Kartoffeln füllt. Jetzt kann ich mir überlegen, ob sich das für mich rechnet. Der Landwirt, der bisher geliefert hat, wird ausgelistet und kann sehen, wo er mit seinen Kartoffeln bleibt. Will er mit dem Supermarkt wieder ins Geschäft kommen, kann er das nur, indem er den Preis senkt und wieder die Listungsgebühr entrichtet. Jetzt kann ich sehen, wo ich mit meinen blauen Kartoffeln bleibe. Ich gehe also zum nächsten Supermarkt und biete dort meine Kartoffeln an. Und bezahle wieder die Listungsgebühr. Auf der Abrechnung mit dem Produzenten wird man die Listungsgebühr kaum finden, die ist meist im Produktpreis versteckt. Auf Nachfrage werden Sie auch immer zur Antwort bekommen, dass es die nicht gibt. Ist doch clever, oder?

Alle Bemühungen seitens der Landwirte, dieses System zu durchbrechen, sind bisher gescheitert. Auch Erzeugergemeinschaften bieten keinen Schutz, denn es gibt im Markt letztendlich keine Solidarität, da ist sich jeder selbst der Nächste. Das ist auch im Sinne des Gesetzgebers, denn Preisabsprachen würden auch sofort vom Kartellamt mit drakonischen Strafen quittiert. Das gilt im Übrigen nicht nur in der Landwirtschaft, auch beispielsweise Zulieferer der Automobilindustrie und viele andere Sparten sind diesem Druck ausgesetzt. Es gibt immer noch jemanden auf der Welt, der es noch billiger kann. Pech gehabt!

An dieser Stelle kommen immer wieder dieselben Vorschläge: Wir Landwirte sollen Aldi & Co. einfach nicht mehr beliefern, die würden das schon merken. Tja, wenn das so einfach wäre. Kein Bauer beliefert Aldi direkt. Die Ketten haben einen zentralen Einkauf, und bis auf ein paar wenige regionale Artikel wie Kartoffeln oder Gemüse ist da meist nichts direkt vom Bauern.

Streiken ist auch als Argument, sich gegen die Marktmacht der Supermärkte zu stellen, sehr beliebt. Genau, wir binden den Kühen mal für drei Tage das Euter zu und gehen mit Transparenten auf die Straße. Geht nicht, also die Milch mit dem Güllefass in die Städte fahren und dort unter Begleitung der Presse vor die entsprechende Behörde kippen. Machen die Franzosen, kann man sich bei YouTube ansehen, halte ich aber für geschmacklos und unethisch. Wobei Letzteres auch für die Preise der Discounter zutrifft.

Weitere wohlwollende und gut gemeinte Vorschläge meiner Mitbürger, wie ich dem Druck des Handels entgehen kann:

Alternativen für uns Bauern – nicht ohne den Verbraucher

DIREKTVERMARKTUNG

Das machen schon viele meiner Berufskollegen, scheitert bei mir aber an den erzeugten Produkten und den erzeugten Mengen an Weizen, Raps und Zuckerrüben, die mir so unverarbeitet ja auch kein Verbraucher abkaufen wird. Es ist eine brauchbare Nische, funktioniert aber nicht für alle. 280 000 Hofläden (so viele landwirtschaftliche Betriebe gibt es) wären dann auch ein bisschen viel.

Der mir naheliegendste Gedanke wäre deshalb auch hier spontan: Kooperation. Doch in meinem Fall stellt sich wieder die Frage, wie die bei meinen Produkten anders aussehen könnte als die, bei der ich schon »ewig« mitmache...

GENOSSENSCHAFTEN

Ich bin seit vierzig Jahren in einer Genossenschaft und fühle mich da sehr gut aufgehoben. Für die einzelnen Mitglieder ergeben sich durch die gemeinsame Organisation unserer Arbeit viele praktische Vorteile, um bei der fortschreitenden Kommerzialisierung der Landwirtschaft auch als kleinerer Betrieb nicht unterzugehen. Denn der Markt nimmt auf Einzelschicksale keine Rücksicht. Trotz 1200 Mitgliedern unterliegt meine Genossenschaft natürlich genauso dem Marktdruck wie große Industriebetriebe und -konzerne auch. Und der kommt nicht allein aus Deutschland, sondern wird an den Rohstoffbörsen dieser Welt gemacht, wie ich weiter vorne ja bereits beschrieben habe.

Und was ich auch schon erwähnt habe: Ob meine Produkte am Ende auf einem Teller, im Trog oder im Tank landen, habe ich mit einer Genossenschaft noch weniger in der Hand als die Einzelkämpfer. Denen bleibt zumindest noch die theoretische Wahl, das selbst zu entscheiden – wenn man den Preisdruck mal für einen Moment großzügig ausblendet.

SOLIDARISCHE LANDWIRTSCHAFT (SOLAWI)
Diese Form der Kooperation kenne ich erst seit Kurzem, habe ich mir aber angesehen. Da ist zum Beispiel zu lesen: »In der solidarischen Landwirtschaft tragen mehrere Privathaushalte die Kosten eines landwirtschaftlichen Betriebs, wofür sie im Gegenzug dessen Ernteertrag erhalten.« Keine schlechte Idee in ländlichen Räumen, aber wie soll das in Großstädten funktionieren? Und bei Gemüse und Obst mag das ja noch mit einer zentralen Verteilung (Depots) in den Städten noch funktionieren, wo sich die Mitglieder die Produkte selbst abholen.

Obwohl ich mit 40 Hektar einen relativ kleinen Betrieb habe, kann ich so meine 200 Tonnen Weizen pro Jahr wohl kaum vermarkten. Und was mache ich mit den 20 Tonnen Raps? Wie sollen das größere Betriebe hinbekommen? Mir kommen noch viele weitere Fragen, auf die mir auch die solidarische Landwirtschaft keine Antwort geben kann – zumindest in meiner aktuellen Situation.

In Deutschland gibt es bislang knapp 90 Höfe, die sich

diesem Modell angeschlossen haben, weitere 100 sind in Gründung. Mehr als eine kleine Nischenbewegung ist das bislang also nicht und für die meisten Höfe auch nicht praktikabel. Aber es ist ein Weg.

Wenn ich andere Absatzwege finden möchte, dann geht das in Zukunft nur, wenn auch ich mich anpasse. Wer keine Bereitschaft zeigt, auch sich selbst umzustellen, der darf auch nicht bloß jammern – was für Verbraucher gilt, gilt natürlich genauso für uns Bauern. Wie wäre es also beispielsweise mit...

UMSTEIGEN AUF BIO
Ja, dazu komme ich später noch ausführlich. Ein interessantes Marktsegment. Aber bisher scheue ich das Risiko. Kann man mir vorwerfen, ist aber so. Ist nämlich auch eine Frage des Alters, aber längst nicht nur das.

ANDERE KULTUREN ANBAUEN
Derzeit denke ich über den Anbau von Arznei- und Gewürzpflanzen nach, was aber sehr viel Handarbeit erfordert. Ich müsste Fremdarbeitskräfte einstellen. In eine Trocknung investieren. Neue Maschinen anschaffen. Und, bevor ich damit anfange, vor allem den Markt und die Vermarktungswege für solche Produkte checken! Mal sehen, ich denke und rechne noch.

Die weiße Weste mit dem grünen Kittel

Während ich hinsichtlich meiner persönlichen Alternativen noch nicht entschieden habe, machen sich natürlich alle anderen Marktteilnehmer auch so ihre Gedanken. Ein Trend, auf den fast alle großen Firmen anspringen (nicht nur in der

Lebensmittelbranche), ist das sogenannte Greenwashing – die Kunst, sich ein ökologisch verantwortungsbewusstes Image zu verpassen. Wobei diese Kunst nur selten etwas mit der Wahrheit zu tun hat. Aber in Zeiten von Klimawandel, Abgasskandalen und Massentierhaltung ist so ein grünes Image zu einem immer wichtiger werdenden Verkaufsargument geworden.

In einer ganzseitigen Zeitungsanzeige habe ich zum Beispiel gelesen, dass BMW sein Werk in Südafrika zu 30 Prozent mit Strom aus einer Biogasanlage betreibt. Warum? Um (Zitat) »keine Spuren zu hinterlassen«. Das riecht doch stark nach Greenwashing, wenn ein Autohersteller, dem auch die Marke Rolls-Royce gehört, sich mit umweltfreundlicher Energie brüstet. Nichts gegen die Idee, die ist gut. Aber offensichtlich will BMW sich mit dieser Maßnahme den Ablass holen, seine Fahrzeuge, die ja weiterhin ihre Abgase in die Umwelt pusten, produzieren zu dürfen.

Eine etwas andere Idee hat Netto: Auf einzelnen Packungen ist zu lesen, dass 10 Cent vom Packungspreis an den Erzeuger gehen, wobei mir beim Lesen der Packung nicht ganz klar geworden ist, ob der Erzeuger nun 10 Cent mehr bekommt oder ob Netto lediglich garantiert, dass vom Aufschnitt zum Preis von 1,29 garantiert 10 Cent beim Erzeuger ankommen. Das wäre ja ein großer Unterschied.

Auch Aldi fährt auf der Mitleidsmasche für den armen Erzeuger, da sie jetzt, zumindest in Bayern, regionale Milch anbieten. Wenn jemand »besser leben« lässt, dann ja Rewe, wer sonst. Die haben sogar ein eigenes Label mit der Bezeichnung ProPlanet. Und dort finden Sie dann auch ein »Navigationssystem für nachhaltigeren Einkauf«. Sie können dort ja mal stöbern und sich selbst ein Bild machen, ob Sie dieses Konzept überzeugt. Gilt übrigens auch für Penny.

Gutes Fleisch erkennt man an gutem Fleisch, gutes Brot an gutem Brot, guten Kaffee am Geschmack und gutes Obst an der Frische und alles zusammen natürlich am guten Preis, den nur Lidl bietet. Ansonsten ist auf der Internetseite zum Thema Nachhaltigkeit bei Lidl Folgendes zu lesen: »Die Auswirkungen des Klimawandels auf Mensch und Umwelt sind weltweit zu beobachten, denn die globale Erwärmung verändert Wetterbedingungen und damit Naturräume in zunehmendem Maße. Der Klimaschutz gilt daher als eine der größten Herausforderungen unserer Zeit. Mit diesem Bewusstsein arbeiten wir kontinuierlich an Lösungen, um im Rahmen unserer Möglichkeiten das Klima und die Umwelt zu schonen. Mit über 3000 Filialen im gesamten Bundesgebiet engagieren wir uns für eine optimale Energieeffizienz unserer Standorte sowie deren effizienten internen Betriebsabläufen. Mit unterschiedlichen Maßnahmen in diesen Bereichen leisten wir einen positiven Beitrag zum Schutz unserer Umwelt und dem Erhalt der natürlichen Ressourcen.«

Anfang Juli 2015 war ich bei Rewe einkaufen. Beim Gang durch den Laden hörte ich Vögel zwitschern und Frösche quaken. Dann wurde noch ein Text gesprochen, den ich aber nicht ganz verstanden habe. Beim Gang zur Kasse kam ich an einem Baum aus Pappe vorbei, an dem fünf Kinderbilder hingen. An der Kasse habe ich mir ein Stück Papier geben lassen, auf dem die Kinder ein Bild vom Wald malen können. Auf der Vorderseite des Blattes steht, dass Rewe für jedes gemalte Bild Geld für einen Quadratmeter Wald an den NABU spendet, mit dem Ziel, 100 000 Quadratmeter Wald zu schützen. Dies entspricht einer Fläche von 10 Hektar und damit, je nach Größe, etwa zehn bis zwanzig Fußballfeldern. Die letzte Bundeswaldinventur ergab eine Waldfläche in Deutschland von

11,4 Millionen Hektar. Laut der letzten Statistik der Bodenverwertungs- und -verwaltungs GmbH (BVVG, Juni 2015) kostet ein Quadratmeter Wald in Brandenburg und Sachsen zwischen 0,10 und 1,50 Euro. Es geht also um eine Spende an den NABU zwischen 10 000 und 150 000 €. Auf der Facebook-Seite von Rewe gab es zur Malaktion für den Waldschutz noch ein Video, in dem eine junge Frau mit herzzerreißender Stimme von der Bedrohung der Artenvielfalt spricht. Und eine NABU-Vertreterin erläutert noch, dass mit dieser Aktion die Urwälder von morgen entwickelt werden sollen. Wenn man bedenkt, dass Rewe im Jahr 2014 rund 15 000 Märkte hatte und in jedem Markt ein Baum aus Pappe mit den dazugehörigen Zetteln stand, dürfte das verbrauchte Papier etlichen Bäumen das Leben gekostet haben. Ist es jetzt zynischer, so eine Rechnung aufzustellen oder die Leute mit großartigem Aktionismus hinters Licht zu führen?

Kommen wir zu Edeka, die mit dem Slogan werben »Wir lieben Lebensmittel«. Edeka hat es nicht so mit dem NABU, dafür arbeiten sie mit dem WWF zusammen. Ein Panda auf der Verpackung macht halt mehr her. Den kennt jeder, da greift man gerne zu, weil man so ja eine gute Sache unterstützt. Welche? Hier ein Beispiel von der Edeka-Internetseite:

Palmöl – gefragter Rohstoff mit Konfliktpotenzial

Die Anbaufläche für Ölpalmen hat sich in den letzten Jahren vervielfacht und umfasst derzeit weltweit rund zwölf Millionen Hektar.

Das ist nicht ohne Folgen:
Für Ölpalmenplantagen wurden und werden in großem Umfang tropische Wälder gerodet und große Mengen an Treibhausgasen freigesetzt.
Durch die Monokulturen wird die biologische Vielfalt bedroht, Lebensraum für bedrohte Tiere und Pflanzen schwindet.
Also auf Palmöl verzichten? Dann würde man auch auf die Vorteile des Palmöls verzichten. Denn die Ölpalmen sind ertragreich: Durch Anbau auf vergleichsweise geringer Fläche kann ein Großteil des weltweiten Bedarfs an Pflanzenölen gedeckt werden. Das Öl ist günstig und vielfältig einsetzbar – vom Schokoriegel über Lippenstift bis hin zum Biokraftstoff. In vielen Ländern ist Palmöl darüber hinaus ein wichtiges Nahrungsmittel und bildet die Lebensgrundlage von Kleinbauern.

Aha, das ist es also: »Das Öl ist günstig.« Und dass Ölpalmplantagen die Lebensgrundlage von Kleinbauern sein sollen, habe ich auch schon mal ganz anders gehört.

Auch um Futtermittel kümmert sich Edeka: »Edeka setzt sich beim Einsatz von Futtermitteln in der Schweine-, Rinder- und Geflügelernährung daher für eine Umstellung auf heimische beziehungsweise europäische Futtermittel (zum

Beispiel Rapsschrot oder Leguminosen) oder auf zertifiziert verantwortungsvolleres, gentechnikfreies Soja (RTRS + GVO-frei, ProTerra oder Donausoja) ein.« Was bedeutet denn die Formulierung »Edeka setzt sich ein«? Macht der Supermarkt demnächst Vorschriften, mit welchem Futter die Tiere gefüttert werden sollen? Übrigens wurden 2014 in Europa 0,5 Millionen Hektar Soja angebaut, in Deutschland waren es lediglich 10 000 Hektar und damit rund 0,6 Prozent des heimischen Bedarfs. Wollte man Soja durch Erbsen ersetzen, müssten rund 2,6 Millionen Hektar davon in Deutschland angebaut werden. Und weil Land nicht vermehrbar ist, müssten andere Kulturen dann weichen. Weiß Edeka auch, welche das sein sollten?

Aber auch um den Wasserverbrauch kümmert sich Edeka. So wird beispielsweise in einem Projekt das Wasserrisiko des Frühkartoffelanbaus in Ägypten beleuchtet. Wie wäre es denn, wenn Edeka bei Frühkartoffeln wartet, bis die deutsche Ware verfügbar ist? Wer muss denn im Februar schon Frühkartoffeln essen?

Was ich mit diesen Beispielen sagen will? Schauen Sie, wenn Sie solche Aktionen sehen, genau hin, und überlegen Sie, welchen Eindruck die jeweilige Firma mit ihrer Botschaft erwecken will und was das tatsächlich bedeutet, wenn man die Marketing-Formulierungen in normales Deutsch zurückübersetzt. Geht es wirklich um Nachhaltigkeit, oder will sich das jeweilige Unternehmen, das Milliarden Euro Umsatz macht, nicht nur ein grünes Mäntelchen umhängen, weil sie genau wissen, dass ihre Wirtschaftsweise alles andere als nachhaltig ist?

Die Antwort ist in meinen Augen klar: Hier wird versucht, neue Kunden zu gewinnen, es geht um Umsatz. Und da lässt sich mit der »richtigen« Verpackung oft mehr erreichen als mit dem richtigen Inhalt. Zumindest solange wir Verbraucher uns damit einfangen lassen. Und nicht nur damit.

Essen als Kult – skurriler Lifestyle

Geht es Ihnen auch so wie mir? Kaum schalten Sie den Fernseher an, sehen Sie mal wieder eine Kochshow. Und zwar auf allen Kanälen, zu fast jeder Tageszeit. Im Öffentlich-Rechtlichen genauso wie auf den Privatsendern. Gleichzeitig kann man bei einem Marktforschungsunternehmen nachlesen, dass der durchschnittliche Deutsche für die Zubereitung seiner Mahlzeiten 29 Minuten am Tag verwendet. Damit liegen wir knapp hinter den Amerikanern. Die können es noch schneller, mit 27 Minuten. Und wohlgemerkt: In den 29 Minuten ist das Kartoffelschälen schon drin...

Wir Deutsche sind schon ein komisches Völkchen. In kaum einem anderen Land ist der Einkauf von Lebensmitteln beim Discounter so beliebt, wird ein so geringer Anteil des Einkommens für Nahrungsmittel ausgegeben. Gleichzeitig führen wir in Deutschland eine permanente Diskussion über Ernährung, lesen in den Zeitungen, wie gefährlich das ein oder andere Lebensmittel ist, dass Zucker dick macht und dass der Fleischverzehr in seiner Gesundheitsgefährdung dem Rauchen und Saufen ja schon sehr nahe komme. Und kaufen dann bei Aldi das Hähnchen für 2,79 Euro.

Doch jenseits der viel gescholtenen »Geiz ist geil«-Mentalität hat sich ein nicht weniger skurriler Trend herauskristallisiert: Essen ist ein »neuer« Kult geworden. Die, die es sich leisten können, sich vom sogenannten Mainstream abzuwenden, reden gerne darüber, dass sie sich »ganz bewusst« ernähren. Und sie schauen ein wenig mitleidig auf die Übergewichtigen herab, von denen es in Deutschland ja reichlich gibt. Dünkel ist wieder erlaubt, und so sorgt die Bio-Elite dafür, dass ihre Kinder nicht mit der Unkultur der »bildungsfernen Schichten« zusammenkommen, die im Konsum billiger Nahrungsmittel immer weiter verfetten. Das Kollektiv der Meinungsbildner, also Medienleute, Lehrer, Pfarrer und Kulturschaffende, bestätigt sich immer wechselseitig seine Normen und lässt Zweifel daran nicht zu. Technischer Fortschritt wird verteufelt, und alles, was Natur ist, gilt als richtig, wertvoll und schützenswert. Da kann man auch schon mal irren, so wie beim Waldsterben, das nicht stattfand. Oder bei BSE, das das Zeug dazu hatte, die halbe Menschheit auszurotten. Vogelgrippe, Schweinepest gingen vorüber, ohne die vorhergesagten Katastrophen. Aber stets sind die Untergangspropheten die Stars, die Realisten werden nicht gehört.

Doch jetzt weiß man es ganz sicher: Nie ging es der Natur schlechter als heute. Das Dioxin-Ei oder Glyphosat in der Muttermilch wird zur existenziellen Bedrohung. Dass wir überhaupt noch leben (und immer älter werden), grenzt an ein Wunder, es ist im Grunde unerklärlich. Denn immer wieder droht der Weltuntergang, Sachlichkeit gilt als verwerflich, und Kritik an der Denkweise ist nicht erlaubt und nur ein Zeichen von Unaufgeklärtheit. Man trifft sich im Bioladen oder beim Feng-Shui-Berater und plaudert darüber, dass man sich gerade mit mehreren Tausend Euro an einem Windrad beteiligt hat, sich einen Hybrid-SUV als Zweitwagen für die Frau angeschafft hat (man will ja Energie sparen) und dass die neue Gesundheits-App neben dem Kalorienverbrauch noch die GPS-Distanz und Geschwindigkeit berechnet. Toll findet man auch, dass über Kopfhörer währenddessen Informationen ein- und Musik abgespielt und die Ergebnisse am Ende bei Facebook und Twitter geteilt werden können. Angestellte, Arbeitslose und Sozialhilfeempfänger, aber auch Handwerker und mittelständische Unternehmer bekommen davon nichts mit. Die haben andere Sorgen oder auch einfach keine Zeit.

Genau wie wir Bauern. Wir würden gerne auf diese Auswüchse verzichten.

Ich verzichte gerne auf ...

Haben Sie sich schon einmal eine der Talkshows zum Thema Lebensmittel angesehen? Wenn die Rede aufs Essen kommt, überholen sich die Gäste, meist Schauspieler oder Schriftsteller, die beiläufig ihren neuen Film oder das neue Buch vorstellen, gegenseitig in der Beteuerung, dass sie sich seit Kurzem vegetarisch oder vegan ernähren. Fleisch ist auf dem besten Weg, die Zigarette von morgen zu werden.

Auf etwas zu verzichten ist der neue Kult beim Essen, der neue Mainstream. Essen muss nicht mehr Spaß machen, Selbstkontrolle steht im Zentrum. Nur wer entsagt, ist wirklich rein. Essen wird somit zum sozialen Abzeichen, in gewisser Weise zur Ersatzreligion. Es ist die Lust, etwas nicht nötig zu haben, die die Nahrungsaufnahme zu einer fast kultischen Handlung macht. Da ist die Rede von Entschlackung (Schlacke?) und Entgiftung (Gift?) des Körpers.

Nach der vorösterlichen Fastenzeit darf wieder geschlemmt werden? Denkste! Wir wählen unser Essen ja sehr bewusst aus und lesen sämtliche Labels, die auf der Packung stehen. Doch der Griff nach Lebensmitteln, die »frei von« etwas sind, wird heutzutage in vielen Fällen nicht mehr durch ein gesundheitliches Problem bestimmt (ich entschuldige mich bei allen wirklich Betroffenen), sondern ist Ausdruck einer inneren Haltung. Manche Zeitgenossen finden es einfach schick, sich durch den Biss in eine fleischfreie Wurst oder einen cholesterinfreien Schokoriegel selbst zu optimieren und sich von dem gedankenlos vor sich hin schlemmenden Pöbel abzusetzen. Und eine große Supermarktkette greift dies prompt auf und bietet mittlerweile eine eigene Produktpalette unter der Marke »frei von« an. Das muss doch gesund sein!

Getrieben vom Wunsch nach einem besseren, gesünderen Leben sind auch die Anhänger der Paläo-Ernährung. Doch hier ist es geradewegs umgekehrt: Deren Speiseplan sieht viel (rohes) Fleisch vor, Früchte der Saison und Fisch. Getreide und Milch gibt es nur ausnahmsweise. Halt genauso, wie sich unsere Vorfahren im Paläolithikum ernährt haben. Alt wurden die ja nicht, was aber auch am Säbelzahntiger liegen mag. Aufgrund fehlender Tierschutz-Organisationen haben die den Fressfeind dann einfach ausgerottet.

In der Steinzeit haben unsere Vorfahren rund 6000 Kalorien verbraucht, denn der Mensch ist eigentlich von der Natur als Läufer konzipiert. In der afrikanischen Savanne musste er weite Strecken zurücklegen, um an seine Nahrung zu kommen, egal, ob es das Erlegen von Wild oder das Sammeln von Beeren und Wurzeln war. Im Mittelalter waren es dann noch 5000 Kalorien, heute reichen zum Leben je nach

Alter, Geschlecht und Beruf 2500 bis 3000 Kalorien aus. Eigentlich leben wir nicht mehr artgerecht, und das in mehrfacher Hinsicht: Versorgte uns früher die 100-Personen-Sippe mit Nahrung, ist heute der Single-Haushalt zunehmend Standard. Da wird das Essen immer mehr zur Nahrungsaufnahme und ist kein Treffpunkt mehr, bei dem auch soziale Kontakte stattfinden.

Vielleicht sollten wir besser auf all die Ernährungshypes und das ganze Verzichten verzichten und mal wieder gemeinsam auf den Wochenmarkt gehen. Das wäre doch ein gesunder Anfang. Dann finden wir auch sicher eine Antwort darauf, wer wirklich etwas von den unzähligen Diäten, Kochshows, Nahrungsergänzungsmitteln und all den anderen Ernährungssäuen hat, die durchs Dorf getrieben werden.

Wenn ich Sie jetzt frage, wie viel Hunger akzeptabel ist, klingt das zynisch. Doch was sich dahinter verbirgt, ist die Frage, ob wir durch unseren Umgang mit Lebensmitteln darüber entscheiden dürfen, wie Grundnahrungsmittel erzeugt werden. Dürfen Sie, darf ich neue Technologien ablehnen, ohne dass es naturwissenschaftliche Beweise für deren Schädlichkeit gibt? Wenn es einen ständig schneller werdenden Klimawandel gibt, woher sollen, bei gleichzeitig weiter steigender Weltbevölkerung, unsere Nahrungsmittel kommen? Nichts gegen Bio, aber wenn alle Landwirte so wirtschaften würden, würden dann nicht pro Flächeneinheit einfach zu wenig Kalorien erzeugt? Ich höre gerade immer öfter das Argument, dass wir alle weniger Fleisch essen sollen, weil dann weniger Futtermittel verbraucht würden und die weltweite Agrarfläche für mehr Menschen reichen würde. Das stimmt. Aber sollen alle weniger Fleisch essen? Oder nur wir Deutsche, wir Europäer? Oder auch die Menschen in Brasilien, in Indien, in China, die es gerade zu einem bescheidenen Wohlstand gebracht haben und jetzt auch diesen Luxus für sich in Anspruch nehmen wollen? Wer will derjenige sein, der die Botschaft »Esst weniger Fleisch« in die aufstrebenden Staaten oder gar in die Entwicklungsländer trägt?

Ist es nicht an der Zeit, unsere Denkweise zu ändern? Uns von einigen liebgewonnenen Vorurteilen zu verabschieden? Kennen Sie Norman E. Borlaug? Sicher nicht. Er, ein Farmerssohn aus Iowa, war es, der durch (gentechnikfreie) Züchtung die ersten Weizensorten entwickelte, die gegen gefährliche Getreidekrankheiten tolerant waren und kürzere Halme für mehr Stabilität hatten. So hat er in der »Grünen Revolution« Hunderte Millionen von Menschen vor dem Hungertod bewahrt und dafür 1970 den Friedensnobelpreis erhalten. Er ist einer der stillen Helden dieser Erde. Es wird uns also nichts anderes übrig bleiben, als zu akzeptieren, dass Verfahren, die den Output an Kalorien erhöhen und die Qualität der Lebensmittel verbessern, nicht nur bei uns, sondern auch in den Ländern mit Nahrungsmittelmangel Einzug halten. Ich weiß, dass dieser Satz Widerspruch auslösen wird. Und Sie dürfen mich hier gerne kritisieren. Aber nennen Sie mir bitte auch die Alternative. Wenn wir den Hunger nicht vor Ort besiegen, haben die Menschen in ihrer Heimat keine Chance und müssen sie verlassen.

Warum uns unser Essen krank macht (oder machen soll)

Dass Zucker dick macht, ist ja allgemein bekannt, stimmt aber nicht. Zu viel Zucker macht dick, und das ist etwas ganz anderes, weil es nichts mit dem Produkt zu tun hat, sondern mit der Ernährungsweise.

Auch Salz ist nicht ungesund, im Gegenteil. Nur zu viel Salz ist ungesund, und deshalb ist auch hier das Produkt »unschuldig«. Ich habe mir mal die Mühe gemacht, möglichst viele Meldungen zu sammeln, warum diverse Nahrungsmittel ungesund sein sollen. Zucker und Salz habe ich bereits erwähnt, weiter geht es mit Fleisch. Fleisch »fördert den Herzinfarkt, führt zu Arthrose, Rheuma, Gicht und unangenehmen Verdauungsproblemen«. Auch Parodontose und Osteoporose soll durch Fleischverzehr befördert werden. Kuhmilch hingegen könne, so ist zu lesen, »zu Asthma, Diabetes und sogar Krebs« führen. Allerdings nur, wenn große Mengen konsumiert werden. Getreide, vor allem Weizen sowie Backwaren, ist ebenfalls des Teufels und vergiftet unseren Körper. Es ist sogar zu lesen, dass Weizen Opioide enthält, die uns süchtig machen. Richtig ist, dass es Menschen mit einer Gluten-Unverträglichkeit gibt, die genetisch bedingt ist. Von daher ist es sehr zu begrüßen, dass für diese Menschen glutenfreie Nahrungsmittel angeboten werden. Übrigens soll Weißmehl auch unfruchtbar machen. Auch zu viel Obst ist ungesund, weil es viel Fruchtzucker enthält. Dieser »ist nicht so harmlos, wie lange Zeit vermutet. Er fördert Karies, begünstigt die Entstehung einer Fettleber und steigert die Fettwerte im Blut. Ein dauerhaft erhöhter Konsum an Fruchtzucker kann deshalb Übergewicht fördern und Stoffwechselstörungen wie Diabetes den Weg ebnen.« Jetzt könnte ich Ihnen auch noch erzählen, dass Rhabarber die giftige Oxalsäure, ungekochte grüne Bohnen Phasin, Kartoffeln an den grünen Stellen Solanin enthalten, und Ihnen damit auch noch den Appetit auf Gemüse verderben. Aber das lasse ich lieber.

Mein Freund Helmut ist rank und schlank, treibt viel Sport und nimmt Medikamente. Er hat hohe Cholesterinwerte. Wer ist schuld? Die Eltern, denn die haben ihm die

Neigung mitgegeben. Neben ungesunder Ernährung und Übergewicht können auch Medikamente, beispielsweise Betablocker, die Cholesterinwerte im Blut negativ beeinflussen. Auf Diabetes II und Adipositas (krankhaftes Übergewicht) möchte ich nicht weiter eingehen. Sie und ich wissen, dass dies sogenannte Zivilisationskrankheiten sind. Wir haben es eben selbst in der Hand, weniger zu essen, uns mehr zu bewegen, auf das Rauchen zu verzichten und Alkohol, wenn überhaupt, nur in Maßen zu genießen. Essen sollte mehr als nur eine Nahrungsaufnahme sein, Genuss gehört mit dazu. Und das sollten wir nicht vergessen.

Sicherheit durch Information – oder doch eher Verwirrung?

Ohne Geschmacksverstärker, aromatisiert, aus der Region, fettarm, glutenfrei, vegetarisch, vegan, ohne Gentechnik, Brennwert, Nährwert, kann Spuren enthalten von ...

Soll ich Ihnen noch mehr Begriffe nennen, die Sie heute auf einer Packung finden können? Lesen Sie die alle? Und können Sie diese auch interpretieren? Wissen Sie zum Beispiel, was die unterschiedlichen Bezeichnungen für Getränke aus Obst wirklich bedeuten? Wann ist ein Apfelsaft ein Saft aus Äpfeln, wann aus Konzentrat, was ist ein Direktsaft im Vergleich zum Apfelnektar? Und was, bitte schön, ist ein Apfel-Fruchtsaftgetränk? Enthält ein Erdbeerjoghurt wirklich Erdbeeren, was ist ein »natürliches Aroma«? Was bedeutet »hergestellt mit Hefeextrakt«? Was habe ich unter Maisproteinhydrolysat zu verstehen? Und ist dies nicht doch in Wirklichkeit ein Geschmacksverstärker, den man nicht in seiner Nahrung haben will? Wenn auf der Packung steht, dass das Produkt ohne Farbstoffe hergestellt wurde, will ich dann einen Kirschjoghurt kaufen, bei dem mit Rote-Bete-Saft nachgeholfen wurde?

Die Labels sind in der Regel mit Qualitätsversprechen verbunden und rufen bei Ihnen gewisse Qualitätserwartungen hervor. Doch leider gibt es keine allgemeingültige Qualitätsdefinition. Grund dafür sind die unterschiedlichen Interessen. Während für Erzeuger zum Beispiel das Aussehen einer Frucht von Bedeutung ist, sind für den Handel die Lager- und Transportfähigkeiten maßgebliche Qualitätskriterien. Für Verbraucher spielen neben äußeren Merkmalen auch »innere Werte« wie Gehalt an Nährstoffen, Zusatzstoffen und Rückständen bei der Beurteilung der Qualität eine Rolle. Auch die regionale Herkunft, Umwelteigenschaften, Anbauweise, Tierschutzkriterien und/oder Sozialverträglichkeit eines Produktes sind zu wichtigen Qualitätskriterien geworden. Für Sie als Verbraucher könnten diese Marktsignale grundsätzlich eine Entscheidungshilfe beim Einkauf sein. Denn wer bewusst einkaufen will, ist auf verständliche und glaubwürdige Produktinformationen angewiesen.

Politisch gewünscht ist der informierte Verbraucher. All die Informationen und Label sollen Transparenz schaffen und gleichzeitig Qualitätsstandards sichern und uns Verbrauchern so die Einkaufsentscheidungen so leicht wie möglich machen. Tatsächlich jedoch tragen Anzahl und Vielfalt der Label eher zur Verwirrung denn zur Orientierung bei. Auf dem deutschen Markt befinden sich derzeit schätzungsweise 1000 verschiedene Siegel für die unterschiedlichen Konsumbereiche. In der Folge werden auch seriöse Zeichen nicht mehr als solche wahrgenommen. Sie werden zum Opfer im »Schilderwald« auf unseren Lebensmitteln. Weniger, dafür aber verständliche, eindeutige und glaubwürdige Kennzeichnungen wären sehr viel hilfreicher. Liegt das nur an Marketingtricks? Oder zeigt sich hier einfach, wer die effektivere Lobbyarbeit betreibt? Geben Sie mal in der Suchmaschine Ihrer Wahl den Begriff »Bio-Mineralwasser« ein. Ja, das gibt es. Ein spanischer Hersteller wirbt sogar »sin gluten«. Mineralwasser ohne Gluten, ist doch toll, oder? Ja, wo soll das denn auch herkommen!

Für uns Verbraucher wird es jedenfalls immer schwieriger, die Qualitätseigenschaften und Bewertungskriterien, die hinter den Siegeln stehen, nachzuvollziehen, bei den Kaufentscheidungen zu berücksichtigen und die Glaubwürdigkeit zu beurteilen. Unabhängige Kontrollen zur Einhaltung der Siegelstandards sind oft nicht gewährleistet. Daher bietet so manches Label dem Käufer nicht die Garantie, ein umfassend getestetes, hochwertiges und unbedenkliches Produkt zu erhalten, sondern dient in erster Linie den Verkaufsinteressen.

Aus Verbrauchersicht sind vor allem diejenigen Labels vertrauenswürdig, die von unabhängigen Stellen entwickelt, vergeben und kontrolliert werden und deren Vergabe und Nutzung überprüfbar und transparent sind. Doch die herauszufiltern ist schwierig. Denn wenn auf der Verpackung steht, dass das Produkt bei diesem oder jenem, Ihnen meist unbekannten Institut getestet wurde, hilft Ihnen das auch nicht weiter.

Wirklich bedeutsam ist die Kennzeichnung für Allergiker. Dort wäre eine für alle Produkte einheitliche Kennzeichnung an prominenter Stelle wünschenswert. Nur auf der Zutatenliste im Kleingedruckten zu lesen, dass das Produkt »Spuren« von zum Beispiel Nüssen oder Sellerie enthalten kann, macht es den Betroffenen sehr schwer.

Sinnvoll ist auch die Nährwerttabelle, anhand derer Sie beispielsweise den Fett- oder Zuckergehalt eines Produktes ablesen können. Ob das aus Ihrer Sicht viel oder wenig ist, müssen Sie selbst entscheiden. Wenn es Ihnen zu viel erscheint, können Sie ja einfach weniger davon essen. Ist doch auch eine Lösung, oder etwa nicht?

WAS BRINGT DIE HERKUNFTSBEZEICHNUNG?

Was ist für Sie regional? Und was verbinden Sie mit dieser Bezeichnung? Sind die angebotenen Produkte dann besser? Sind Sie bereit, mehr dafür zu bezahlen? Und wenn ja, warum?

2014 wurde das »Regionalfenster« eingeführt. Können Sie sich daran erinnern? Ehrlich gesagt, ich nicht. Erst mit dem Schreiben dieses Buches fiel es mir wieder ein. Und dann habe ich mal recherchiert, was es damit auf sich hat, und auf der Internetseite lebensmittelklarheit.de, die von der Verbraucherzentrale betrieben wird, diese Sätze gefunden, die ich hier zitiere:

Das »Regionalfenster« soll bundesweit für mehr Transparenz bei regionalen Lebensmitteln sorgen. Seit Januar 2014 können Verbraucher in diesem Kennzeichnungsfeld auf einen Blick erkennen, welche Lebensmittel tatsächlich aus der auf der Verpackung angegebenen Region kommen. Zur Internationalen Grünen Woche (IGW) wurde es offiziell eingeführt.

Mit dem Regionalfenster können Anbieter ihre regionalen Produkte freiwillig kennzeichnen. Es informiert über die regionale Herkunft der eingesetzten landwirtschaftlichen Zutaten sowie über den Ort der Verarbeitung. Zusätzlich kann die Herkunft der landwirtschaftlichen Vorstufen oder Betriebsmittel, zum Beispiel Futtermittel oder Saatgut, deklariert werden.

Die wichtigsten Vorschriften für die Angabe der Herkunft im Regionalfenster sind:

— *Die Region, aus der die Rohware bezogen wird, muss eindeutig benannt sein, beispielsweise ein Bundesland, Landkreis oder Radius in Kilometern.*

— *Die erste Hauptzutat und die wertgebenden Zutaten müssen zu 100 Prozent aus der definierten Region stammen.*

— *Macht die erste Hauptzutat weniger als 50 Prozent des Produktgesamtgewichtes aus, müssen die weite-*

ren Zutaten ebenfalls zu 100 Prozent aus der definierten Region stammen, bis mindestens 51 Prozent des Gesamtgewichtes erreicht sind.
— Bei zusammengesetzten Produkten muss die Gesamtsumme aller regionalen Rohstoffe als Prozentzahl angegeben werden.

Aussagen zur Art der Erzeugung, wie »ökologisch« oder »ohne Gentechnik«, sind im Regionalfenster nicht erlaubt.
Für die Vergabe der Lizenzen für die Nutzung des Regionalfensters ist der Trägerverein Regionalfenster e.V. zuständig. Er lässt auch die Zertifizierungsunternehmen zu, die den Lizenznehmer überprüfen. Die jeweiligen Zertifizierungsstellen werden im Regionalfenster benannt.
Die Verbraucherzentralen bewerten das Regionalfenster positiv, sehen aber Nachbesserungsbedarf. Kritisch beurteilen sie vor allem, dass der Mindestanteil an regionalen Zutaten bei zusammengesetzten Produkten im Minimalfall nur 51 Prozent beträgt. Tiere müssen außerdem nicht von der Geburt an in der Region gehalten werden, sondern erst in der Mastphase. Auch müssen Futtermittel nicht aus der genannten Region stammen.
Da die Kennzeichnung freiwillig ist, können andere Anbieter ihre Produkte nach wie vor als »regional« oder »aus der Heimat« bewerben, ohne festgelegte Kriterien dafür zu erfüllen. Es bleibt abzuwarten, welche und wie viele Anbieter sich für die Kennzeichnung mit dem Regionalfenster entscheiden.

Sind Sie jetzt viel schlauer? Ich nicht. Meiner Meinung nach wieder eines von vielen Labeln, die zu durchschauen dem normalen Konsumenten schwerfallen.

Haben Sie mal darüber nachgedacht, warum es eine so genaue Herkunftsbezeichnung nur bei Lebensmitteln gibt? Kein Autohersteller, kein Produzent von Mobiltelefonen käme doch auf die Idee, auf seinen Produkten den Ort der Herstellung oder die Herkunft seiner Rohstoffe lückenlos anzugeben. Warum wird dies bei Nahrungsmitteln erwartet? Aus wie vielen Ländern der Erde werden denn die Rohstoffe für ein Auto »Made in Germany« zusammengekarrt? Und wurde nicht das T-Shirt mit dem Label »Made in Bangladesh« mit Baumwolle aus den USA in China gewebt, dann in Vietnam gefärbt und erst dort, in Bangladesch, zusammengenäht? Aber am Schnitzel soll dranstehen: »Ein Stück Sau Berta von Bauer Willi«, auch wenn das Schwein auf dem Zerlegetisch eines riesigen Schlachthofs verarbeitet wurde.

Eine Rückverfolgbarkeit des einzelnen Koteletts zum Tier und damit zum einzelnen Landwirt ist schlichtweg technisch nicht möglich. Zwar sind alle Tiere, ob Rinder, Schweine oder Schafe, mit einer Ohrmarke ausgestattet, doch dienen die nur dazu, bei der Kontrolle des Veterinärs im Schlachthof, der Fleischbeschau, sicherzustellen, dass die geltenden Vorschriften an die Qualität auch eingehalten werden. Sie sind auch Grundlage für die Einstufung in Handelsklassen und somit die Bezahlung. Doch spätestens bei der Zerlegung in die einzelnen Teile ist damit Schluss. Oder haben Sie eine Idee, wie das gehen soll? Wer wirklich wissen möchte, woher sein Schnitzel stammt, darf es nicht beim Discounter kaufen. Unser Dorfmetzger weiß, woher die Tiere stammen, und kennt den Betrieb und den Bauern.

Was die Kennzeichnung der Haltungsform angeht, so ist das ja bei Eiern gelungen. Dort ist es aber auch wesentlich einfacher, da der Erzeuger in der Regel selber verpackt. Je höher der Verarbeitungsgrad ist, desto schwieriger wird es. Wenn Sie alle »Herkünfte« einer Tiefkühlpizza wissen wollten, müsste hinter jeder einzelnen Zutat das Herkunftsland verzeichnet sein, wenn man den Schachteln keinen Beipackzettel hinzufügen möchte. Aber wer liest das? Wer greift zur

Billigpizza im Kühlregal und legt sie dann doch wieder zurück, weil die Salamischeiben darauf nicht aus Ungarn, sondern aus Rumänien stammen? Und was ist, wenn die Tiere zwar zu 51 Prozent aus Ungarn kommen, aber zu 100 Prozent in Deutschland von rumänischen Hilfsarbeitern geschlachtet wurden?

HÜHNER IM SCHWIMMBAD?
Das ist natürlich purer Unsinn, denn Hühner können nicht schwimmen. Trotzdem haben offensichtlich Hühner und Schwimmbäder doch etwas gemeinsam: Chlor. Hühnchen, die nach Chlor schmecken und uns die Mägen wegätzen – solche Bilder hat wohl so mancher Verbraucher im Kopf, wenn der Begriff Chlorhühnchen fällt. Diskutiert wird darüber nicht mehr, es ist zu dem Schlagwort schlechthin geworden, wenn es um TTIP (Transatlantisches Freihandelsabkommen) geht. Wahrscheinlich gibt es in Anlehnung an das Computerspiel Moorhuhnjagd bald ein neues Strategiespiel Chlorhuhnjagd, in dem deutsche Spieler die Grenzen vor amerikanischen Monstern schützen müssen.

Jetzt hat das Bundesinstitut für Risikobewertung herausgefunden, dass vom Chlorhuhn keine Gesundheitsschädigungen zu erwarten sind. Und dass das deutsche Huhn in keinem Fall gesünder sei als das Chlorhuhn. Und nicht nur das, es kommt noch schlimmer: Die Tierärztliche Hochschule Hannover ist sogar der Meinung, »dass bei der gegenwärtigen Risikolage der resistenten Keime auf Geflügelprodukten die Chlorbehandlung von Geflügel in Deutschland hilfreich wäre«.

Um es noch mal deutlich zu machen: Das kurze Eintauchen von Geflügel in ein Chlorbad nach der Schlachtung erhöht die Lebensmittelsicherheit, weil Keime so abgetötet werden. Genauso wie im Schwimmbad.

CHLORAT AUCH AUF BIOGEMÜSE

Und noch mal Chlor. Das Chemische und Veterinäruntersuchungsamt (CVUA) Stuttgart untersuchte im März 2014 insgesamt 1087 Lebensmittelproben, wovon 187 aus dem ökologischen Landbau stammten. Das Ergebnis: »Der Anteil an Proben mit Chloratrückständen innerhalb dieser Gruppe unterschied sich nicht wesentlich von den Proben im konventionellen Anbau.« Auch in Biolebensmitteln wurden Werte über 0,01 Milligramm je Kilo gemessen. Meist lagen die Mittelwerte zwischen 0,013 und 0,057, wenn man Tee mal außen vor lässt. Und zwar überwiegend in Blatt- und Fruchtgemüse, aber auch bei Beerenobst und Zitrusfrüchten. Also alles Früchte, die nach der Ernte und vor dem Verkauf gewaschen werden. Ganz offensichtlich mit gechlortem Wasser, um auch hier die Keime abzutöten.

Übrigens hat die Weltgesundheitsorganisation einen vorläufigen Richtwert von 0,7 Milligramm pro Liter im Trinkwasser festgelegt. Das bedeutet, dass laut WHO täglich zwei Liter Wasser mit einem Chloratgehalt von 0,7 Milligramm pro Liter ohne negative gesundheitliche Folgen von Menschen getrunken werden können. Beachten Sie bitte die Zahlen: 0,7 mg/l Trinkwasser ist das Siebzigfache von 0,01 mg pro Kilogramm(!) Obst, Gemüse oder Salat.

ZUSATZSTOFFE UND E-NUMMERN

Neulich wollte ich's einfach wissen. Ich war im Supermarkt und habe Aufschnitt gekauft. Und zwar um mal zu sehen, welche Zusatzstoffe auf der Verpackung stehen. Außerdem wollte ich wissen, welches Produkt wie viel kostet und wie viele Kalorien ich für den Preis bekomme. Ausgewählt habe ich Schinkenwurst aus Fleisch und vegetarisch sowie Schwarzwälder Schinken.

	Schinkenwurst mit Paprika mit Fleisch		»Schinken«wurst mit Paprika vegetarisch		Schwarzwälder Schinken	
Gewicht g	80		80		200	
Preis €	1,19		1,39		1,79	
Preis €/kg	**14,88**		**17,38**		**8,95**	
kcal in 100 g	219		164		212	
Fett	18		14		12	
Eiweiß	13		7,2		25	
Zucker	0,8		1,6		1,0	
Salz	2,3		2,3		5,0	
Zutaten	Schweinefleisch		Eiklar		Schweinefleisch	
	Wasser		Rapsöl		Kochsalz	
	Kochsalz		Wasser		Gewürze	
	Paprika		Kochsalz		Natriumascorbat	E 301
	Gewürze		Paprika			
	Natriumnitrit	E 250	Gewürze		Glukose	
	Maltodextrin		Natriumacetat	E 262	Kaliumnitrat	E 252
	Traubenzucker		Traubenzucker		Tannenholzrauch	
	Diphosphate	E 540	Kaliumlactat	E 326		
	Ascorbinsäure	E 300	Xanthan	E 415 GV		
			Carotin	E 160a GV		
			Carrageen	E 407		
			Aroma			
			Johannisbrotkernmehl			
			Anthocyane			
			Spuren von Gluten			
			Spuren von Soja			
ohne	Geschmacksverstärker		Geschmackverstärker		Geschmackverstärker	
	Laktose		Laktose		Aromen	
	künstliche Aromen					
	Gluten					

Die Einwaage der beiden Schinkenwürste ist gleich, jeweils 80 g pro Packung. Vegetarische Schinkenwurst ist teurer, auf den Kilopreis umgerechnet 2,50 Euro. Am preiswertesten ist Schwarzwälder Schinken, weil er ein unbearbeitetes Produkt darstellt.

Was die Kalorien angeht, so hat die vegetarische »Schinkenwurst« den niedrigsten Brennwert. Den niedrigsten Fettgehalt hat Schwarzwälder Schinken, den mit Abstand niedrigsten Eiweißgehalt vegetarische Wurst. Diese hat aber den höchsten Zuckergehalt. Die kürzeste Zutatenliste hat wiederum der Schwarzwälder Schinken, die längste das vegetarische Produkt. Dieses enthält fünf Zutaten mit E-Nummer, wovon zwei, Xanthan und Carotin, auf gentechnischem Weg hergestellt werden können. Ob das bei dieser Wurst auch so ist, wird nicht gekennzeichnet. Das von Bakterien gebildete Xanthan ist aus Einfachzuckern aufgebaut und dient, häufig in Verbindung mit Johannisbrotkernmehl dazu, gummiartige Gele auszubilden. Den gleichen Zweck erfüllt auch Carrageen, das aus Rotalgen gewonnen wird. Carrageen hat einen ADI-Wert (ADI = acceptable daily intake = akzeptable tägliche Aufnahmemenge) von 75 Milligramm pro Kilo Körpergewicht, Carotin von 5 Milligramm. Bei Xanthan ist kein ADI-Wert festgelegt.

Warum ich das so ausführlich schreibe? Weil mir selber nicht klar war, welche Zusatzstoffe in diesen Lebensmitteln enthalten sind. Sie können jetzt selber für sich entscheiden, welchen Aufschnitt Sie unter den gegebenen Umständen für gesünder und vor allem natürlicher halten. Doch noch ein Wort zu den Preisen der Hauptbestandteile beider Produkte: Der Erzeuger erhielt Ende 2015 für Schweinefleisch 1,25 Euro pro Kilogramm. Schinkenwurst wird im Laden für rund 1,20 Euro angeboten, für eine Packung mit 80 Gramm. Eiklar wird für die industrielle Weiterverarbeitung in 1000-Kilo-Bulks oder auch in Tanklastzügen angeboten und kostet im Schnitt der Jahre etwa 1,10 Euro pro Kilo, Rapsöl wird mit etwa 0,70 Euro pro Kilo gehandelt. Vegetarische »Schinkenwurst« kostet im Laden rund 1,40 Euro, auch hier für die Packung mit 80 Gramm. Was also bei dieser Rechnung auffällt: Die Rohstoffe für vegetarische »Schinkenwurst« sind billiger, der Verkaufspreis höher als bei Schinkenwurst aus Fleisch. Ob das nun Abzocke ist oder am Marketingaufwand oder einfach daran liegt, dass es eine Art »Lifestyle-Produkt« ist oder nicht – gäbe es keine Verbraucher, die zugreifen, würde das Produkt ganz schnell wieder aus den Kühlregalen verschwinden. Und zwar vollkommen »wurscht«, was alles drinsteckt. Ist das nicht auch eine Sauerei?

LIGHT – LEICHTE BEUTE

Damit kommen wir zu den Light-Produkten. Was ist eigentlich in Light-Produkten drin? Heute wird der Begriff vielfältig verwendet, doch an genauen Vorschriften mangelt es noch. Ein Light-Produkt kann weniger Zucker oder Fett enthalten, aber auch weniger Kohlensäure, Koffein oder Alkohol. Bei der Reduzierung von Zucker und Fett müssen zwar mindestens 30 Prozent davon weniger enthalten sein, damit sich ein Produkt light nennen darf. Das war es dann aber auch schon mit den Vorschriften. Denn womit die Hersteller die Packung stattdessen auffüllen, ist nicht vorgeschrieben.

Wer möchte, kann heute nahezu alle verarbeiteten Lebensmittel auch als Light-Produkt kaufen. Das reicht von der Cola über Milchprodukte oder Käse bis hin zu Knabbereien und Süßigkeiten. Und was bringt es, statt des konventionellen ein Light-Produkt zu kaufen? Nicht viel, sagen Experten. Light-Produkte können zum gesunden Abnehmen oder einer figurbewussten Ernährung nicht wirklich beitragen. Im ungünstigsten Fall bewirken sie sogar das Gegenteil. Sie enthalten weniger Fett oder Zucker, das stimmt. Doch irgendwo muss das Aroma letztlich herkommen. Denn gerade wenn Fett weggelassen wird, fehlt ein wichtiger Geschmacksträger. Daher werden zum Beispiel als fettarm gekennzeichnete Lebensmittel, wie etwa der Light-Joghurt, ordentlich mit Zucker aufgefüllt, um den Geschmack zu heben. Andere Light-Produkte enthalten jede Menge Geschmacksverstärker und andere chemische Zutaten, um irgendwie auf den gewünschten Geschmack zu kommen. Als Ergebnis erhält man ein Light-Produkt, das zwar wenig Fett enthält, aber dafür umso mehr Kalorien und zusätzlich eigentlich unnötige chemische Zusätze.

Aber selbst wenn fettarme Light-Produkte nicht mit Zucker oder anderen kalorienreichen Zutaten wie Maisstärke gestreckt sind, sättigen sie durch die Fettreduktion weniger. Das führt wiederum dazu, dass man schneller wieder Hunger bekommt. Dazu kommt der fatale psychologische Effekt, den Light-Produkte haben. Die suggerierte Leichtigkeit führt dazu, dass man oft mehr davon isst, als wenn es sich um konventionelle Produkte handeln würde. Der Schwindel mit »leichten« Lebensmitteln kann nicht nur das Abnehmen erschweren, sondern laut Experten einer US-Studie für den Körper sogar kontraproduktiv sein. Besonders Fettersatzstoffe sollen den Körper bei der Nahrungsaufnahme stören und den »Ich bin satt«-Effekt irritieren. Es würde mehr Sinn ergeben, sich generell fett- oder kalorienarm zu ernähren, anstatt auf Ersatzstoffe zurückzugreifen, die leider oft in Light-Produkten enthalten sind.

SÜSSSTOFFE ALS ZUCKERERSATZ?

Süßstoffe haben deutlich weniger Kalorien als Zucker. Hat eine normale Cola durch vierzig Würfel Zucker pro Liter etwa 400 Kalorien, so ist die Zero- oder Light-Variante mit Süßstoff komplett kalorienfrei. Genuss ohne zuzunehmen bedeutet das Light-Produkt Cola Zero aber trotzdem noch lange nicht. Denn der Süßstoff löst falsche Signale in unserem Gehirn aus.

»Oh, was Süßes, gleich gibt's Kalorien!«, sagt sich unser Gehirn, wenn die Geschmacksrezeptoren der Zunge von dem süßen Geschmack überflutet werden. Doch trotz süßem Geschmack kommen keine Kalorien. Das irritiert das Gehirn, woraufhin es vom Körper Nachschub fordert, was ein Hungergefühl entstehen lässt, manchmal sogar richtigen Heißhunger. Selbst wenn dieser mit weiteren Light-Produkten gestillt wird, nimmt man insgesamt letztlich deutlich mehr Kalorien zu sich, als hätte man gleich auf konventionelle Lebensmittel gesetzt. Doch davon weniger.

Für Kinder können Süßstoffe sogar gesundheitliche Risiken bergen, da der ADI-Wert aufgrund ihres geringeren Körpergewichtes schnell überschritten wird. So liegt der ADI-Wert zum Beispiel für Aspartam bei einem Erwachsenen mit einem Gewicht von 70 Kilogramm bei 2800 Milligramm, für ein Kind mit einem Gewicht von 15 Kilogramm bei lediglich 600 Milligramm, also einem Fünftel. Ähnliche Relationen gelten auch für andere Süßstoffe.

Zu den Süßstoffen gehört auch Stevia. Stevia ist eine Pflanze, die aus Südamerika stammt und deren Süßkraft etwa 300 Mal so stark ist wie die von Zucker aus Zuckerrüben oder Zuckerrohr. Ich habe selbst einmal ein Steviablatt gekaut. Die Süßkraft ist wirklich enorm, allerdings blieb mir auf der Zunge lange ein leicht lakritzartiger Beigeschmack, der sich erst nach einigen Minuten verlor. Da dies den Lebensmittelproduzenten schon lange bekannt ist, ist man dazu übergegangen, die süßenden Stoffe aus der Pflanze mittels chemischer Prozesse herauszulösen. Es handelt sich also um ein Isolat, ein Industrieprodukt. Werden Produkte mit diesen Steviaextrakten gesüßt, darf deshalb auch in der Werbung nicht der Eindruck erweckt werden, dass es sich dabei um pflanzliche Süße handelt. Unklar ist noch, inwieweit eine Überdosierung von Steviaextrakten gesundheitlich schädlich sein kann. Hinweise dazu gibt es aus Tierversuchen, in denen sich die Fruchtbarkeit als eingeschränkt herausstellte. Stevia eignet sich auch nicht oder nur bedingt zum Süßen von Backwaren, weil ihm die Fülle fehlt. Das wird schnell deutlich, wenn man beispielsweise Marmelade herstellen möchte: Statt eines Kilogramm Zucker würden 3,3 Gramm Stevia ausreichen. Da bleibt das Glas aber ziemlich leer und ein Kuchen, nur mit Stevia gesüßt, ziemlich flach.

Positiv an Süßstoffen aller Art, also auch an Stevia, ist in der Tat, dass sie keine Karies verursachen. Trotzdem empfehlen Ernährungsexperten, dem gewöhnlichen Zucker den Vorzug zu geben, dafür aber den Verbrauch zu dosieren, gut die Zähne zu putzen und sich viel zu bewegen. Dann macht auch Zucker nicht dick. Hier halte ich es mit den Worten von Philippus Theophrastus Aureolus Bombastus von Hohenheim, genannt Paracelsus: »Alle Dinge sind Gift, und nichts ist ohne Gift. Allein die Dosis macht, dass ein Ding kein Gift ist.«

NAHRUNGSERGÄNZUNGSMITTEL – MANGEL OHNE ENDE?

Da stehen sie dann in Reih und Glied, egal, ob beim Discounter oder im Supermarkt, regalmeterweise bunte Röhrchen mit Brausetabletten und Schachteln voller Kapseln und Tabletten. Welcher Typ sind Sie? Bevorzugen Sie die All-in-one-Produkte, bei denen man eigentlich nichts mehr essen braucht? Oder doch lieber gezielt das Einzelpräparat, zum Beispiel Magnesium oder Omega-3-Fettsäuren? Woran auch immer es Ihnen mangelt, es gibt für alles irgendeine Pille.

In Deutschland werden jedes Jahr Nahrungsergänzungsmittel im Wert von über einer Milliarde Euro verkauft. Glaubt man den Umfragen, so schluckt ein Viertel bis ein Drittel aller Bundesbürger zumindest gelegentlich solche Pulver oder Pillen. Zu kaufen sind sie in Supermärkten, Drogerien, Apotheken und vor allem auch im Internet.

Streben junge Konsumenten eher einen Aufbau von Muskelmasse an, wollen ältere Verbraucher schlichtweg »etwas für die Gesundheit« tun. Meist ergänzen jene Menschen ihren Speiseplan mit solchen Produkten, die bereits auf ausgewogene Kost achten. Dabei gibt es genügend natürliche Quellen für Spurennährstoffe. Omega-3-Fettsäuren kommen in fettreichem Fisch vor, alle Vitamine in Obst und Gemüse. Wissenschaftler warnen sogar vor der Einnahme von Eisen, Zink und Kupfer, da diese das empfindliche Gleichgewicht im Körper stören können. Zu viel Folsäure kann die Entstehung von Darmkrebs begünstigen. Da die angebotenen Produkte aber nicht unter das Arzneimittelgesetz, sondern unter das Lebensmittelgesetz fallen, müssen die Hersteller den gesundheitlichen Nutzen nicht belegen. Da lobe ich mir doch den alten englischen Spruch: »An apple a day keeps the doctor away.«

Von der Wiege bis zur Bahre – billige Kantinenware

Sie werden es nicht glauben, aber bei uns zu Hause wird nur Selbstgekochtes verspeist. Es wird nicht jeden Tag gekocht, es wird auch Eingefrorenes aufgetaut, aber gekocht hat das immer meine Frau. In den seltenen Fällen, wo das nicht der Fall ist, schlage ich mir auch mal selbst ein Spiegelei und Bratkartoffeln in die Pfanne. Salat anmachen kann ich auch schon ganz gut, fertig ist eine vollständige Mahlzeit. Und wie mir gerade auffällt, ist die sogar vegetarisch!

Bei vielen Berufstätigen, die am Mittag nicht zu Hause sind, ist das natürlich längst ganz anders. Ich habe mal versucht herauszufinden, wie hoch die Zahl derjenigen ist, die Lebensmittel essen, die in irgendeiner Weise in einer Kantine oder von einem Catering gekocht wurden. Die Zahl schwankt zwischen 14 und 18 Millionen. Das wäre zwischen 18 und 23 Prozent der Gesamtbevölkerung. Ich habe dann recherchiert, wo Menschen zwingend auf Kantinen angewiesen sind. Ob die Zahlen noch aktuell sind, spielt dabei weniger eine Rolle, mir kam es nur auf die ungefähre Größe an. 2,4 Millionen Kinder sind in Kindertagesstätten untergebracht, rund 780 000 Menschen leben in Altenheimen, Deutschland hat rund 500 000 Krankenhausplätze, und rund 65 000 leben, eher unfreiwillig, in Gefängnissen. Und die kochen sicher nicht selbst. Dazu kommen noch Studenten, die in die Mensa gehen, und vor allem Betriebsangehörige, die in der Kantine ihres Unternehmens essen. Die fünf größten Betriebskantinen von Daimler, Volkswagen, Siemens, Bayer und BASF machten in 2010 einen jährlichen Umsatz von über 300 Millionen Euro. Dann gehen viele ja auch mittags schnell in die Fritten- oder Dönerbude um die Ecke oder nehmen ihre Mahlzeit in einem Restaurant ein. Ob man in diesem Zusammenhang McDonald's, Burger King oder KFC als Restaurant bezeichnen möchte, muss jeder für sich entscheiden.

Industriell produziertes Essen spielt in unserem Alltag eine so selbstverständliche Rolle, dass wir meist gar nicht mehr fragen, was dabei hinter den Kulissen eigentlich passiert. Es interessiert uns auch nicht. Das sollte es aber, denn allein ein Blick auf die Kosten macht deutlich, womit man es dabei zu tun bekommt. Was meinen Sie, wie viel Geld einer Kantine für das tägliche Essen zur Verfügung steht? Bei einem Schulessen liegen die Werte zwischen 2,00 und 3,00 Euro. Für das gesamte Essen, inklusive Zubereitung! Kalkuliert wird allgemein mit einem Wareneinsatz von 40 Prozent, der Rest ist für Personal, Einrichtung und so weiter. Damit liegt der Wert der Rohstoffe zwischen 0,80 und 1,20 Euro für ein vollständiges Mittagessen.

Eine gute Bekannte von uns leitet die Serviceabteilung von mehreren Altenheimen. Für den gesamten Tag – also Frühstück, Mittagessen, Nachmittagskaffee und Abendessen – hat sie 5,20 Euro zur Verfügung. Inklusive Getränke. Das sind pro Kopf und Monat 156 Euro. Die Dame wurde von ihrem Chef gefragt, ob man das Essen nicht komplett auf Bio umstellen oder fair gehandelte Produkte stärker berücksichtigen könnte. Er bekam zur Antwort, dass er doch erst einmal faire Löhne zahlen solle, bevor er sich mit solchen Gedanken beschäftigt. Eine Küchenhilfe geht heutzutage mit rund 1500 Euro im Monat nach Hause, Koch oder Köchin schaffen es auf stolze 1700 Euro. Und das brutto!

Ich möchte das Fass »gerechte Bezahlung« gar nicht allzu weit öffnen, auch wenn es bei diesem Beispiel direkt mit unserem Thema zusammenhängt. Nicht nur bei Lebensmitteln herrscht ein enormer Preisdruck – und der wird in der Regel nach unten weitergegeben, auch beim Personal. Und natürlich wirkt sich das auch auf unsere Ernährung aus, auf unsere Essgewohnheiten, unser Einkaufsverhalten – und ganz am Ende auch darauf, was und wie wir Bauern anbauen und züchten.

Aber unser Einkaufsverhalten hängt natürlich nicht ausschließlich von unserem Einkommen ab. Oder steht in Ihrem Arbeitsvertrag auch drin, was Sie zu Mittag essen müssen? Wir haben es immer noch selbst in der Hand, und zwar viel mehr, als wir uns eingestehen – eingestehen *möchten*. Denn dann müssten wir auch die Verantwortung für unsere Einkaufsentscheidungen und unsere Wegwerfmentalität übernehmen. Und das wollen wir angesichts all der Skandale dann lieber doch nicht. Dabei ist auch hier die bereits mehrfach erwähnte Marktlogik von Angebot und Nachfrage im Grunde ganz einfach.

Der Markt entscheidet, was wir liefern

Bio ist trendy, Bio ist hip. Immer mehr Verbraucher sagen, sie würden nur noch Bio einkaufen. Ja, der Anteil an Bioprodukten in Deutschland wächst tatsächlich. Aber in welchem Umfang? Hier einmal die Zahlen aus 2014:

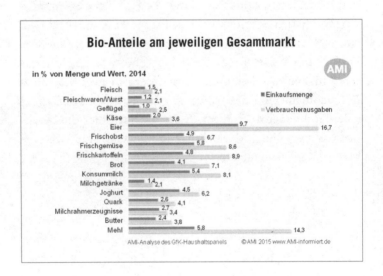

Urteilen Sie selbst. Gerade bei Fleisch, Wurst und Geflügel liegt der Marktanteil zwischen 1,0 und 1,5 Prozent!! Und gerade in diesem Bereich ist die Kritik besonders stark. Wie passt das zusammen?

Wir Bauern produzieren das, was der Markt verlangt, da wir mit dem Erlös unser Einkommen bestreiten. Deshalb spiegeln sich die Verbraucherwünsche zum Beispiel auch auf unseren Äckern wider. Was schätzen Sie: Wie groß ist der Anteil der Flächen, die mit ökologischem Landbau betrieben werden? Die Antwort: ganze 6,5 Prozent! Die größte Wahlurne unserer Republik sind die Scannerkassen, und an denen stimmen wir alle jeden Tag ab.

Politisch gewünscht und angestrebt sind 20 Prozent Bio und mehr. Nur: Wie soll das gehen, wenn über 90 Prozent einfach nur billig haben wollen? Trotz all der Labels, Zusatzinfos und Kampagnen. Wenn Sie ein artgerecht gehaltenes Hühnchen kaufen wollen, werden wir Bauern Ihnen das liefern. Dann kostet das Hühnchen aber auch zwischen 12 und 18 Euro. Billiger geht das nicht. Das mag Sie jetzt hart treffen, aber es bleibt bei der einfachen Formel: Sie haben es in der Hand, darüber zu entscheiden, wie wir produzieren. Und noch einmal: Bio zum Schnäppchenpreis geht nicht.

Doch bei allen Lippenbekenntnissen zu Bio & Co. treibt unser Lebensmittelkonsum immer dollere Blüten. Wir Verbraucher wollen mehrheitlich nur die edlen Teile des Tieres. Aber: Ein Schwein besteht nicht nur aus Schnitzel, ein Rind nicht nur aus Filet, ein Huhn nicht nur aus Brust. Wann haben Sie zuletzt Lunge, Leber oder Niere gegessen? In den Fleischtheken unserer Republik liegen heute keine halben Schweineköpfe mehr und Schweinefüße auch immer seltener. Es soll optisch nichts mehr daran erinnern, dass Fleisch von Tieren stammt, die zu diesem Zweck getötet wurden.

Das will keiner mehr sehen und am liebsten auch nicht wissen. Bitte Schnitzel, aber ohne Schwein!

Das führt nicht nur zu Zuchtabsurditäten (etwa zu Turbohühnern, die wegen ihrer Riesenbrüste kaum noch stehen können). Dieses Einkaufsverhalten hat auch zur Folge, dass Hühnerbeine und Hühnerflügel in Afrika landen und dort die einheimischen Geflügelzüchter vor große Probleme stellen. Oder sie landen in Tierfutter, das aber bitte auch höchste Qualität haben soll. Ich habe in einer Tierfutterwerbung gelesen, dass für das ausgelobte Produkt, sagen wir mal Katzenfutter, nur Fleisch in Frage komme, das auch für den menschlichen Verzehr geeignet wäre. Das nenne ich pervers, vor allem den Menschen in der Dritten Welt gegenüber.

Nun wird die flächendeckende Billigmentalität immer wieder damit erklärt, dass wir Deutsche uns teure Lebensmittel nicht leisten könnten. Sind wir wirklich so arm, oder führen wir nur eine Armutsdebatte? Auch hier wieder ein paar Zahlen: Am Jahresende 2013 gab es 7,38 Millionen Empfänger von sozialer Mindestsicherung. Dazu zählen die Empfänger von Arbeitslosengeld II, Grundsicherung im Alter, Leistungen nach dem Asylbewerbergesetz und Leistungen der Kriegsopferfürsorge. Die Zahl der Empfänger hat von 2012 zu 2013 um 0,1 Prozent zugenommen und betrug damit 8,1 Prozent der in Deutschland lebenden Menschen. Eine andere Zahl von Destatis fand ich auch interessant: Die »nicht aufteilbaren Kosten für Internet, Telefon, SMS und Fernsehen« lagen pro Haushalt und Monat im Jahr 2007 bei 4,18 Euro, nur 5 Jahre später, in 2012 bereits bei 24,50 Euro. Dafür scheint Geld da zu sein. Sicher, es gibt auch in Deutschland Armut, das will ich weder abstreiten noch kleinreden. Das ist für ein reiches Land beschämend genug. Aber für die allermeisten von uns trifft das nicht zu – und genau an diesem Punkt wird die Debatte oft scheinheilig und verlogen geführt. Hier würde ich mir wünschen, dass wir Verbraucher ehrlicher zu uns selbst werden.

Das größte Problem mit Lebensmitteln haben die, die keine haben. Menschen in der südlichen Sahara zum Beispiel. Wir hingegen haben zu viel von allem. Keiner der nach 1945 Geborenen hat jemals wirklich Hunger erlebt. Erzählungen meines Vaters aus der Gefangenschaft, mit welchen Tricks sie versucht haben, an Nahrung zu kommen, haben wir uns angehört – aber das ist natürlich längst nicht dasselbe, wie so etwas selbst zu erleben. Besonders in Erinnerung geblieben ist mir die Schilderung, wie er mit vielen anderen nach mehreren Tagen ohne Essen ausgerechnet Bohnensuppe als erste Mahlzeit bekam. Viele konnten nicht genug davon bekommen und sind gestorben, weil der Verdauungstrakt die große Mengen Bohnen nicht verarbeiten konnte.

Siebzig Jahre später haben wir ein Luxusproblem, und genau genommen auch nicht erst seit heute. Wir haben alles. Und das zu jeder Zeit. Ich habe gehört, dass eine große Supermarktkette mit einer Tankstellenkette verhandelt, kleine Supermärkte in Tankstellen einzurichten, damit die Verfügbarkeit von Lebensmitteln an sieben Tagen in der Woche und 24 Stunden am Tag gesichert ist. Darauf hat die Welt gewartet. Jetzt wird alles gut. Vielleicht unterhalten wir uns auch einmal mit den vielen Flüchtlingen, die jetzt in unser Land kommen, ob sie unsere Diskussionen um Lebensmittel und Ernährung nachvollziehen können.

Gleichzeitig nimmt die Zahl der Übergewichtigen immer weiter zu. Und der »Schuldige« ist schnell gefunden: die Lebensmittelindustrie. Mit miesen Tricks täuscht sie den Verbraucher, verführt ihn zu immer mehr Konsum. Deshalb noch mehr Kennzeichnung, eine Nährwertampel statt der bloßen Mengenangaben von Fetten, Zucker oder Kohlenhydraten wird gefordert. Dabei lesen das doch schon heute nur die wenigsten, obwohl wir alle so mündig sind. Glauben Sie, dass eine Ampel daran etwas ändert, dass viele von uns einfach gerne schnell verfügbare Convenience-Lebensmittel kaufen?

In unserem Haushalt gilt dieselbe Arbeitsverteilung wie in vielen deutschen Haushalten, da muss ich mich an der eigenen Nase packen: Das Kochen übernimmt meine Frau. Obwohl sie berufstätig ist und selten vor 18 Uhr nach Hause kommt. Entweder stellt sie sich dann noch in die Küche, oder sie kocht am Samstag vor und friert für die Woche ein. Natürlich ist das ein Aufwand, aber ihr ist es wichtig, es ist gesünder und auch billiger als Fertiggerichte, die uns den ganzen »Stress« mit dem Kochen abnehmen sollen. Obwohl ich Frau Künast nicht gerade als meine Freundin bezeichnen würde, so hat sie doch einen Satz geprägt, den ich behalten habe: »In Deutschland werden in den teuersten Küchen die billigsten Nahrungsmittel zubereitet.« Meist würde allein schon die Mikrowelle reichen.

Die Gutshofidylle im Kühlregal

Kennen Sie »Gut Ponholz«? Klar, das ist der Bauernhof, von dem Netto seine Fleisch- und Wurstwaren bezieht. Bei Aldi Nord kommen die vom »Gut Drei Eichen« und vom »Güldenhof«. Penny kauft auf dem »Mühlenhof« ein und Tengelmann auf dem »Birkenhof«. Norma vertreibt Waren vom »Gut Langenhof« und »Gut Bartenhof«. Macht doch einen guten Eindruck, wenn auf der Packung wahlweise ein Gutshaus oder auch Fachwerkhaus zu sehen ist. Warum man in einer Mühle in Rügenwald Aufschnitt produziert, ist mir allerdings nicht ganz klar. Ich dachte immer, dass in einer

Mühle Mehl gemahlen wird. Aber Rügenwalder Mehl – gibt's das eigentlich?

Auf Nachfrage geben alle Supermärkte zu, dass die Höfe nicht existieren. Sie sind nur erfunden worden, um dem Konsumenten ein gutes Gefühl zu vermitteln, denn bodenständiges Landleben liegt voll im Trend, die Lust aufs Land ist in. Und das nutzen Hersteller wie Händler gleichermaßen aus, schließlich ist es legal, seine Produkte unter einer angemeldeten Marke zu verkaufen, auch wenn es sich dabei für jeden erkennbar um irreführende Werbung oder zumindest eine Mogelpackung handelt.

Wer wirklich wissen will, wo sein Fleisch herkommt, muss schon selbst raus aufs Land, zu den wenigen Bauernhöfen, die Fleisch von eigenen Tieren im Hofladen verkaufen. Oder zu den Handwerksmetzgern, die noch wissen, woher die Tiere kommen, die sie verarbeiten. Mich ärgern diese bunten Werbebilder, weil sie die Kluft zwischen meiner Realität und den Erwartungen und Ansprüchen der Verbraucher immer größer werden lassen. Warum wird auf der Mehlpackung immer nur eine Ähre, nicht aber auch mal ein moderner Mähdrescher dargestellt? Warum transportiert die Werbung nur Bilder von der Kuh auf der Weide, nicht aber in einem Laufstall mit Kuhbürste und anderen Annehmlichkeiten? Das würde uns Landwirten helfen. Aber damit ließe sich wahrscheinlich nicht so viel verkaufen. Und das müssen sie, denn wenn das Zeug schon so billig ist, dann muss es die Masse richten. Dafür muss man der Realität schon mal ein bisschen mehr als nur einen neuen Anstrich verpassen.

Der Neandertaler im Supermarkt

Warum kaufen wir so oft billig? Der Neurologe Christian Elger hat herausgefunden, dass Rabatte eine besondere Eigenschaft haben. In einem Interview mit dem *Focus* äußert er dazu, dass »Schnäppchenwerbung in unserem Gehirn wie eine Prise Kokain wirkt. Prozentzeichen führen zur Ausschüttung von Botenstoffen, die ein Wohlgefühl erzeugen. Je emotionaler der Reiz, desto besser wird er im Gehirn verknüpft und bleibt uns bestenfalls ein Leben lang in Erinnerung. Gleichzeitig sehen wir im Kernspin-Experiment, dass bei unseren Probanden im mittleren Stirnhirn eine Zone weniger aktiviert ist. Das Gehirn wägt nicht mehr ab: Brauche ich den Gegenstand oder nicht?« Und weiter: »Der Dreierpack erzeugt im Gehirn das Image des Schnäppchens. Die Areale, in denen wir den Preis nachrechnen, sind dadurch weniger in Aktion. Bei Ebay zahlen wir daher auch oft überhöhte Preise. Einmal, weil das Gewinnen als Höchstbietender das Belohnungszentrum extrem befriedigt. Und weil Verlieren schmerzt. Das spiegelt sich im Gehirn in der erhöhten Aktivität der Inselregion wider.«

Ein anderer Grund könnte auch unsere Vergangenheit sein. Als der Neandertaler und seine verwandten Hominiden, also unsere Vorfahren, vor 30 000 Jahren durch die Steppe liefen, freuten sie sich über alles Essbare, das sie finden konnten. Oft streiften sie tagelang umher, ohne Erfolg. Ab und zu ein Auerochse oder auch ein Mammut, aber die Natur gab von sich aus nicht viel her. Im Winter gab es so gut wie nichts, im Frühjahr mussten sie eine ganze Weile warten, bis etwas Essbares gesprossen war, und im Herbst war auch wieder bald Ebbe im Speiseplan. Und nun stelle man sich den Neandertaler im Supermarkt vor: Jeden Tag genug zu essen, egal welche Jahreszeit, welches Wetter. Immer Essen in Hülle und Fülle. Da greift das Neandertalergehirn zu, denn tief in uns steckt immer noch die Angst, dass es morgen nichts mehr gibt. Deshalb auch das seltsame Verhalten an Samstagen oder vor Feiertagen. Einen Tag ist das Geschäft zu, und das Gehirn interpretiert: Es wird Winter! Es gibt nichts mehr! Hilfe, wir verhungern!

Unser Hirn realisiert auch nicht den Wert unterschiedlicher Produkte. Haben Sie schon einmal den Preis für ein Kilogramm Hähnchen mit dem von hochwertigem Hunde- oder Katzenfutter verglichen? Wenn Sie das Hähnchen schon gekauft haben und noch essen wollen: Machen Sie diesen Vergleich nicht!

Bei meinen Recherchen habe ich beim Discounter Katzenmilch entdeckt. Was das genau ist und woraus die gemacht wird, habe ich nicht herausgefunden, aber es hat irgendwas mit Laktose zu tun, und sie kostet 0,49 Euro. Für 0,2 Liter! Und dann habe ich mir mal die Online-Angebote angesehen. Da kostet ein Liter schlappe 4,19 Euro. Da kann man doch nachdenklich werden, oder? Zum Vergleich: Ein Liter Kuhmilch kostete im Juni 2015 je nach Fettgehalt zwischen 0,51 und 0,55 Euro, ein Liter laktosefreie Kuhmilch 0,99 Euro. Ob Katzen die kaufen würden?

Jetzt habe ich mächtig über die Mittelsmänner geschimpft, die uns jeden Tag mit ihren bunten Faltblättern und den »minus 30 %« in die Läden locken. Ich habe einige von den Tricks aufgedeckt, mit denen wir zum Konsum verführt werden. Dass es die schönen Fachwerkbauernhöfe nur auf der Verpackung gibt, nicht aber in der Realität. Hoffentlich sind Sie etwas schlauer geworden, was es mit Nahrungsergänzungsmitteln, Light-Produkten oder Ersatzstoffen auf sich hat. Ich habe Ihnen gezeigt, dass zwar alle von Bio reden, die Marktanteile aber eine ganz andere Sprache sprechen. Und jetzt stehen Sie möglicherweise ein wenig ratlos da und fragen sich, wie Sie es denn richtig machen sollen. Deshalb …

DER BLICK NACH VORNE
Was sollten wir tun?
Was müssen wir tun?

Wie schon zu Beginn dieses Buches möchte ich auch hier wieder zuerst vor der eigenen Haustür kehren – bei uns Bauern und mir selbst. Dass wir etwas an unserem Image tun müssen, dürfte jedem klar sein, denn jeder von uns erlebt es hautnah, wie verzerrt das Bild von uns Landwirten in der Öffentlichkeit ist.

Was wir wiederherstellen müssen, ist ein ganz einfaches, aber ein sehr wichtiges Gefühl: Vertrauen! Denn das haben wir bei vielen Verbrauchern verloren. Und das wollen viele von uns immer noch nicht wahrhaben. Hier haben wir Bauern unsere Hausaufgaben zu machen. Aber das sagt sich so leicht.

Entscheidend wird sein, dass wir ehrlich bleiben und nicht schauspielern. Denn wer einmal dabei erwischt wird, dass er die Tatsachen verdreht, hat verloren. Ehrlich zu sein kann manchmal schwer und sehr schmerzlich sein, ich weiß, wovon ich rede. Nachdem mein »Wutbrief« im Internet veröffentlicht wurde, hat es mehrere Hundert Kommentare gegeben, darunter auch sehr aggressive Meinungsäußerungen, die unter die Haut gingen. Doch wer erhebt für uns seine Stimme, wenn wir es nicht selber tun? Keiner!

Wir Bauern müssen da schon selber ran: jeder für sich, in seinem Umfeld, aber auch private Initiativen von mehreren Landwirten sind sinnvoll. Wir Landwirte sollten uns zusammensetzen und überlegen, was wir in unserer Gemeinde tun können. Und wir sollten darauf achten, dass es die Verbraucher auch mitbekommen, auch die »Kleinigkeiten«. Wir Bauern in unserer Gemeinde pflanzen zum Beispiel im Frühjahr alte Obstsorten an einem Wanderweg. Die Zeitung muss dabei sein. Wir Bauern säen Blühstreifen und stellen Schilder zur Erklärung auf. Die Zeitung muss dabei sein. Auch die sozialen Medien müssen wir nutzen. Damit kennt sich von uns Bauern zwar fast niemand aus, aber das lässt sich alles organisieren.

Mutter Teresa wurde einmal von einem Journalisten gefragt, was sich an der katholischen Kirche ändern müsste. Sie antwortete: »Sie. Und ich.« Selbst aktiv werden und die eigenen Möglichkeiten nutzen, seien sie auch noch so bescheiden. Immer noch besser, als darauf zu warten, dass die anderen etwas unternehmen, und das Leben damit zu verbringen, nur zu jammern. Ich mag dieses Zitat sehr, es begleitet mich schon eine ganze Weile als Inspiration. Und es lässt sich natürlich wunderbar auf fast alle Themen in diesem Buch übertragen.

Um unser Image zu verändern, brauchen wir Handwerkszeug, denn einen Düngerstreuer einzustellen oder eine Pflugschar auszutauschen ist das eine. Das haben wir Bauern gelernt. Was wir nicht gelernt haben, ist Kommunikation. Aber auch das kann man lernen, zum Beispiel in einem Rhetorikseminar. Das dauert einen Tag, vielleicht auch zwei, und macht sogar richtig Spaß. Wir brauchen Medienprofis, die uns schulen. Unsere Kritiker sind da wesentlich fitter, die wissen auch, wie Journalisten ticken, und versorgen sie bestens mit ihren Informationen.

Wen müssen wir Landwirte ansprechen? Im Grunde jeden: achtzig Millionen Bundesbürger! Ein Tag der offenen Tür ist gut, aber da kommen vielleicht ein paar Hundert, und wenn es gut organisiert wurde, auch ein paar Tausend. Und wer kommt? Die, die uns ohnehin gewogen sind, die sich für unsere Arbeit interessieren. Viele Mitbürger haben ja ein ernsthaftes Interesse an unserer Arbeit. Trotzdem gibt es in erschreckend weiten Teilen der Bevölkerung ein erschreckendes Unwissen. Heute haben erwachsene Menschen keine Ahnung mehr, warum die Hühner Eier legen, sie wissen nicht, dass ein Schwein kein Gras frisst, und sie wissen manchmal nicht einmal, woraus Pommes hergestellt werden. Darüber kann man lachen oder den Kopf schütteln – aber das hilft uns nicht weiter. Denn auch diese Menschen müssen wir erreichen. Am besten, bevor sie ihr Unwissen an ihre Kinder weitergeben.

Landwirtschaftskritische Organisationen wie Greenpeace Deutschland, Foodwatch und Peta Deutschland allein haben zusammen weit über 500 000 Facebook-Follower. Der Deutsche Bauernverband hat 15 000. Das sind die Größenordnungen, gegen die wir Bauern irrsinnigerweise glauben, uns verteidigen zu müssen. Stattdessen sollten wir uns viel öfter solidarisieren und konstruktiv streiten, denn die 1,9 Millionen Facebookfans von Lidl können von einer solchen Auseinandersetzung vielleicht noch profitieren!

Wir Landwirte machen noch zu oft den Fehler, dass wir unsere Kritiker nicht ernst nehmen, und diffamieren diese vorschnell als Spendensammelvereine. Wenn die Entwicklung aber so weitergeht, werden die Kritiker noch mehr als bisher gehört werden, und das wird sich für uns zum Beispiel in Gesetzen, Auflagen und Verordnungen bemerkbar machen, die uns wahrscheinlich nicht gefallen werden und auch objektiv sinnlos sind. Deshalb müssen wir Landwirte auf unsere Kritiker zugehen und dürfen ihre Meinungen nicht ausblenden.

Was mich besorgt und auch etwas ratlos macht, ist die Meinung mancher Berufskollegen. Einen Brief möchte ich Ihnen nicht vorenthalten:

»*Was ist falsch daran, weiter zu wachsen, die Kosten zu optimieren und sich somit in einer globalen Welt dem Wettbewerb zu stellen? Die Handelspartner machen es in allen Handelsstufen vor. Ewig den gestrigen Idealen hinterhertrauern bringt niemanden voran. Auf die Verbraucher hoffen kann man getrost vergessen, und wie Sie es richtig erkannt haben, hat es jeder selbst in der Hand, diese oder jene Entscheidung zu treffen. Die erfolgreichen Unternehmen werden bestehen und die ohne Erfolg untergehen. Nicht die Großen fressen die Kleinen, sondern die Schnellen fressen die Langsamen.*«

Der Mensch hat ja nicht ganz unrecht, und ich kann durchaus nachvollziehen, dass ihm weitere Kollegen zustimmen. Aber was soll man antworten? Ja, mach weiter so? Jeder gegen jeden, pachten, was das Zeug hält? Noch größere Ställe, noch mehr Fläche? Mit dieser Art des Denkens, der immer weiteren Kostenoptimierung unsererseits, spielen wir unseren Abnehmern, die die Preise weiter drücken wollen, doch nur in die Hände.

Wir haben viel versäumt, aber wir haben es selbst in der Hand, unser Bild in der Öffentlichkeit zu verändern. Es wird ein dickes Brett sein, das wir zu bohren haben. Es wird eine ganze Weile dauern, es wieder zu korrigieren. Es wird viel Geld und Anstrengung kosten. Aber wir müssen es wollen. Weil es sich lohnt, davon bin ich überzeugt.

Von etwas anderem bin ich persönlich noch nicht überzeugt...

Soll ich unseren Betrieb auf Bio umstellen?

Auf diese Frage bin ich Ihnen noch eine Antwort schuldig. Und ja, ab und zu habe ich mir diese Frage schon gestellt, vor allem, wenn mal wieder in einer Talkshow ein mehr oder weniger bekannter Promi davon berichtet hat, dass er sich jetzt einen kleinen Bauernhof gekauft hat, auf dem er seine Lebensmittel selbst anbaut, natürlich ganz biologisch. Und dann wird eifrig darüber geschimpft, dass die heutige Form der Nahrungsmittelproduktion unbedingt geändert werden müsste. Und alle sind sich einig. Das fällt ja auch nicht schwer, denn der Produzent der Lebensmittel, der Bauer, sitzt nicht mit dabei in der Talkrunde.

Das sind solche Momente, in denen ich mich frage, ob ich in den letzten dreißig Jahren eigentlich alles verkehrt gemacht habe. Und diese Art der Diskussionen, die Menge der Artikel in der Presse, die Berichterstattungen in Fernsehen und Rundfunk nehmen immer mehr zu. Und fast nie sind wir Landwirte dabei. Es wird *über* uns geredet, aber viel zu selten wirklich *mit* uns. Und wenn dann mal einer dabeisitzt, ist es ein hochrangiger Verbandsvertreter, der für viele Zuschauer leider nicht glaubwürdig ist.

Ich bin nicht nur frustriert, nein, mit der Zunahme solcher Sendungen bekomme ich immer mehr Angst. Angst davor, dass die gesellschaftliche Meinung eines Tages so weit kommt, dass die politischen Entscheidungsträger sich veranlasst sehen, dem öffentlichen Druck nachzugeben und zu sagen: »Jetzt reicht's!« Und von heute auf morgen die konventionelle Landwirtschaft verbieten.

Das geht nicht? Doch, das geht und ist schon praktiziert worden: bei der Kernenergie.

Wenige Wochen nach dem Reaktorunfall in Fukushima erklärte die Bundesregierung damals, Deutschland würde aus der Atomenergie aussteigen, für immer. Ein Ziel, das die Grünen schon lange verfolgten, wurde von Angela Merkel und der CDU innerhalb weniger Wochen in die Tat umgesetzt. Wir, die Bevölkerung, fanden das gut, die Energieunternehmen sträubten sich, aber damit hatte man ja schon rechnen können. Eine öffentliche Diskussion über Sinn, Unsinn und Realisierbarkeit gab es kaum.

Und jetzt werden Sie vielleicht verstehen, warum ich darüber nachdenke, gleich auf Bio umzustellen. Als konventioneller Landwirt fühle ich mich mittlerweile immer öfter auf die Anklagebank gesetzt. Obwohl keiner wissen will, wie ich produziere, steht das Urteil über mich schon fest. Wenn das Güllefass über den Acker fährt, vergifte ich das Grundwasser, wenn ich mit der Spritze fahre, sind es die »Pestizide«, die die Nahrungsmittel »verseuchen«. Die schweren Traktoren führen zu Bodenverdichtungen, Monokulturen fördern die Erosion und, und, und. Erklärungen, warum das nicht so ist, will niemand mehr hören, nach dem Motto: »Wer sich verteidigt, klagt sich an.« Und ich habe, um es landwirtschaftlich auszudrücken, bald »keinen Bock mehr«, mir das länger anzuhören. Deshalb denke ich darüber nach, umzustellen.

Jetzt werden Sie vielleicht sagen: »Ist doch prima, er hat es kapiert, genau das wünschen wir uns von allen Bauern. Mach doch, wir unterstützen dich dabei.« Und genau dieser letzte Satz (»Wir unterstützen dich dabei«) macht mich stutzig. Soweit ich mich erinnern kann, habe ich von Ihnen, den Verbrauchern, in den letzten Jahrzehnten selten moralische Unterstützung erfahren, eher das Gegenteil, nur Forderungen. Und jetzt soll das anders werden? Sie haben doch immer mehr oder weniger bedenkenlos konsumiert, warum sollte sich das ändern? Sie schauen doch im Wesentlichen nur auf den Preis, nicht auf den Wert von Lebensmitteln. Woher kommt denn sonst der Marktanteil der Discounter von über 40 Prozent? Doch nicht von ungefähr. Die größte Wahlurne unserer Bundesrepublik sind die Scannerkassen, an denen Sie persönlich jeden Tag abstimmen. Und Sie wählen den Preis, nicht die Produktionsweise, nicht die Qualität und nur ganz selten die Herkunft. Bei Umfragen finden Sie regional gut, aber in den Einkaufswagen findet man davon nichts wieder.

Warum soll das bei Bio anders sein? Ich habe mal eine Marktanalyse gemacht und geschaut, ob ich mit meinen Produkten einen Abnehmer finden kann. Da ich nur unverarbeitete Produkte anbieten kann, habe ich mir das Sortiment von fünf Märkten in unserem Ort angesehen und vor allem, woher die Produkte kommen. Eingekreist sind die Produkte, die aus Deutschland kamen, hellgrau unterlegt die Produkte, die einen Weg von mehr als 1000 Kilometer zurückgelegt haben.

Bio-Herkünfte in 5 Supermärkten
Erhebung vom 27.2.2015 um 10.00 Uhr

	Rewe	Aldi	Lidl	Penny	Netto
Äpfel	Deutschland	Deutschland	Österreich	Deutschland	
Avocado	Peru				
Bananen	Costa Rica				
Dinkel		Deutschland			
Eier		Niederlande			
Feldsalat	Italien				
Gurken	Bulgarien				
Hirse		Ukraine			
Ingwer					China
Kartoffeln	Deutschland	Niederlande	Deutschland		
Kiwi	Italien				Italien
Limetten	Mexiko				
Maisgrieß		Italien			
Mandarinen	Spanien				
Mango	Costa Rica				
Möhren	Israel	Dänemark			Niederlande
Orangen	Spanien	Spanien	Spanien		
Paprika	Spanien				Israel
Rote Bete					Polen
Rucola	Italien				
Tomaten	Spanien		Spanien		Italien
Zitronen	Italien	Spanien	Spanien	Griechenland	
Zwiebeln rot	Argentinien				
Zwiebeln weiß	Ägypten		Niederlande		

Markierung:
Transportweg mehr als 1000 km

Fazit: Für mich bleiben nur Dinkel und Kartoffeln. Gut, Dinkel habe ich schon mal angebaut, es aber wegen fehlender Rentabilität wieder sein lassen. Kartoffelanbau wäre machbar, da müsste ich mir halt die Maschinen fürs Pflanzen und Ernten vom Nachbarn ausleihen.

Dann habe ich mir die Struktur der Biobetriebe angesehen. Auch das ist der Statistik zu entnehmen, hier vom Statistischen Bundesamt aus dem Jahr 2013:

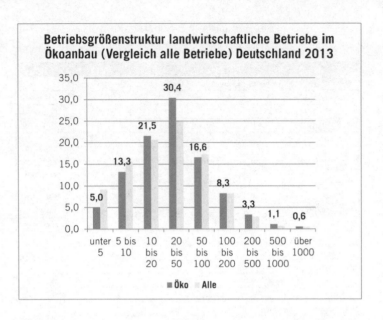

Insgesamt hatten wir 2013 in Deutschland 18 100 Betriebe, die ökologischen Landbau betreiben. Das waren 6,3 Prozent der Betriebe und 6,3 Prozent der Fläche der deutschen Landwirtschaft. Wie die Grafik, die die Größenklassen der Öko-Betriebe mit der Größe aller Betriebe in Deutschland zeigt, bestehen nur geringe Unterschiede. Eher im Gegenteil: Der Anteil der kleinen Betriebe mit weniger als 20 ha beträgt bei allen Betrieben rund 45 Prozent, während es bei Bio-Betrieben nur rund 40 Prozent sind. In der Klasse über 200 Hektar liegen 5 Prozent Ökobetriebe, im Vergleich zu 4,1 aller Betriebe.

Rund die Hälfte der Ökobetriebe ist in Verbänden organisiert. Die drei größten (Bioland, Naturland und Demeter) haben rund 10 000 Mitglieder. Für meine Überlegungen ist es wichtig zu wissen, welche Kulturen im Biolandbau die wichtigsten sind. 2013 waren dies laut einer Studie der AMI*

---

*Agrarmarkt Informations-Gesellschaft mbH Markt Studie, September 2014

565 000 Hektar Grünland (habe ich nicht), 202 000 Hektar Getreide (Getreide habe ich), 153 000 Hektar Futterbau (fürs Vieh, habe ich nicht), 25 000 Hektar Hülsenfrüchte (könnte ich), 8100 Hektar Kartoffeln (könnte ich) und 1800 Hektar Raps (Raps habe ich). Zuckerrüben, die heute bei mir rund ein Viertel meines Anbaus ausmachen, werden mit 1200 ha aufgeführt. Zum Vergleich: Konventioneller Raps wuchs auf rund 1 500 000 ha, Zuckerrüben auf 315 000 ha.

Und jetzt kommt ein gravierenderes Problem: Ich habe kein Vieh! Um als Biobetrieb anerkannt zu werden, sollte ich möglichst den organischen Dünger aus dem eigenen Betrieb verwenden. Geht nicht, wenn ich kein Vieh habe. Ich darf aber eventuell auch zugekauften Mist oder Gülle aus anderen Biobetrieben nehmen. Nur: Hier im Umkreis gibt es keine.

Nun entscheiden sich ja immer mehr Menschen für die vegetarische oder vegane Lebensweise. Was würde ich also mit den Tieren machen, wenn ich denn welche anschaffen würde? Einen Stall müsste ich erst noch bauen. Ohnehin liegt der Marktanteil von Biofleisch bei unter 2 Prozent.

Und ohne Vieh? Was mache ich mit dem Kleegras, das ich anbauen muss, um Stickstoff in den Boden zu bekommen? Mineraldünger darf ich ja nicht verwenden. Kleegras verkaufen? Wer will denn so was haben? Der Anteil von Biokartoffeln liegt mit rund 8000 Hektar bei unter 1 Prozent der Bioanbaufläche (1,09 Millionen Hektar), bei Zuckerrüben ist es ähnlich. Die Kulturen scheinen ja nicht so der Renner zu sein. Betrachtet man die Verkaufserlöse der Biolandwirte, so liegen die bei 3,5 Prozent Anteil am Gesamterlös der deutschen Landwirtschaft.

Dann habe ich mir die Erträge angesehen. Die Landwirtschaftskammern als staatliche Stellen machen Exaktversuche nach dem gleichen Muster im konventionellen und im

Biobereich. An den Standorten in Hessen lag der Weizenertrag in 2012 zwischen 37 und 52 Dezitonnen pro Hektar (dt/ha, wobei 1 dt = 100 kg), in Niedersachsen im Mittel von drei Jahren bei 51 dt/ha und bei mir in Nordrhein-Westfalen, wo immerhin sieben Versuchsergebnisse vorliegen, bei 41 dt/ha. Ich habe in meinem konventionellen Betrieb im Mittel der letzten Jahre stets zwischen 95 und 105 dt/ha gelegen. Wenn ich jetzt sehr großzügig rechne und zugrunde lege, dass mein Betrieb sehr gute Böden hat und auch das Klima passt, nehme ich mal optimistisch an, dass bei mir 60 dt/ha geerntet werden könnten. Das wären dann rund 60 Prozent meines heutigen Ertrages.

Kommen wir zu den Erlösen: 2014 wurden für Biobrotweizen rund 40 Euro pro Dezitonne, für Biofutterweizen 30 Euro erzielt. Da die Produktion von Biobrotweizen nicht immer zu 100 Prozent garantiert ist, nehme ich mal optimistisch einen Mischpreis von 37 Euro pro Dezitonne an. Bei einer Menge von 60 dt/ha errechnet sich so ein Roherlös von 2220 Euro/ha. Nicht schlecht, denn wenn ich meine konventionell erzeugten 100 dt/ha mit 20 Euro/dt multipliziere, komme ich auf 2000 Euro/ha. Das ist weniger. Allerdings habe ich bei Zuckerrüben einen höheren Roherlös (ca. 2 600 €/ha), und die fehlen mir ja völlig. In der Mischkalkulation sieht es für Bio dann nicht mehr so gut aus.

Dann kommt das Problem der Arbeitserledigung. Wie soll ich das Unkraut in den Griff bekommen, wie Getreide striegeln und Unkraut hacken, oder wenn ich mit Gemüse anfange sollte, dies pflanzen und ernten, ohne dafür Leute einzustellen? Wir haben ja einen Mindestlohn von 8,50 Euro. Wer will denn noch Unkraut hacken? Unser Hof liegt im Dunstkreis großer Städte. Dort finden die Menschen einfachere und lukrativere Einkommensquellen als die Arbeit auf dem Feld. Die Umstellung auf Bio bedarf auch einiger langfristiger Investitionen, ob nun in Gebäude oder Maschinen. Soll ich mein Erspartes zusammenkratzen, um auf diesen Betriebszweig zu setzen, aus dem einige schon wieder aussteigen?

Mir tun die Pioniere der Biobewegung ein wenig leid. Die Ersten waren wirkliche »Überzeugungstäter«, die ein hohes Risiko auf sich genommen haben, das schließlich auch in angemessenen Preisen honoriert wurde. Heute ist Bio eine andere Form der Landwirtschaft mit überwiegend kommerziellen Interessen. Die Betriebe werden auch im Biobereich immer größer, Hühnerställe mit 10 000 Legehennen, Kuhställe mit 500 Kühen sind heute keine Seltenheit mehr. In der weiteren Nachbarschaft produziert ein Landwirt Biogemüse auf über 150 Hektar. Und die Betriebe müssen auch so groß sein, weil sie die Discounter beliefern. Und die fordern große Mengen zu gleichbleibenden Qualitäten. Die Vergangenheit hat gezeigt, dass die Zahl der Läden unter 400 Quadratmeter Verkaufsfläche deutlich abgenommen, die der Läden über 400 Quadratmeter rasant zugenommen hat. Ein Trend, wie er in vielen Bereichen festzustellen ist. Nur Größe zählt.

Schließlich haben die Discounter den Biomarkt aus der Nische geholt und für ein breites Publikum zugänglich gemacht. Jetzt sind sie fleißig dabei, wie bei konventionellen Produkten auch im Biobereich die Preise niederzuringen. Meine Kollegen im Biolandbau sind mittlerweile dem gleichen Marktdruck unterworfen wie wir konventionellen Landwirte. Ich habe neulich ein Interview mit einem Berater im *Enorm*-Magazin gelesen, der seit dreißig Jahren den Naturkostfachhandel berät. Er sieht den Biofachhandel auf dem gleichen Weg wie den konventionellen Lebensmitteleinzelhandel. Hier dominieren auch wenige, große Filialisten den Markt. Aber auch der Kunde hat sich seiner Meinung nach gewandelt. Heute käme das Wachstum aus dem Bereich derer, für die Bio nicht primär Überzeugungstat ist, sondern die einen gewissen Anspruch an ihr Essen und den Stil ihrer Lebenshaltung haben und nicht auf jeden Euro achten müssen. Diese Kunden würden im Bioladen auch Produkte finden wollen, die für die Pioniere nicht denkbar waren, wie zum Beispiel Weißmehlnudeln oder Schokolade. Deshalb habe man sie schließlich auch gelistet. Und so ließe sich die Liste weiter fortsetzen. Bio wird seiner Überzeugung nach immer gewöhnlicher. Und weiter sehr prägnant bringt er zum Ausdruck, dass Überzeugungstäter in diesem Markt, die »etwas predigen wollen, eine Kirche oder Sekte aufmachen und dort ihre Anhänger um sich scharen sollen«. So deutlich hatte ich das bisher noch nicht gehört.

Der Umsatz im Biohandel wächst. Ja, aber heute kommen viele Biowaren als Importe aus dem Ausland. Und die Importware ist meist deutlich billiger, als unsere Biobauern sie herstellen können. In Ägypten, Israel, der Türkei oder Marokko ist die Entlohnung der Arbeitskräfte wesentlich niedriger als bei uns, und das macht sie so wettbewerbsfähig. Klimatische Vorteile, wie zum Beispiel geringere Luftfeuchte, die den Pilzbefall hemmt, kommen noch dazu.

Es gibt immer wieder Menschen, die mich fragen, ob ich ihnen sagen kann, wie man an einen Bauernhof kommen kann. Auf www.hofgruender.de werden beispielsweise Bauernhöfe mit Gebäude und Flächen angeboten. Die meisten davon sind Biobetriebe. Die wären doch da nicht zu finden, wenn der Biomarkt so erfolgreich wäre.

Und es gibt noch einen ganz persönlichen Grund, warum ich mit der Umstellung zögere. Das ist das Alter. Wenn Sie die fünfzig deutlich überschritten haben, werden Sie wissen, dass auch Sie vermutlich risikoscheuer werden. Sie haben im Leben schon viel erfahren, und es fällt immer schwerer, etwas vollkommen Neues zu beginnen. So ist das bei mir auch. Und deshalb überlasse ich die weitreichende Entscheidung, den Hof anders zu führen als bisher, der nächsten Generation.

Ich will nicht falsch verstanden werden, wenn ich noch ein paar andere Fragen an die Biolandwirtschaft insgesamt habe. Ich habe nichts gegen meine Berufskollegen, die eine andere Wirtschaftsweise als ich gewählt haben. Es ist ein anderer Markt, der für sie Sinn ergibt und ihnen ihr Einkommen ermöglicht. Und dass die Biobauern von der Gesellschaft als »die Guten« dargestellt werden, gefällt ihnen sicher auch. Eine meiner Fragen ist die Versorgung der Menschen mit Kalorien. Dazu habe ich wieder besagte AMI-Studie herangezogen, die die Produktion der Bio-Betriebe mit der aller Betriebe vergleicht. Die Werte der Bio-Betriebe habe ich dann auf alle Betriebe hochgerechnet, wobei eine gewisse Unschärfe dadurch zustande kommt, dass die Bio-Betriebe in der Grundgesamtheit aller Betriebe enthalten sind.

Produktion

Getreide: Im Öko-Landbau wurden auf 202 000 ha in Schnitt 3,6 t Getreide erzeugt. Rechnet man diesen Wert auf die gesamte Getreide-Anbaufläche hoch, so ergibt sich eine Getreideerzeugung von 23 611 886 t. Gegenüber der tatsächlichen Getreideerzeugung aller Betriebe von 47 757 000 t ergibt sich eine Differenz von 24 145 114 t oder -51 Prozent.

Kartoffeln: Im Öko-Landbau wurden lediglich 8100 ha angebaut, verglichen mit 242 800 ha aller Betriebe. Erzeugt wurden insgesamt 9 670 000 t, davon 120 000 t im Öko-Landbau. Rechnet man die gesamte Anbaufläche mit den Erträgen aus dem Öko-Landbau hoch, so ergibt sich eine Differenz von 6 072 963 t oder -63 Prozent.

Raps: Der Rapsanbau ist im Öko-Landbau mit 1800 ha

gegenüber 1 533 300 ha vernachlässigbar. Zuverlässige Ertragsdaten sind nicht verfügbar, in Versuchen wurden zwischen 0,5 und 2,2 t/ha erzielt. Bei der Annahme, dass 1,7 t/ha erzeugt würden, ergibt sich eine Differenz von 3 166 000 t oder −55 Prozent.

Zuckerrüben: Was für Raps gilt, gilt auch für Zuckerrüben. Mit 1200 ha ist der Öko-Anbau im Vergleich zu 315 543 ha aller Betriebe marginal, ein belastbarer Vergleich ist wegen fehlender Datenbasis nicht möglich.

Obst: Die Obstproduktion im Öko-Landbau ist mit 8485 ha ähnlich groß wie der Kartoffelanbau. Es wurden 98 000 t erzeugt, in allen Betrieben 1 118 300 t. Wird die Gesamtfläche mit den Erträgen des Öko-Landbau hochgerechnet, ergibt sich eine Differenz von 509 753 t oder −46 Prozent.

Gemüse: Die Gemüseproduktion aller Betriebe betrug in 2013 3 418 211 t wovon 271 800 t aus Öko-Betrieben stammten. Da die Erträge nur geringfügig unter denen aller Betriebe liegt, ergibt sich hier lediglich eine Differenz von 557 318 t oder −16 Prozent.

Rindfleisch: Die Rindfleischproduktion von 38 400 t liegt deutlich unter der aller Betriebe, die 1 117 600 t betrug.

Milch. In den Ökobetrieben wurden mit 143 000 Milchkühen 682 100 t Milch erzeugt, was einer Milchleistung pro Kuh und Jahr von 4770 kg entspricht. Hochgerechnet auf alle Milchkühe (42 223 000) ergibt sich eine Differenz von 10 174 424 t oder −34 Prozent.

Günstiger ist die Situation bei Eiern. In Öko-Betrieben wurden 3,8 Mio. Legehennen gehalten, 43,2 Mio. in allen Betrieben. Da die Legeleistung mit 272 Eiern pro Tier und Jahr annähernd an die Legeleistung von 293 Eiern pro Tier und Jahr herankommt, ergibt sich lediglich eine Differenz von 838 Mio. Eier/Jahr oder −7 Prozent.

Fazit:
Die Analyse dieser Zahlen ergibt, dass eine Selbstversorgung mit Öko-Produkten in Deutschland nicht möglich ist. Kulturen wie Raps und Zuckerrüben würden fast vollständig aus der Fruchtfolge verschwinden. Gründe dafür liegen vor allem in den fehlenden Bekämpfungsmöglichkeiten tierischer Schädlinge im Raps und der aufwändigen Unkrautregulierung in Zuckerrüben.

Bei dem derzeitigen Verbrauch von rund 44 Mio. t Getreide müssten rund 20 Mio. t Getreide importiert werden, was nicht nur eine große logistische Herausforderung bedeutet, sondern nicht so ohne Weiteres von anderen europäischen Ländern übernommen werden kann. Der derzeitige Export von europäischem Getreide z. B. in den Nahen Osten oder Nordafrika wäre wohl nicht mehr möglich.

Da schon derzeit die Selbstversorgung mit Obst und Gemüse nicht erreicht wird, müssten deutlich steigende Mengen importiert werden (jeweils rund 500 000 t). Auch die Kartoffelproduktion würde bei Weitem nicht ausreichen, wobei diese Kultur im Wesentlichen in Mitteleuropa angebaut wird und sich Importe daher sowohl von der Menge als auch von der Herkunft (Polen, Russland, Frankreich) schwierig darstellen.

Diese Kalkulationen wurden unter der Annahme getroffen, dass die bisherigen Anbauverhältnisse konstant bleiben. Bei einer vollständigen Umstellung aller Betriebe ist davon jedoch nicht auszugehen, da die Nährstoffversorgung in Öko-Betrieben zumeist über tierischen Dünger erfolgt. Für die Tierhaltung werden jedoch nicht unerhebliche Flächen zur Futterversorgung benötigt, die für den Anbau von Konsum-Früchten daher ausscheiden. Nimmt man den derzeitigen Grünland-Anteil von über 57 % in Öko-Betrieben (28 % aller Betriebe) als Grundlage, so müsste der Anteil von

Grünland bzw. Futterflächen deutlich erhöht werden und somit die Anbaufläche für Konsum-Früchte verringert. Sollten statt tierischem Dünger pflanzliche Alternativen (Kleegras) gewählt werden, ändert dies an der Aussage nichts. In der Realität würden also das Defizit und die Menge der Importe noch größer werden.

Bei den politischen und gesellschaftlichen Überlegungen, den Öko-Landbau in Deutschland zu fördern, was derzeit über finanzielle Anreize (höhere Subventionen) geschieht, sollten die oben gemachten Annahmen und die damit verbundenen Konsequenzen nicht aus den Augen verloren werden. Klar dürfte auch sein, dass die ökologisch erzeugten Lebensmittel bzw. die Importe von konventionellen Lebensmitteln mit erheblichen Kostensteigerungen für den Konsumenten verbunden sind.

Dass der Biolandbau flächenintensiver ist, zeigt sich auch bei der Milchproduktion. Hier eine Beispielrechnung: Zwei Kühe mit einer Milchleistung von 4000 Litern pro Jahr benötigen doppelt so viel Futter für ihren Grundumsatz (zur Erhaltung der Lebensfunktionen ohne Milchproduktion) wie eine Kuh mit 8000 Litern. Um die gleiche Menge Milch zu erzeugen, müssen der Stall, der Melkstand und die gesamte Infrastruktur eines landwirtschaftlichen Betriebes doppelt so groß sein wie bei der modernen Viehhaltung. Wenn ich bisher mit 50 Kühen mit je 8000 l Milchleistung pro Jahr 400 000 l Milch erzeugt habe, brauche ich bei einer Milchleistung pro Kuh von 4000 l dazu 100 Kühe. Auch der Energieeinsatz zur Futtergewinnung ist höher, weil pro Flächeneinheit weniger Futter erzeugt wird. Folglich muss auch die Futterfläche größer sein. Ähnlich gilt das bisher Erläuterte auch für die Fleischproduktion. Die Mastzeiten sind länger, und somit liegen die Umläufe pro Stallplatz niedriger, was sich logischerweise auch in höheren Kosten niederschlägt. Das ist einfache Mathematik, so sind die Zahlen.

Zu einem ähnlichen Ergebnis wie dem in meiner Rechnung kommt auch eine Studie, die im Auftrag von foodwatch erstellt wurde und den Titel »Klimawirkungen der Landwirtschaft in Deutschland« trägt. Hier wird ebenfalls eine Rechnung aufgestellt, was passieren würde, wenn Deutschland auf ein klimaoptimiertes Verfahren (durch vollständige Umstellung auf ökologischen Landbau) umstellen würde. Die Menge an pflanzlichen Produkten für den menschlichen Verzehr würde konstant gehalten, Moorböden würden wieder vernässt und aus der Nahrungsmittelproduktion herausgenommen. Dann würden 5,5 Millionen Hektar mehr Anbaufläche benötigt. Im Umkehrschluss würden 5,5 Millionen Hektar weniger Futterflächen zur Verfügung stehen, wenn keine zusätzlichen Flächen im Ausland genutzt werden. Die tierische Produktion müsste dann um 69 Prozent gesenkt werden. Wollte man jedoch auch die Milch- und Fleischproduktion klimaoptimiert betreiben, ergäbe sich ein Mehrbedarf an landwirtschaftlicher Fläche von 11,5 Millionen Hektar. Die landwirtschaftliche Nutzfläche in Deutschland umfasst derzeit etwa 16,7 Millionen Hektar! Die Verfasser der Studie kommen zu dem Schluss, dass die gegenwärtige Versorgungslage der Bevölkerung nur mit zusätzlichen Importen realisierbar wäre. Die andere Konsequenz wäre, dass wir deutschen Konsumenten und unsere Haustiere auf 69 Prozent tierischer Produkte verzichten müssten.

Besonders groß ist die Lücke bei Eiweiß. Der Anbau heimischer Leguminosen wie Soja, Erbsen, Bohnen und Lupinen ist äußerst gering, weil der Anbau dieser Kulturen wenig lohnend ist und zum Beispiel Soja deutlich billiger importiert werden kann. Ein Importverbot von Soja hätte somit deutlich steigende Preise für Lebensmittel, in denen importiertes Eiweiß verarbeitet wird, zur Folge. Ich habe das mal für unseren Betrieb durchgerechnet. Soja geht selbst im Rheinland kaum, weil es dafür zu kalt ist. Die Ackerbohne wäre eine Eiweißfrucht, die passen würde. Derzeit kann ich dafür rund 21 € pro 100 kg erlösen. Um auf den Deckungsbeitrag (Roherlös minus variable Kosten) der schlechtesten Alternative (bei mir Gerste) zu kommen, müsste ich für Ackerbohnen rund 28 € pro 100 kg erzielen. Dabei habe ich den Vorfruchtwert von Ackerbohnen, die ja bekanntlich Stickstoff sammeln, schon mit 150 €/Hektar veranschlagt! Wenn mir also jemand die Differenz von 7 €/100 kg zahlt, mache ich sehr gerne Eiweißpflanzen. Aber kommen Sie mir jetzt bloß nicht mit Subventionen! Die bekomme ich dann auch wieder über kurz oder lang »aufs Butterbrot geschmiert«.

Und dann gibt es noch ein Problem mit der Nahrungsmittelversorgung: die zunehmende Urbanisierung. Wahrscheinlich leben Sie, die oder der Sie gerade dieses Buch lesen, in einer kleinen, mittleren oder großen Stadt mit einigen zehn- oder hunderttausend Einwohnern. Erst die Steigerung der Erträge und die Spezialisierung von uns Landwirten hat es möglich gemacht, dass größere Populationen mit höherem Lebensstandard entstehen konnten. Intensive Landwirtschaft auf besten Böden und in günstigen Klimaräumen, also mehr Nahrung auf weniger Land, lässt Raum für Natur- und Umweltschutz. Ein Zurück zu kleinräumigen und vorindustriellen Nahrungsmittelsystemen würde mehr Menschen zur Bewirtschaftung und mehr Fläche erfordern. Die fehlen dann für den Naturschutz.

Eine effiziente Landwirtschaft macht es auch möglich, dass die Erzeuger der Lebensmittel einmal krank werden dürfen, Zeit für Urlaub haben und die Kinder ins Schwimmbad gehen können und nicht auf dem Feld mithelfen müssen. Möglich macht dies innovative Technik wie Melkroboter, automatische Fütterung und Transponder-Systeme mit Anbindung an das Smartphone. Das garantiert auch, dass die Landwirte mehr Zeit fürs Tierwohl haben.

Sie können ja wollen, dass es keine landwirtschaftlichen Großbetriebe gibt, sondern Höfe. Sie können auch wollen, dass diese Höfe im Besitz von Familien sind. Dann müssen Sie aber auch bereit sein, sich selbst für diese Arbeit zur Verfügung zu stellen, Ihren erlernten Beruf aufzugeben, mit Ihrer Familie auf das Land zu ziehen und als Hofnachfolger oder Hofgründer selber einen bäuerlichen Betrieb mit allen Konsequenzen zu übernehmen. Sie meinen, das geht zu weit? Wer sonst soll denn die Betriebe weiterführen, die keinen Hofnachfolger haben oder aus wirtschaftlichen Gründen aufgeben? Wenn ich professionelle Tier-, Umwelt- und Naturschützer darauf anspreche, ob sie meine Arbeit machen und meinen Hof übernehmen wollen, ist die Diskussion oft schnell beendet. Sich für den Schutz von irgendwas einzusetzen ist einfach, die Arbeit selbst zu machen etwas ganz anderes. Und noch einmal: Wo sind die Menschen, die unsere Arbeit machen wollen und können? Das wird bei allen Diskussionen immer vergessen.

Wir Bauern besitzen zwar unsere Höfe, viele sind auch unser Eigentum. Wir bewirtschaften sie auch, um daraus Gewinn zu ziehen, aber nicht, um mit diesem Gewinn beliebig zu verfahren, wie es eine Firma tun kann. Wir bewirtschaften sie im Dienst der nächsten Generation, eben »nachhaltig«. Wir sind halt nicht die berühmten »Heuschrecken«, die alles abgrasen, um dann weiterzuziehen. Aber wenn ich es nicht mehr mache, wird der Betrieb verpachtet oder verkauft, und die vom Verbraucher so geschmähte »industrielle Landwirtschaft« mit den ungewollten »Agrarfabriken« nimmt weiter zu. Unser zwingend notwendiges wirtschaftliches Handeln mit einem Gewinn zur betrieblichen Weiterentwicklung, zur Entlohnung der Arbeitskraft und dem Einkommen für den Betriebsleiter und seine Familie kann nur mit moderner Landwirtschaft garantiert werden. Oder, wie oben beschrieben, mit Verzicht. Welcher Weg wäre Ihr Weg? Wozu sind Sie bereit?

Mein persönlicher Ausblick

In wenigen Jahren wird es so weit sein, dass ich unseren Betrieb an die nächste Generation weitergebe. Ein seltsames Gefühl ist das, denn jetzt steht unser Sohn da, wo ich vor rund 35 Jahren stand. Damals war es für meinen Vater und mich aufregend, diesen Schritt zu gehen. Für ihn die Frage: »Schafft der das?«, für mich die Frage: »Werde ich das schaffen?« Jetzt bin ich an der Reihe, mich darauf vorzubereiten, dass unser Sohn die Verantwortung dafür übernimmt, den Betrieb in seine (hoffentlich) nächste Generation zu führen. Die käme dann, von heute aus gesehen, etwa im Jahr 2050 in die Verantwortung!

Ich habe mich schon öfter mit unserem Sohn unterhalten, denn so eine Hofübergabe macht man nicht von heute auf morgen. Noch ist sein Studium nicht abgeschlossen, aber – zu meiner Erleichterung – er macht sich bereits viele Gedanken, wie es mit *seinem* Hof dann weitergehen könnte.

Vielleicht ist er es dann, der den Betrieb auf Bio umstellt. Schließlich möchte er darüber auch seine Masterarbeit schreiben – danach ist er hoffentlich schlauer, ob sich das für ihn lohnen würde.

Was bei seinen Überlegungen, den Betrieb zu übernehmen, bisher übrigens kaum vorkommt, sind Begriffe wie »Politik« oder »Gesellschaft«. Klar hat er dazu auch eine Meinung, aber anders als bei mir bereitet ihm das keine Sorgen. In Bezug auf die Hofübergabe möchte er sich lieber auf das Wesentliche konzentrieren, und das finde ich verdammt gut. Denn ganz wesentlich ist für ihn die Familie, und das heißt in erster Linie: seine Freundin und er, die beide ihren (unterschiedlichen) Berufen nachgehen, die aber irgendwann auch Kinder bekommen und andere Ziele als nur berufliche verfolgen möchten. Um das alles unter einen Hut zu bekommen, kann er sich – anders als in früheren Generationen üblich – auch eine Kombination aus Beruf, Hausmann, Vater und Bauer vorstellen. Pragmatismus statt Burn-out. Anstatt sich mit einer Sache voll zu verausgaben, möchte er lieber verschiedene Ideen ausprobieren, um zu sehen, was tatsächlich funktioniert.

Von seinen Experimenten mit farbigen Kartoffelsorten habe ich bereits erzählt. Warum nicht auch andere Kulturen testen? Der Trend zu alten Sorten oder zu Eiweißpflanzen (für die steigende Zahl der Vegetarier und Veganer) könnte sich genauso als erfolgreiche Nische erweisen wie neue Absatzwege. Vielleicht ergeben sich daraus ja Kooperationen mit Spezialitätenrestaurants in den Großstädten, die auf der Suche nach einzigartigen Produkten sind.

Er könnte auch Teile des Ackers in Parzellen aufteilen und an interessierte Städter verpachten, schließlich haben wir den Bahnhof in der Nähe, und von Köln oder Düsseldorf, und so sind die Leute in einer halben Stunde auf unserem Acker. Dort können die Städter dann ihr eigenes Gemüse erzeugen – ein Trend, der sich immer weiter ausbreitet. Klar, die wollen dann von einem wissen, warum der Kohlrabi so ein gelbes Blatt hat, was das für ein komisches Tier an den Möhren ist und was sie denn nun gegen die verdammten Schnecken machen können. Aber genau so bleibt wichtiges Wissen rund um unsere Nahrungsmittel erhalten – und es hätte den schönen Effekt, dass man als Landwirt auch wieder näher am Verbraucher dran ist und mitbekommt, was ihn in der Stadt so umtreibt.

Es gibt noch weitere Projektideen – die sind aber zum Teil noch »top secret«. Trotzdem will ich den Schleier bei einem Projekt ein wenig anheben und hoffen, dass ich nicht zu viel verrate. Seit seinem 19. Lebensjahr produziert er Futter für Insekten. Das ist eine bestimmte Mischung aus organischer Masse, mehr verrate ich nicht. Nun gibt es Leute, die als Hobby Käfer halten, so wie andere Brieftauben oder japanische Koi. Das hat klein angefangen, mittlerweile ist er aber schon Kleinunternehmer mit Gewerbeschein und zahlt auch Beiträge in die Berufsgenossenschaft. Also alles ganz legal, Steuern zahlt er auch. Mittlerweile hat er Kunden im gesamten deutschsprachigen Raum und jetzt aktuell auch in Dänemark und Marokko. Hatte er bisher dieses Futter noch in Eimern gemischt, so entschloss er sich jetzt zum Kauf einer 4000-Liter-Mischtrommel, weil ihn die Herstellung in Handarbeit sonst neben dem Studium zu viel Arbeitszeit kostet und die Auftragslage so gut ist, dass er mit dem Produzieren nicht nachkommt. Und auch sonst hat er viele, zum Teil ausgefallene Ideen. (Von wem er das wohl hat? Wahrscheinlich von der Mutter.) Und vielleicht findet er ja auch sein eigenes Villnösser Brillenschaf und macht es zum Erfolg.

Vielleicht wird es aber auch etwas ganz anderes. Er könnte sich nämlich auch vorstellen, hochwertiges, handwerklich hergestelltes Bio-Brot aus dem Steinofen anzubieten. Wenn die Leute das mal im Vergleich zum Discounter-Brötchen aus dem Backautomaten probiert haben, wollen die das bestimmt immer öfter haben, davon ist er überzeugt. Denn er ist sich sicher, dass in Zukunft immer mehr Menschen begreifen werden, dass für gute Qualität auch ein Preis bezahlt werden sollte, der dem Aufwand entspricht.

Zum Abschluss dieses Kapitels will ich Ihnen einen Auszug aus einer Mail zu lesen geben, die er mir schickte, als ich ihm mal wieder über die Kritik an uns Bauern berichtete. Er schrieb: »Papa, mein Vorschlag: Betrachte die Kritik der Öffentlichkeit an der Landwirtschaft als Chance. Du hast doch auch Ideen! Es gibt Tausende von Marktlücken. Ich könnte dir glatt zehn Möglichkeiten nennen, wie du aus der Kritik neue Geschäftsmodelle entwickeln kannst. Marktlücken nutzen! Such dir ein verarbeitetes Produkt aus dem Supermarkt aus, das zu mindestens achtzig Prozent aus den von dir hergestellten Feldfrüchten besteht. Überlege dir ein passendes Konzept, und baue eine kleine Produktionsstätte dazu auf, und sei kreativ bei der Vermarktung. Warum sollen wir das Marketing schließlich nur den Großkonzernen überlassen! Stecke einen 6-stelligen Betrag rein, und zieh das Ding groß auf. Die Leute in den Städten werden dir das Zeug aus den Händen reißen ;-). Was ich sagen will: Die Idee, etwas anders zu machen als andere, würde helfen. Das ist eines der Grundprinzipien der Ökonomie. Manchmal platze ich innerlich, weil ich so viele Ideen haben von denen ich später aber nur eine oder zwei umsetzen kann.«

Als ich das gelesen habe, wusste ich, dass ich mir um die Zukunft unseres Sohnes keine Sorgen zu machen brauche!

Die Macht der Verbraucher

Was können wir alle als Verbraucher nun tun? Ich möchte es so formulieren: Ihnen und mir ist geholfen, wenn wir wieder ein paar Schritte in unseren Einkaufs- und Verzehrgewohnheiten »zurückgehen«. Und wieder näher rankommen an den Ursprung unseres Essens, und das ist nun mal der Acker, der Stall.

Nehmen wir noch einmal das Beispiel von der Tiefkühlpizza, das ich schon ganz vorne im Buch benutzt habe. Doch diesmal wollen wir die Lösung »rückwärts« entwickeln, denn meiner Meinung nach liegt der beste Ansatzpunkt zu bewusstem Konsum darin, unser Einkaufs- und Essverhalten vom Ende her zu denken. Fangen wir also bei der Mülltonne an.

ganz früher	früher	vor 50 Jahren	heute
eigener Garten/Stall	Bauer	Bauer	Bauer
Küche	Küche	Bäcker/Metzger	Mühle/Schlachthof
		Küche	Backlinge/Wurst
			Pizzaherstellung
			Zentrallager Kühlhaus
			Supermarkt
			Küche
			Mülltonne

Blickwinkel Abfallvermeidung

Jeder von uns wirft rund achtzig Kilogramm Lebensmittel pro Jahr weg. Auf Deutschland hochgerechnet, ergibt das einen gewaltigen Berg von 6,6 Millionen Tonnen. Laut einer Studie des WWF (»Tonnen für die Tonne«) entspricht dies einem Gegenwert von unfassbaren 25 Milliarden Euro. Das meiste davon ist Obst und Gemüse (30 Prozent vom Endkonsum), bei Kartoffeln und Fisch sind es 26 Prozent, bei Getreide und Getreideerzeugnissen 23 Prozent. Zählt man alle Verluste zusammen und rechnet dies auf die Fläche um, so würde dies laut WWF der Anbaufläche von Mecklenburg-Vorpommern entsprechen. Die gesamte Ernte dieses Bundeslandes landet quasi im Müll – unvorstellbar, aber wahr.

Warum tappen wir immer wieder in die Wegwerffalle, obwohl wir das doch eigentlich gar nicht möchten? Das Wegwerfen beginnt schon beim Einkauf. Machen Sie sich einen Einkaufszettel? Wenn ja, was sehr vernünftig ist, kaufen Sie tatsächlich auch nur das ein, was da draufsteht? Oder schauen Sie schon mal im Supermarkt gerne nach rechts und links, entdecken ein interessantes Produkt, das Sie noch nicht kennen, und schon ist es im Einkaufswagen? Dann gibt es noch die Sonderangebote, die preiswertere Familienpackung, drei zum Preis von zwei. Und dann stehen Sie an der Kasse und wundern sich, was Sie alles im Einkaufswagen haben, was aber nicht auf dem Einkaufszettel stand.

Lebensmittel müssen heute ja optisch makellos aussehen, wenn kleine Macken dran sind, bleiben sie liegen und landen schließlich in der Tonne des Supermarktes. Das hat der in der Kalkulation schon mit drin, das geht mir als Landwirt vom Einkaufspreis ab oder Ihnen beim Ladenpreis oben drauf. Und es verschwendet Ressourcen. Darüber zu jammern bringt an dieser Stelle nichts, solange wir auf »schönen«, »genormten« Lebensmitteln bestehen, obwohl die »hässlichen« genauso wertvoll wären und genauso schmecken. Auch hier gibt es Initiativen, die nach alternativen Wegen suchen – aber die bekommen wir im Supermarkt selten zu Gesicht, das würde wohl zu viele Kunden abschrecken. Einige wagen hier aber einen Vorstoß. Die Supermarktkette Intermarché verkauft in Frankreich sogenannte »légumes moches«, also »hässliches Gemüse« zu reduziertem Preis. Netto und Edeka versuchten sich 2013 ebenfalls und boten unter dem Motto »Keiner ist perfekt« in einigen Testmärkten preisreduzierte Dreibeinmöhren an. Geht also, wenn man nur will.

Zu Hause angekommen, muss der ganze Kram dann irgendwohin. Kühlschranktür auf und rein damit. Da rutscht der Joghurt vom letzten Einkauf schnell mal nach hinten. Und wird erst wiederentdeckt, wenn man mal wieder aufräumt. Oh je, der ist aber wirklich nicht mehr gut. Schade eigentlich. Die Konserven wandern in den Vorratsschrank.

Dort sieht es nicht anders aus. Richtige Lagerung, also die frischen Produkte nach hinten räumen würde helfen. Aber wer macht das schon konsequent? Schade eigentlich.

Die Zutaten, die man zum Zubereiten des Essens braucht, sind ja auch nicht alle so portioniert, dass sie nach dem Kochen direkt aufgebraucht sind. Auch da bleiben oft Reste. Nun kann man sein Leben nicht nach Packungsgrößen ausrichten. Ist es Ihnen nicht auch schon mal passiert, dass Sie in der angebrochenen Mehl- oder Reistüte Käfer gefunden haben? Die kann man nun wirklich nicht mehr gebrauchen. Schade eigentlich.

Aber auch beim Essen bleiben Reste. Haben die Kinder schon wieder vergessen, die gekochten Spaghetti in den Kühlschrank zu räumen? Jetzt sind sie hart geworden, die will sicher keiner mehr. Ab in die Tonne. Schade eigentlich.

Und die Folgen? Jedes Lebensmittel hat für seine Herstellung Ressourcen verbraucht. Ackerboden, die Arbeit auf dem Feld, Dünger, Wasser, aber auch für den Transport vom Feld bis in unseren Einkaufswagen. Dazu zählten auch der Transport zur Weiterverarbeitung, die Lagerung beim Handel, im Kühlraum, in der Kühltheke, der Transport in unsere Küche und über die Tonne auf die Müllkippe. Gut wäre es, wenn die Abfälle zumindest noch in einer Kompostier- oder Biogasanlage landen würden. Letzteres ist nur erlaubt, wenn die Anlage dafür zugelassen ist und entsprechende Hygienisierungsvorschriften (höhere Temperaturen bei der Vergärung) einhält – und kein Plastik in der Biotonne landet.

Alles, was hergestellt wurde, hat Kosten verursacht. Das klingt banal, aber so tragen wir mit unserem Verhalten nicht nur zur sinnlosen Verschwendung von Rohstoffen bei, sondern indirekt auch zu einer Verteuerung. Unser Verhalten ist eingepreist. Und das trifft dann auch die Menschen in anderen Teilen der Welt. Unser achtloser Umgang mit dem Essen hat also viel weitreichendere Auswirkungen, als uns bewusst ist, wenn wir mal wieder einen Schokopudding wegwerfen, dessen Mindesthaltbarkeitsdatum gestern abgelaufen ist.

Was hat es damit auf sich? Ich habe mal recherchiert und bei der Verbraucherzentrale Hamburg eine schöne Liste gefunden, die ich hier in Auszügen wiedergeben möchte:

Produkt	Nach Ablauf des Mindesthaltbarkeitsdatums genießbar (ungeöffnet, bei richtiger Lagerung)
Nudeln, Mehl, Reis	viele Monate
Milch	mindestens drei Tage
Eier	mindestens zwei Wochen
Bier	mehrere Monate
Säfte	je nach Verpackung drei (Plastik) bis zwölf Monate (Glas)
Konserven	mehrere Monate
Tütensuppen	mehrere Monate
Konfitüre, Marmelade	mehrere Monate
Tiefkühlkost	mehrere Monate

Alles wohlgemerkt *nach* Ablauf des MHD.

Aber genauso wichtig ist natürlich auch der Hinweis: bei richtiger Lagerung. Wenn auch das nicht klappt, sollten Lebensmittel in jedem Fall weggeworfen werden, wenn sich Schimmel gebildet hat, wenn sie erkennbar anders schmecken, oder wenn sich, zum Beispiel bei Konserven, Gas gebildet hat und der Deckel sich wölbt. Da ist dann wirklich nichts mehr zu retten.

Am besten ist natürlich, wenn es gar nicht erst so weit kommt. Das schont obendrein den Geldbeutel beziehungsweise ermöglicht es, das vorhandene Budget für wertvollere Lebensmittel auszugeben. Hier noch einmal ein paar ganz praktische Tipps im Überblick:

1. Nie mit knurrendem Magen in den Supermarkt! Unser Gehirn ist dann besonders anfällig gegenüber Bildern und Gerüchen, und wir kaufen Dinge ein, die wir eigentlich nicht brauchen. Wenn's schnell gehen muss, hilft auch hier der Griff zum Apfel: An apple a day keeps even more then the doctor away…
2. Bevor man losgeht: Nachschauen, was noch da ist! Unter der Woche eine Liste anlegen, was wirklich fehlt. Sich beim Einkauf nicht »treiben lassen«. Eiserne Disziplin lohnt sich.
3. Sich die Zeit nehmen, die Einkäufe richtig zu lagern.
4. Nur so viel kochen, dass die Schüsseln auch möglichst leer werden. Auch wenn die Verwandtschaft kommt. Wenn doch was übrig bleibt, die Reste kurzfristig verwerten. Seien Sie kreativ!
5. Bei zu großen Abgabemengen Reste luftdicht verpacken oder einfrieren.
6. Das Mindesthaltbarkeitsdatum ist nicht das Verfallsdatum! Verlassen Sie sich auf Ihre Augen und Ihre Nase. Aber: Keine falschen Zugeständnisse bei Schimmel! Dann muss es, leider, doch in die Tonne.
7. Lebensmittel teilen oder abgeben, zum Beispiel vor einem Urlaub. Infos hierzu gibt es beispielsweise unter *foodsharing.de*.

Wer weitere Informationen zum Thema Abfallvermeidung haben möchte, dem empfehle ich außerdem die Internetseite *zugutfuerdietonne.de*.

WELTMEISTER IM MÜLLTRENNEN? – MEIN ACKER SIEHT DAS ANDERS

Einen kleinen Exkurs zum Thema Abfall kann ich mir nicht verkneifen:

Sie, die Sie dieses Buch lesen, sind natürlich die rühmliche Ausnahme. Sie haben ja noch nie einen Kaffeebecher aus dem Wagen geworfen. Sie entsorgen Ihr Fahrrad auch nicht bei mir auf dem Acker. Die kleinen grünen Flaschen Jägermeister sind auch nicht von Ihnen, das weiß ich ja. Aber irgendjemand muss es gewesen sein, und das ärgert mich. Denn ich kann den Dreck von Hand ablesen, und das ist nicht gerade wenig.

Ein anderer Landwirt hat sich einmal den »Spaß« erlaubt, alle Fundstücke aus seinem Acker entlang der Bundesstraße an einer Wäscheleine aufzuhängen. Da kamen rund dreißig Meter zusammen: ein schönes Bild von unserer sprichwörtlichen »Wegwerfgesellschaft«.

Unser Acker grenzt an ein gerade entstehendes Neubaugebiet. Nach jedem Sturm hole ich Teile von Verpackungsfolie, Styroporplatten und anderen Müll aus unserem Gartenzaun, der als unfreiwilliger Windfang dient. Das kommt dann alles in meine private gelbe Tonne.

Entlang der Felder mit angrenzender Bebauung muss ich vor jeder Ernte vor dem Mähdrescher hergehen, um Teile aus dem Getreide zu holen, die den Mähdrescher beschädigen könnten. Und ich habe wirklich schon alte Fahrräder gefunden, ob Sie das nun glauben oder nicht. Keine Chance habe ich bei Plastik, das in die Felder hineinweht und dort liegen bleibt. Das bleibt dort oft für viele Jahrzehnte.

Ein anderes ärgerliches Beispiel ist die Befüllung der braunen Tonnen. Dort gehören nur organische Reste hinein, keine Plastiktüten oder Plastikflaschen. Der Inhalt der braunen Tonne soll ja zu Kompost werden, den wir dann als wertvollen Dünger auf unsere Äcker fahren können. Das ist ja das Prinzip der Kreislaufwirtschaft. In der Praxis reichert sich so wertvoller Ackerboden mit immer mehr Kunststoff an. Es kann aber auch sein, dass Plastiktüten und Plastikflaschen direkt in kleinen Bächen und Flüssen landen und schließlich im Meer enden. Das muss alles nicht sein, wenn wir Verbraucher uns besser um unseren eigenen Müll kümmern. Jedes Kind weiß das heute. Theoretisch. Ich nenne solches Fehlverhalten bewusst Rücksichtslosigkeit, denn für Achtlosigkeit oder versehentliche Ausnahmen passiert es viel zu oft. Das sind alles keine Einzelfälle, sondern scheint trauriger Konsens zu sein. Hier wünsche ich mir wieder mehr Respekt.

Selber kochen macht glücklich

Zurück zu unserem Beispiel der Tiefkühlpizza. Wenn wir das Beispiel weiter von hinten aufrollen, folgt als Nächstes die Küche.

Machen wir mal ein kleines Gedankenexperiment: Statt des üblich gewordenen Dreikampfs »Karton aufreißen, Folie abziehen, in den Backofen schieben« könnte man sich seine Pizza ja auch mal wieder selber backen. Ich habe mal ausgerechnet, dass man mit den Originalzutaten für 3,32 Euro (Mehl, Hefe, Salami, Tomatenmark, Käse, Gewürze) mehr als vier Pizzen herstellen kann. Dann kostet eine einzelne Pizza nur rund 0,80 Euro. Und die schmeckt dann sogar noch selbstgemacht. Die übrig gebliebenen Pizzen kann man auch einfrieren und sie sind dann immer noch frisch. Sie haben dann gleich mehrere Verfahrensschritte mit der dazugehörigen Logistik und Transportkosten eingespart. Das ist also auch noch umweltbewusst und garantiert frei von Zusatzstoffen. Und wenn man zusammen eine Pizza ausrollt und belegt, macht das obendrein auch noch Spaß.

Noch weitere Schritte zurückzugehen wird jetzt allerdings schwieriger, denn das eigene Getreide zu Mehl zu verarbeiten oder das eigene Schwein zu Wurst zu verarbeiten dürfte schwerfallen. Eigenes Mehl aus zugekauften Körnern zu mahlen ginge noch, aber eine eigene Tierhaltung mit Fleischverarbeitung wäre für jeden Einzelnen von uns dann doch zu mühsam. Aber warum nicht im Hofladen einkaufen? So überlassen Sie dem produzierenden Bauern die Gewinnspanne und haben selbst die Gewissheit, woher Ihre Lebensmittel stammen, wer sie hergestellt hat und wie.

Das ist ja zum Beispiel auch die Idee der Solidarischen Landwirtschaft, bei der die Mitglieder Einfluss auf die Produktionsweise nehmen können. Ich weiß schon, was Sie jetzt antworten wollen: Was für ein Aufwand, ich wohne ja mitten in der Stadt und kann nicht jede Woche raus aufs Land fahren. Außerdem komme ich auf dem Weg dorthin an drei Pizzerien vorbei. Ja, das ist ein Problem und auch nicht gerade umweltfreundlich, weil unsere arbeitsteilige Wirtschaftsweise ja dazu geführt hat, dass die Lebensmittel zu uns kommen und nicht wir zu den Lebensmitteln. Indem wir im Supermarkt einkaufen, erkaufen wir uns ja auch Zeit für andere Dinge. Unsere Vorfahren sind noch tagelang hinter dem Mammut hergelaufen oder haben stundenlang Beeren gesammelt. Wir gehen zu McDonald's und sind nach zehn Minuten satt. Zumindest kurzzeitig.

Fakt ist: Ohne selbst ein bisschen mehr Zeit in den Kauf und die Zubereitung besserer Nahrungsmittel zu investieren, dürfen wir uns nicht beschweren, mit irgendetwas von irgendwoher und von irgendwem abgespeist zu werden.

Die richtige Einstellung entscheidet

Was können wir sonst noch tun? Ernähren Sie sich möglichst nur von unverarbeiteten, ursprünglichen Produkten. Mit jeder Stufe der Weiterverarbeitung wird das ursprüngliche Produkt verfälscht, werden weitere Stoffe hinzugegeben. Je billiger ein verarbeitetes Produkt ist, umso größer sollte Ihr Zweifel an der Qualität sein. Wenn die Qualität aber stimmt, hat jemand anders für diesen billigen Preis bezahlt. Meist ist es der Erzeuger, das ist bei Lebensmitteln nicht anders als bei billigen Textilien aus Bangladesch.

Was die Sache andererseits schwer macht, ist: Das teurere Produkt ist längst nicht immer auch das qualitativ bessere, und das teuerste selten das beste. Fallen Sie also nicht auf die »billigen« Tricks der Supermärkte und Lebensmittelkonzerne herein, die Ihnen sagen, sie wollen nur Ihr Bestes. Ja, das stimmt, die wollen Ihr Bestes: Die wollen Ihr Geld! Wenn Sie nicht mitdenken und aufpassen, dann kaufen Sie einfach das, was angeboten wird. Und wenn demnächst viereckige Eier im Angebot sind, kaufen Sie die auch. Lassen Sie sich nicht länger an der Nase herumführen. Zu Angebot und Nachfrage gehört auch, dass man nicht jedes Angebot wahrnehmen muss, das einem unterbreitet oder aufgedrängt wird. Man kann auch Nein sagen! Wenn Sie nicht selbst entscheiden, was Sie wirklich brauchen und was Sie nicht brauchen – dann bestimmen eben die Mittelsmänner, was Sie wollen.

Deshalb kann ich Ihnen nur raten: Seien Sie selbstbewusst. Informieren Sie sich. Fragen Sie nach.

Wenn wir unser eigenverantwortliches Handeln weiter an die anderen Marktteilnehmer delegieren, wenn wir unsere Macht als Verbraucher nicht nutzen, dann wird es niemals besser werden. Da helfen uns dann auch noch so laute

Rufe nach Lebensmittelsicherheit nicht weiter. Das schafft höchstens noch mehr Labels, die für teures Geld auf die Verpackungen geklebt werden.

Die Politik kann und muss nachhelfen – aber ganz ehrlich: Mehr als unterstützen kann sie am Ende des Tages nicht, das zeigen die Erfahrungen der letzten Jahrzehnte. Auf sie zu warten wäre fast schon fahrlässig von uns allen. (Wer weiß schon, wie es in der nächsten Legislaturperiode politisch aussieht?) In erster Linie muss der Verbraucher wollen! Bis alle – beziehungsweise die Mehrheit oder große Teile – mitziehen, ist es ein langer Weg, aber anfangen müssen wir. Am besten gemeinsam, damit Bewegung in die Sache kommt. Denn sowohl Verbraucher als auch Bauern für sich genommen sind wohl zu schwach.

Aus meiner Sicht müsste eines der Konsens aller sein: Wir dürfen den Preis für Lebensmittel nicht länger losgelöst von der Qualität betrachten. »Nur billig« ist sicher nicht die Lösung, sondern das Problem. Wenn Lebensmittel wertvoll sein sollen, müssen wir das wollen und auch wirklich entsprechend einkaufen. Und keine Ausnahmen machen nach dem Motto: »Jetzt habe ich zwei Biomöhren direkt vom Erzeuger gekauft, dafür darf ich mich mal mit einem halben Hähnchen für 2,50 ›belohnen‹!« Das hat nichts damit zu tun, päpstlicher sein zu wollen als der Papst, nein, es geht um Konsequenz. Nur so gelingt es, einen Unterschied zu machen. Sonst funktioniert das wie bei der Quengelware an der Supermarktkasse – einmal nachgegeben, immer verloren.

Ohne Supermarkt – andere Wege, um an Nahrung zu kommen

Alle Verbraucher wünschen sich Produkte, denen sie vertrauen können. Das gilt ganz besonders für Lebensmittel. Gleichzeitig wünschen sie sich, dass die Produktionsweise so gestaltet ist, dass die Umwelt nicht gefährdet wird, Lebensmittel keine unerwünschten Fremdstoffe enthalten, Tiere artgerecht gehalten werden, sie alle Informationen über die Lebensmittel erhalten können und vieles mehr. Gibt es Möglichkeiten, an Nahrungsmittel zu kommen, bei denen all diese Wünsche auch befriedigt werden?

Klare Antwort: Ja, die gibt es. *Selber machen*. Sie können diesen Lebensmitteln vertrauen, weil Sie selber die Produktionsweise gestalten, hoffentlich die Umwelt nicht gefährden und Ihre Lebensmittel keine unerwünschten Fremdstoffe enthalten außer denen, die Sie selbst hinzufügen. Das geht auf Balkonien, in einem Blumenkübel, relativ einfach. Tomaten oder Gurken, fast alles ist möglich. Menge und Produktvielfalt sind eingeschränkt, aber regional und saisonal ist das auf jeden Fall. Regionaler als zu Hause geht gar nicht.

Etwas größer und vielfältiger ist da schon der *Schrebergarten*. Dort kann man ein Hochbeet anlegen, ein kleines Gewächshaus aufstellen, um Jungpflanzen anzuziehen, man kann Obstbäume pflanzen, Kompost aus Pflanzenabfällen selbst produzieren: Man ist schon ein richtiger kleiner Bauer. Selbst Viehhaltung ist mit einem Kaninchenstall möglich. Schrebergärtnern erfordert aber schon ein wenig Wissen und in der Saison fast täglichen Einsatz, damit es auch gelingt.

Will man nicht jeden Tag raus zum Schrebergarten fahren, ist auch *Urban Gardening* eine Möglichkeit. Da wächst dann das Gemüse dort, wo normalerweise Rasen grünt. Oder früher Flugzeuge landeten, wie in Berlin auf dem Tempelhofer

Feld. Dazu ist es notwendig, die Kommunalgemeinde davon zu überzeugen, dass einzelne oder viele in Parks Hochbeete anlegen oder Obstbäume pflanzen – es gibt da die unterschiedlichsten Modelle, je nach Ort und Lage. Es bleibt aber in der Regel öffentlicher Raum, ernten darf also im Prinzip jeder.

Wir haben in unserer Bachaue Beerensträucher gepflanzt, die in unserem Hausgarten zu viel waren. Im Herbst sind die alle leergepflückt. Von wem? Weiß ich nicht, mich freut es. Sprechen Sie mit Ihrem Grünflächenamt, die werden vermutlich nicht Nein sagen, wenn Sie die Patenschaft über eine Teilfläche übernehmen. Und es könnte Schule machen!

Über das Urban Gardening habe ich deshalb auch mit unserem Bürgermeister gesprochen, und er fand diese Idee sofort toll, auch weil es genügend Flächen gibt, auf denen man dies praktizieren könnte. Und die Gemeinde würde damit auch attraktiver. Recht hat er.

Doch dann habe ich ihn auf einen Umstand hingewiesen, der ihn wieder nachdenklich machte: Wir haben in den letzten Jahren ein großes Neubaugebiet erschlossen, das immer weiter wächst. Dort stehen vor allem Ein- oder Zweifamilienhäuser, alle mit einem kleinen Garten. Doch was wächst da? Thuja und Rasen, vielleicht auch ein paar Blumen. Gemüse, ein Apfelbaum oder Johannisbeersträucher? Fehlanzeige! Warum um alles in der Welt soll sich denn der Hausbesitzer mit seiner Familie am Urban Gardening beteiligen, wenn er nicht einmal im eigenen Garten auf die Idee kommt, dort zumindest einen kleinen Teil seiner Lebensmittel selbst herzustellen? Auf diese Frage hatte auch unser Bürgermeister keine Antwort. Urban Gardening funktioniert nur dort, wo interessierte Mitbürger aus eigenem Antrieb eine solche Initiative ergreifen. Als bloßes Angebot wird es an Desinteresse und fehlendem Engagement scheitern. Und es gibt Beispiele, wo das gut funktioniert. Fahren Sie mal nach Andernach, dort gedeihen auf städtischen Grünflächen Zwiebeln und Tomaten statt Thuja und Tagetes.

Soll es etwas größer sein, Sie aber nicht alle Arbeit alleine machen wollen, können Sie auch ein *Selbsterntefeld* nutzen. Das funktioniert im Wesentlichen wie beim Blumenselberpflücken: Der Anbieter, meist ein Landwirt, sät und pflanzt auf einem großen Feld verschiedene Gemüse und Salate an, trennt Ihnen davon einen Teil ab, und Sie können auf diesem Teil alles abernten. Ob der Landwirt für Sie auch die Pflege (zum Beispiel Unkraut jäten) übernimmt oder ob Sie das in Eigenregie machen, können Sie vor Ort erfahren. Wenn Sie es nicht selbst machen wollen, müssen Sie sich darauf verlassen können, dass es der Landwirt richtig macht. Einen Teil der Produktionsweise können Sie dann nicht mehr beeinflussen. Bezahlt wird zum Beispiel nach der Erntemenge, es gibt aber auch Modelle, wo Sie eigenverantwortlich pflanzen und ernten, dort zahlen Sie dann eine pauschale Pacht.

Die nächste Stufe, kostenlos an Nahrungsmittel zu kommen, ist das »*Stoppeln*«. Und es hilft, Essbares vor der Vernichtung zu schützen. Stoppeln ist einfach: Wenn Sie ein abgeerntetes Feld sehen, auf dem noch Möhren, Kartoffeln oder Zwiebeln liegen, weil die Maschine die nicht erfasst hat, können Sie diese aufsammeln. Wäre allerdings höflich, wenn Sie den Bauern vorher fragen würden. Ich habe es selber erlebt, dass Stoppler mit dem Auto mitten auf mein Feld gefahren sind, weil sie zu faul waren, die Kartoffel zum Feldrand zu tragen. Das ist nicht im Sinne des Erfinders.

Ursprüngliche Lebensmittel, von denen Sie wissen wollen, wie sie erzeugt worden sind, erhalten Sie im *Bauernladen*. Hofläden gibt es in vielen Formen, vom einfachen Abverkauf im Lagerraum bis zu supermarktähnlichen Shops, in denen es fast alles zu kaufen gibt. Zum Teil schon mit Gefriertheke, in denen es auch Produkte außerhalb der Saison zu kaufen gibt. Neben Gemüse und Obst wird auch Fleisch aus eigener Schlachtung angeboten, Brot aus der hofeigenen Bäckerei oder Käse aus der Milch der eigenen Kühe, Ziegen, Schafe.

Wenn es um Fleisch geht: Es gibt so viele Produkte, bei denen in der Haltung der Tiere auf das Tierwohl geachtet wird. Ja, die sind teurer, bei Biofleisch sogar viel teurer. Und sie werden überall angeboten, Sie müssen sich nur die Mühe machen, danach zu suchen oder zu fragen. Sie haben es im wahrsten Sinne des Wortes »in der Hand«, beim Griff in die Kühltheke des Supermarktes oder Discounters das billige Hähnchen für 2,79 Euro in die Hand zu nehmen und auf das Laufband zu legen oder eines mit Tierwohl- oder Tierschutzlabel.

Eine meiner Meinung nach sehr gute Entwicklung hat Rewe in Hessen hingelegt, die mit der Vereinigung der Hessischen Direktvermarkter e.V. (VHD) kooperieren und unter dem Label »Landmarkt« den Bauernladen in den Supermarkt geholt haben. Im Supermarkt bieten Direktvermarkter, also Landwirte, ihre Produkte an. Sie mieten faktisch den Verkaufsplatz und räumen die Regale selber mit ihren Produkten ein. Ein Schild informiert, woher die Produkte stammen und wo der Hof zu finden ist. Der Kunde könnte sich also diesen Betrieb auch persönlich ansehen. Dieser »Shop in (the) Shop« hat den Vorteil, dass sich der Kunde dort mit ursprünglichen Lebensmitteln des Bauern seines Vertrauens versorgen kann, alle übrigen Produkte im gleichen Supermarkt ohne zusätzlichen Aufwand erwerben kann. Hier werden Regionalität und Saisonalität praktisch gelebt. Es ist für Landwirt und Supermarkt eine Win-win-Situation entstanden. Leider ist dieses Modell noch nicht weit verbreitet und kaum bekannt.

Wem der Hofladen zu weit entfernt ist, kann den Bauern aber auch auf dem *Wochenmarkt* treffen. Hier sehen Sie zwar nichts mehr von der Produktionsweise, aber Sie können direkt nachfragen. Und müssen sich darauf verlassen, dass das auch stimmt. Die Anbieter haben oft auch Teile ihres Sortiments zugekauft, und von den Produkten weiß dann niemand, wie sie erzeugt worden sind. Was zum Beispiel bei Bananen, Avocados und Ananas ja auch irgendwie logisch ist. Dafür ist aber die Auswahl größer. Manchmal gibt es hier auch Spezialitäten zu kaufen, seltenere Sorten von Obst oder Gemüse, die man mal ausprobieren kann. Oder auch Selbstgemachtes wie Marmeladen oder Chutneys.

Wer sich über die Herkunft seiner Lebensmittel informieren will, kann dies auch bei einem echten *Handwerksbäcker* oder *-metzger* tun. Meist stammen die Rohstoffe aus der Region, gerade beim Metzger ist die Wahrscheinlichkeit relativ hoch, dass er den Bauern kennt, von dem das Tier, das er verarbeitet hat, stammt. Es ist aber nicht mehr so authentisch, und wahrscheinlich führt es zu einer gewissen Verwunderung, wenn man nach der Herkunft und Produktionsweise fragt.

Noch einen Schritt weiter weg vom Erzeuger können *Bioläden* sein. Kleine, inhabergeführte Bioläden haben aber oft noch einen direkten Kontakt zu ihren Bauern, haben als Pioniere den Vertrieb biologisch angebauter Produkte vorangetrieben und daher eine gute Kenntnis.

Auch *Biosupermärkte* bieten durchaus lokale oder regionale Produkte an, wobei die Kennzeichnung schon mal irreführend sein kann. Formulierungen wie »rheinische Art« sollten Zweifel aufkommen lassen, ob das Produkt wirklich aus dem Rheinland kommt. Und nicht nur das: Selbst bei »heimischen« Produkten muss man mittlerweile höllisch aufpassen, dass man nicht versehentlich Kartoffeln aus Zypern,

Ägypten oder Israel und Zwiebeln aus Argentinien kauft. Hier mag überall Bio drinstecken, aber wenn der hiesige Biobauer teurer ist, fliegt er aus dem Sortiment. Da herrscht dieselbe Logik wie beim Discounter, und es wird mit denselben Tricks der Verführung gearbeitet.

Will man selber nicht an den »Point of Sale«, kann man sich Lebensmittel auch ins Haus liefern lassen. Das geht mit einer *Abo-Gemüsekiste*, die der Landwirt bis an die Haustür bringt. Entweder man bestellt vorher, was man haben möchte, oder er bringt eine Kiste von dem vorbei, was gerade Saison hat. Der Lieferservice muss natürlich bezahlt werden. Aber es bleiben ursprüngliche, regionale und saisonale Produkte!

Der »letzte Schrei« ist die *Online-Vermarktung*. Dort bestellt man seine Produkte beim Bauern, der Online-Makler bekommt eine Provision und kümmert sich um die Logistik (Beispiel: Feldfix). Mir tut nur der arme Paketzusteller leid, der jetzt neben Amazon und Zalando auch noch Lebensmittel schleppen muss. Ist aber für Menschen, die selber nicht mobil sind oder nicht mehr sein können, durchaus eine Alternative zum Bauernladen. Der *Online-Verkauf von Supermärkten* hat damit nichts zu tun. Hier werden nur bestimmte Sortimente direkt ins Haus geliefert. Dieser Markt hat bisher eine nur marginale Größe, wächst aber sehr stark. Dass auch Amazon dort mitspielt, verwundert nicht.

Eine wirklich andere Form, die Landwirtschaft zu betreiben, ist die bereits mehrfach erwähnte *Solidarische Landwirtschaft*. Hier schließen sich Haushalte mit einem Bauern vor Ort zusammen und finanzieren alle oder einen Teil der anfallenden Kosten. Ob dabei die Planung des Bauern Vorrang hat, ob der Anbau von der Gemeinschaft beschlossen wird, ob Eigenleistung erwünscht oder sogar gewollt ist – dies alles sind Punkte, die Landwirt und Gemeinschaft nach individuellen Gesichtspunkten beschließen können. Die Gemeinschaft finanziert vorab und erhält als Lohn die Ernte. Das geht auch mit der Tierhaltung so. Das funktioniert aber nur dann, wenn beide Seiten zueinanderfinden.

Bei einer *Food-Coop* ist nur der Vertriebsweg gebündelt. Eine Gruppe bestellt bei einem oder mehreren Erzeugern die Produkte, die alle in ein Zentrallager angeliefert und dort verteilt und bezahlt werden. Die Erzeuger sind bekannt, somit auch die Produktionsweise. So können unnötige Fahrtkosten für das einzelne Mitglied eingespart werden, die Produkte rücken auch hier wieder näher zum Verbraucher.

Aber es gibt noch eine Art, an Lebensmittel zu kommen. Doch die ist nicht legal. *Containern* oder *Mülltauchen* nennt man das. Supermärkte entsorgen wie erwähnt Lebensmittel, obwohl sie noch genießbar sind. Praktisch alles kann man dort finden: Obst, Gemüse, Süßwaren, verpackten Kuchen oder Schokolade. Selbst lange haltbare Sachen wie Kaffee, nur weil die Packungen eine Delle oder kleinen Riss haben. Meist ist jedoch das Mindesthaltbarkeitsdatum überschritten oder steht kurz bevor. Nachts klettern also Menschen über die Zäune und holen sich diese Lebensmittel. Besonders unter Studenten ist dies beliebt, weil sie zum einen ein kleines Budget haben, andererseits so gegen die Wegwerfgesellschaft demonstrieren. Werden sie erwischt, drohen ihnen Geldstrafen zwischen 300 und 700 Euro. Weil sie etwas mitgenommen haben, was der Besitzer nicht mehr haben wollte. Sie begehen aber, juristisch gesehen, den Tatbestand des Hausfriedensbruchs. Das ist strafbar. Aber ist es auch strafwürdig? Ist es nicht ein ethisch verantwortbarer Diebstahl? Das sieht das Strafgesetzbuch mit Sicherheit nicht vor. Bricht der Täter zudem Container auf, begeht er Sachbeschädigung. Dies kann die Staatsanwaltschaft dann auch ohne den Willen des Supermarktes zur Anzeige bringen.

Eine, wie ich finde, gute Initiative ist *Food-Sharing*. Hier kann jeder, der Lebensmittel hat, die nicht mehr benötigt werden (zum Beispiel vor dem Urlaub), ins Netz stellen. Wer Interesse hat, kann sich diese Lebensmittel abholen und so vor dem Verderb bewahren.

Ein Verein mit dem Namen FoodFighters e.V. kümmert sich ebenfalls darum, Lebensmittel vor der Vernichtung und Verschwendung zu bewahren. Der Initiator Michael Schieferstein hat mit diesem Verein schon Veranstaltungen in Schulen durchgeführt und einige, wirklich große Aktionen auf die Beine gestellt. Wer mehr wissen möchte: *foodfighters.biz*.

Essen als Erlebnis findet man zum Beispiel auch in sogenannten *Kochscheunen*. Das Prinzip ist, dass man dort Lebensmittel nicht nur kaufen, sondern gleichzeitig auch zubereiten und essen kann. Die dazu notwendigen Utensilien inklusive Töpfe und Geschirr werden ebenso zur Verfügung gestellt wie Tische und Stühle. Ein ganz neuer Ansatz, die Alternative zur eigenen Küche und oft auch ein sozialer Treffpunkt.

LEBENSMITTEL 2.0 – WIE KAUFEN WIR MORGEN EIN?

Wenn Sie einen Flug buchen, eine Fahrkarte für den Zug benötigen, gehen Sie ins Internet. Richtig? Ist ja auch normal, ich kann mir die Termine ansehen, mir den passenden aussuchen, einen Sitzplatz reservieren, bezahlen, Ticket ausdrucken, fertig. Ich kann das bequem von zu Hause aus machen, ohne mich zu einem Reisebüro oder einem Schalter zu bewegen, wo ich eventuell auch noch warten muss. Doch können Sie sich vorstellen, auch Ihre Lebensmittel online zu bestellen? Wahrscheinlich nicht, denn für Sie ist der Lebensmitteleinkauf Vertrauenssache, Sie wollen das Produkt in der Hand haben, den Salatkopf von allen Seiten begutachten, bevor er in den Einkaufswagen kommt.

Jetzt machen wir einen Sprung von mehreren Jahren oder Jahrzehnten nach vorn und spinnen ein bisschen herum: *Spinnerei Anfang* Sie sind 78 Jahre alt geworden, leben auf dem Land, wo es zum nächsten Supermarkt einige Kilometer zu fahren sind. Es knirscht in der Hüfte, die Knie wollen nicht mehr so richtig, und bei größerer Anstrengung geht Ihnen auch schon mal die Puste aus. Auch mit dem Hören ist es nicht mehr so wie früher, und am liebsten sind Sie zu Hause. Aber mit dem Laptop umzugehen haben Sie nicht verlernt. Da ist es doch viel einfacher, den Wocheneinkauf auch online zu machen. Den Spaß am Essen haben Sie auch immer noch, Sie wollen sich ausgewogen, aber abwechslungsreich ernähren.

Ihr Supermarkt hat dafür ein Programm entwickelt, in das Sie erst einmal die Kalorien pro Tag eingeben. Sie haben eine Allergie? Sie machen den Haken bei Lactoseintoleranz. Wie soll der Speiseplan aussehen? Kaufen Sie mehr nach dem Preis, setzen Sie den Schieber auf 80 Prozent. Bio ist Ihnen nicht so wichtig? Gut, der Schieber kommt auf 20 Prozent, denn ein wenig achten Sie schon auf die Umwelt. Sie wollen mal eine italienische Woche machen? Auch kein Problem, das Programm kann alles. Doch Stopp, am Samstag bekommen Sie Besuch von den Enkeln, und die haben so begeistert von der indischen Küche erzählt. Da buchen wir fürs Wochenende Biryani und Idli (das sind die mit den Linsen drin), dazu noch Naan, das köstliche Fladenbrot. Zum Nachtisch Halva und Laddu. Doch jetzt zeigt Ihnen das Programm an, dass Sie die Kalorienzahl überschritten haben. Gut, kommen die Laddu halt wieder raus. Noch ein paar weitere Angaben, Sie drücken »enter« und erhalten die Vorschläge für die Woche. Sie können auswählen, ob Sie Fertigmenüs haben wollen oder lieber selber kochen. Dann stellt das Programm Ihnen die einzelnen Zutaten zusammen, fragt Sie noch, ob Sie Salz und Pfeffer noch im Hause haben oder ob es mitgeliefert werden soll. Bezahlen, fertig.

Am nächsten Tag kommt die Ware für die Woche frisch ins Haus. Da der Rechnungsbetrag über 60 Euro liegt, auch kostenfrei. Die Versorgung für nur einen Tag oder eine einzelne Mahlzeit ist natürlich teurer. Mitgeliefert wird auch eine Liste, auf der nicht nur die Kalorien, sondern auch die Nährwerte aufgeführt sind. Rot markiert ist Kochsalz, da ist doch deutlich mehr zusammengekommen als die empfohlene Ration von zwei Gramm pro Tag. Hätte Ihnen bei der Bestellung auch schon auffallen können, angezeigt wurde es ja. Liegt wohl an der Tüte Kartoffelchips ungarisch, die Sie so gerne essen. Na ja, man gönnt sich ja sonst nichts. Im Laufe der Zeit hat das Programm dann schon gemerkt, wo Ihre Vorlieben liegen, und schränkt die Auswahl von sich aus ein. Aber das kann man auch wieder aufheben.

Nein, werden Sie jetzt sagen, so ein Typ bin ich nicht, ich kaufe gerne beim Bauern ein. Okay, warum nicht? Dann gehen Sie halt in einen virtuellen Hofladen, die gibt es sogar schon heute (wirklich!). Dort haben Sie eine Riesenauswahl an Produkten, die von Landwirten selbst hergestellt wurden. Ob es Spargel oder Wildbret, Gemüse, Obst oder selbstgemachte Marmelade ist, alles wird angeboten. Vorher wollen Sie sich aber noch den Betrieb ansehen, auf dem das alles gemacht wurde. Ein Klick und schon stellt sich der Betrieb vor. Wenn Sie wollen, können Sie sich den auch persönlich ansehen, denn Lebensmitteleinkauf ist ja Vertrauenssache. So ein Online-Portal macht es also möglich, direkt beim Erzeuger einzukaufen. Und das hatten Sie sich doch immer schon mal vorgenommen, es aber nie geschafft, weil es so umständlich war, zum nächsten Bauernladen zu fahren.

Seitdem die Filialisten aber »Butterfahrten« zu den Erzeugern anbieten, ist das Vertrauen in deren Produkte doch wieder gestiegen. Erst letzten Dienstag hat Rewe eine Busfahrt zu einem Bullenmäster gemacht. Da sah es ganz anders aus, als Sie sich das vorgestellt hatten. Aber sauber war es, die Tiere machten einen zufriedenen Eindruck, und der Bauer hat Ihnen alles erklärt: Wo er die Kälber herbekommt, wie er füttert, wann die Tiere zum Schlachter gehen und so weiter. War sehr interessant. Nächste Woche soll es zu einem Milchviehbetrieb gehen. Sie fahren doch wieder mit, oder?

Überhaupt hat sich der Supermarkt in der Zwischenzeit verändert. Aldi hat vor zehn Jahren ja eine zweite Linie aufgemacht, genannt »Aldi-Gourmet«. Ausprobiert hatten die das vorher in Australien, und da ist es toll angekommen. Das ist doch ein ganz anderer Laden als früher, da gibt es keine Paletten mehr, keine halbleeren Kartons. Am Eingang empfängt Sie ein Kundenbetreuer, der Sie nach Ihren Wünschen fragt. Er begleitet Sie zu den einzelnen Bereichen, leise Musik umspielt Ihr Ohr, farbige Strahler in dem sonst etwas abgedunkelten Raum lassen die Produkte in einem ganz anderen Licht erscheinen. Vieles liegt offen, wird erst abgepackt, wenn Sie es kaufen. Natürlich in umweltgerechten Materialien, das muss sein. Gut, die Produkte sind teurer, aber das Einkaufen ist ein echtes Erlebnis. Besonders die unterschiedlichen Themenwelten, die im Laden eingerichtet wurden, haben Sie sehr beeindruckt. Sie waren vor allem in der »Vital-Zone« unterwegs, denn mit 78 legt man da mehr Wert drauf. Die jungen Leute waren mehr in der »Exotik-Zone«, die wollen ja immer neue Geschmackserlebnisse. Ja, früher... An der Kasse verabschieden Sie sich von dem sympathischen, jungen Mann, der Sie beim Einkauf begleitet hat. Dass Aldi so etwas auf die Beine gestellt hat, hätten Sie vor zwanzig Jahren auch noch nicht gedacht.

Ihr Enkel hat es da nicht so einfach. Unregelmäßige Arbeitszeiten, oft auch am Wochenende. Da muss es schnell gehen, gegessen wird, wenn Zeit ist. Und dann wohnt er ja auch mitten in der City, da gibt es kaum noch Supermärkte. Dafür haben die dort vor ein paar Jahren »Convenience-Center« eingerichtet. Dort gibt es eine schier endlose Auswahl an Fertiggerichten und die dazugehörigen Aufwärmöfen oder Mikrowellen. Man nimmt sich aus der Wand mit den Gerichten eines heraus, wärmt es auf, um es dann vor Ort mit Freunden, denen Ihr Enkel eben eine SMS geschickt hat, gemeinsam zu verspeisen. Erinnert ein wenig an den McDonald's von früher, nur dass es Selbstbedienung ist und die Auswahl wirklich endlos. Oder auch an die Waschsalons von ganz früher, das waren ja auch soziale Treffpunkte. Am Bildschirm im Tisch des Restaurants kann man übrigens die Nachrichten aus aller Welt ansehen. Man will ja nichts verpassen. Ach so, was ich noch vergessen hatte: Bezahlt wird mit dem QR-Code, der Betrag wird dann automatisch vom Konto abgebucht. Zeit ist Geld.

Parallel zu diesen technischen Lösungen hat sich in den letzten Jahren aber ein ganz anderer Trend entwickelt, der die Dörfer wieder bewohnbar gemacht hat: der »Social Shop«. Betrieben werden die von Ruheständlern oder auch Aussteigern. Sie sind eine Art Tante-Emma-Läden, jedoch mit dem Unterschied, dass man die Bestellungen für Lebensmittel oder Dinge des täglichen Bedarfs online aufgibt, um sie dann am nächsten Tag abzuholen. Die Produkte stammen von Erzeugern des Umlandes oder, bei ausgefalleneren Wünschen, auch vom Lebensmitteleinzelhandel in der Nähe. Ein kleines Sortiment von unverderblichen Waren wie Waschmittel, Hygieneartikel oder Süßwaren ist vorrätig. Die Räumlichkeiten sind gemütlich eingerichtet, es gibt ein paar Tische und Stühle, und so kann man bei der Abholung ein Schwätzchen halten oder auch mit dem Betreiber einen Kaffee trinken. Genutzt wird dieser Social Shop vor allem von älteren Herrschaften, dient aber auch Jugendlichen als sozialer Treffpunkt. Finanziert wird das Personal von den Kommunalgemeinden, es besteht keine Gewinnabsicht. *Spinnerei Ende*

ESSEN DER ZUKUNFT

Eine neue Entwicklung in der Gestaltung unserer Ernährung sind Lebensmittel aus dem 3D-Drucker. Wohl ursprünglich in den USA entwickelt, um den Astronauten eine etwas abwechslungsreichere Kost bieten zu können, beschäftigen sich damit inzwischen auch deutsche Universitäten. Die aus einem definierten Brei hergestellten Produkte sollen vor allem Menschen mit Schluckbeschwerden die Nahrungsaufnahme erleichtern. Aus Erbsenbrei hergestellte Erbsen sehen fast so aus wie Erbsen und Spargelbrei wie Spargel. Bei Hähnchenschenkeln muss aber noch etwas geübt werden.

Auch noch in der Entwicklung ist Kunstfleisch, das Forscher aus Stammzellen eines Rindes hergestellt haben. Unter dem Zusatz von Kalbsserum entwickeln sich in der Petrischale weitere Zellen, bisher allerdings nur reines Protein. Das als Geschmacksträger notwendige Fett ist nicht enthalten, sodass das Kunstfleisch zwar in der Textur dem Naturfleisch schon sehr nahekommt, geschmacklich aber bisher noch nicht überzeugen konnte. Tierschützer begrüßen diese Entwicklung. Die Tierrechtsorganisation Peta hat bereits 2008 ein Preisgeld von einer Million Dollar ausgesetzt für den Erfinder von Kunstfleisch, das genauso schmeckt wie echtes Fleisch und im großen Stil verkauft werden kann.

Analogkäse ist ursprünglich entwickelt worden, um Anhängern der veganen Ernährung eine Alternative zu tierischen Produkten zu bieten. Meist dienen Soja oder Palmöle und -fette als Grundsubstanz. Emulgatoren, Farb- und Aromastoffe werden zugesetzt, um sich in Geschmack und Aussehen dem Naturprodukt so weit wie möglich anzunähern. Der Reifungsprozess kann entfallen oder ist zumindest stark verkürzt, weshalb Analogkäse deutlich preiswerter angeboten werden kann. Auch die pflanzlichen Ausgangsstoffe sind in der Beschaffung wesentlich günstiger als die Herstellung von Käse aus tierischer Milch.

Wie auch immer die Entwicklungen bei der Nahrungsmittelproduktion und den Einkaufsmöglichkeiten in Zukunft wirklich aussehen werden – ich habe ja keine Glaskugel –, eines sollten wir nicht verlieren: den Bezug zu ursprünglichen Lebensmitteln. Denn da gibt es Anzeichen, die wirklich beängstigend sind.

ERNÄHRUNG ALS PFLICHTFACH?!
Als Kindern erzählt wurde, dass man für Fleisch Tiere töten muss, sagten die: »Nein, das ist nicht wahr, das kauft meine Mutter im Supermarkt.« Und es gibt noch viele andere Dinge, die Kinder irgendwann lernen müssen, zum Beispiel dass Kühe nicht lila sind, Pommes nicht an Bäumen wachsen, Nudeln nicht aus Fleisch hergestellt werden und Käse nicht aus Pflanzen. Die Liste des Unwissens unserer Kinder von Lebensmitteln und Landwirtschaft lässt sich endlos fortsetzen. Man könnte sagen, »die sind doch noch klein, ist doch nicht schlimm«. Richtig, davon geht die Welt nicht gleich unter. Aber die Entfremdung von unseren Lebensgrundlagen wird dennoch immer gravierender. Nicht nur das bereitet mir Bauchschmerzen.

Denn es bleibt nicht bei lustigem Unwissen aus Kindermund. Ich wurde schon von einem Mitarbeiter einer namhaften Redaktion ernsthaft gefragt, ob Pommes aus Abfallkartoffeln hergestellt würden. Nein, das ist nicht so, sie werden aus Industriekartoffeln geschnitten, die aber nur so heißen, weil sie für die industrielle Weiterverarbeitung gedacht sind und daher bestimmte Anforderungen erfüllen müssen. Dies kann die Frittiereigenschaft für Pommes oder Chips, kann aber auch der Stärkegehalt bei sogenannten Stärkekartoffeln sein. Je nach Weiterverarbeitung gibt es unterschiedlichste Sorten. Das gilt auch für Speisekartoffeln, die gemeinhin in festkochend, überwiegend festkochend oder mehlig aufgeteilt werden. Da gibt es auch landeskulturelle Unterschiede, je nachdem, ob in der Region Knödel beliebt sind (mehlig) oder Kartoffelsalat (festkochend).

Doch zurück zu unseren Kindern. Warum wissen diese so wenig über Lebensmittel, Ernährung und Landwirtschaft? Ganz einfach: Es wird ihnen weder zu Hause noch in den Schulen beigebracht. Oft können die Schüler die Photosynthese auswendig aufsagen, können Desoxyribonukleinsäure (DNS = DNA) fehlerfrei schreiben, wissen aber nicht, warum ein Huhn Eier legt, auch wenn kein Hahn in der Nähe ist. Wissen Sie es? Wissen Sie, warum und wie lange eine Kuh Milch gibt? Oder was man mit Mais alles machen kann? Wie sollen es dann unsere Kinder wissen? Haben Ihre Kinder schon mal einen Bauernhof besucht? Wenn ja, wie lange ist das her?

Es liegt natürlich nicht an den Kindern selbst. Die Frage ist vielmehr: Wie sollen unsere Kinder in der Schule etwas über Lebensmittel und Ernährung lernen, wenn die Lehrer dafür nicht ausgebildet sind? Ich habe selbst mehrfach in Schulen eine Biologiestunde gestalten dürfen, weil Lehrer mich dazu eingeladen hatten. Das war außerordentlich spannend, weil nicht selten die Lehrer zu mir kamen und sagten, dass sie »das mit dem… auch nicht wussten«. Das war dann beispielsweise die Fruchtfolge, die Herstellung von Saatgut oder ein Thema aus dem Pflanzenschutz. Hier könnten wir alle davon profitieren, gemeinsam etwas gegen diese Wissenslücken zu unternehmen. Woher sollen sonst aufgeklärte Verbraucher kommen? Auch wir Landwirte und unsere Verbände müssten aktiver werden, damit Unwissen gegen Wissen ausgetauscht werden könnte. Und selbstverständlich sind auch unsere Volksvertreter und Kultusminister aufgefordert, Ernährung tatsächlich zum Pflichtfach in den Schulen zu machen. Nicht nur wir Landwirte, auch die Krankenkassen würden sich darüber freuen. Gegen Adipositas hilft Aufklärung. Und natürlich weniger essen.

In einer englischen Studie habe ich mal gelesen, dass nur in jedem fünften Haushalt regelmäßig gekocht wird. 10 Prozent gaben an, nie zu kochen. Aus der Grundschule in unserem Dorf weiß ich, dass viele Kinder ohne Frühstück zur Schule kommen. Unsere Bürgerstiftung hat es deshalb übernommen, in den Wintermonaten die Schulen mit Äpfeln und Möhren zu versorgen. Finanziert wird dies aus Spenden unserer Mitbürger. Aber das ist ein Tropfen auf dem heißen Stein. Bei solchen Geschichten müssten bei allen verantwortlichen Politikern sofort die Alarmglocken schrillen. Und bei den Eltern sowieso – aber die scheinen für so etwas immer weniger Zeit zu haben.

Hoffentlich noch nicht das Ende des Dialogs

So, wir sind am Ende des Buches angekommen. Ich hoffe, ich konnte Ihnen etwas von meiner Situation und möglicherweise auch anderen Bauern erzählen. Ich hatte die Möglichkeit, Ihnen meinen persönlichen Blickwinkel, meine persönliche Meinung zu verschiedenen Themen rund um die Landwirtschaft des 21. Jahrhunderts näherzubringen. Ich kann mir gut vorstellen, dass Sie meine Sichtweise nicht in allen Punkten teilen. Das war auch nicht meine Absicht.

Mir, und hoffentlich auch Ihnen, ist bei diesem Buch klar geworden: Wir müssen uns viel häufiger unterhalten, denn Sie und ich haben dreimal täglich miteinander zu tun – beim Frühstück, beim Mittagessen und beim Abendessen. Meine Berufskollegen in aller Welt und ich versorgen Sie mit dem, was Sie am Leben hält. Sie müssen sich auf uns verlassen können, und wir sind von Ihnen abhängig, denn Sie sind unsere Kunden, die unsere Familien am Leben erhalten.

Vieles von dem, was wir machen und wie wir es machen, war Ihnen vor der Lektüre vielleicht nicht (mehr) so klar. Ich hoffe, das hat sich nun ein wenig geändert. Ich habe mir jedenfalls Mühe gegeben, Ihnen das, was ich weiß, ohne Umschweife und ehrlich näherzubringen. Aber ich weiß natürlich auch nicht alles, und ich kenne auch noch nicht alle Ihre Fragen.

Wahrscheinlich sind Sie unzufrieden mit der Situation in und um die Lebensmittelproduktion. Ich auch, das können Sie mir glauben. Wir könnten jetzt weiter philosophieren, könnten uns gemeinsam Gedanken darüber machen, wer daran die Schuld hat. Wir könnten über die Politik schimpfen, die bösen Konzerne, das kapitalistische Wirtschaftssystem. Aber wir finden gemeinsam sicher noch bessere Ideen. Ich würde mich jedenfalls sehr freuen, wenn wirklich ein lebendiger Dialog entstünde. Fürs Erste möchte ich mich bedanken, dass Sie mir so lange Ihre Aufmerksamkeit gewidmet haben. Passen Sie gut auf sich auf, und bleiben Sie uns Bauern gewogen.

WIDMUNG UND DANKSAGUNG

Dieses Buch widme ich unserem Sohn. Bald wird er sein Studium der Agrarwissenschaften beendet haben und vor der Entscheidung stehen, wie sein weiteres Berufsleben aussehen soll. Dazu wünsche ich ihm eine glückliche Hand. Du kannst sicher sein, dass wir stets für dich da sind.

Eine weitere Widmung geht an alle Berufskollegen und -kolleginnen hier und weltweit: Ihr macht eine tolle Arbeit, egal ob im Rheinland, in Äthiopien, dem Westerwald, in Indien, dem Allgäu oder auf den Philippinen. Ob in Brasilien, den USA, Finnland oder der Ukraine. Egal ob groß oder klein, bio oder konventionell. Wir ernähren die Welt.

Danken möchte ich meiner Frau, die es geduldig ertragen hat, wenn ich immer wieder im Büro verschwunden bin, um weiter an diesem Buch zu arbeiten. Die aber verstanden hat, wie wichtig es mir war. Dass du manches Mal den Kopf geschüttelt hast, ist mir trotzdem nicht entgangen.

Dank auch an den Rest meiner Familie, an unsere Tochter, meine Mutter und meine Geschwister. So ganz begeistert wart ihr nicht von der Idee, aber jetzt ist es ja auch geschafft, und ich habe wieder mehr Zeit. Hoffe ich zumindest.

Danke an meinen Partner Martin, mit dem ich viele Dinge, die in diesem Buch vorkommen, besprochen habe. Und besonderen Dank auch für die lange Zusammenarbeit und die Zeit, die ich dank seiner Hilfe für dieses Buch hatte.

Danke an Angela Gsell, meine Lektorin, mit der ich in vielen und sehr langen Telefonaten über die Inhalte dieses Buches gesprochen habe. Und nicht nur darüber. Sie war es, die mich gebeten, ja, schon fast aufgefordert hat, es zu schreiben. Geplant hatte ich das nicht, ehrlich. Sie hat mir viele wertvolle Tipps gegeben, was und wie ich diverse Themen anpacken könnte, damit »die Sache rund wird«. Für einen Anfänger wie mich ja keine leichte Aufgabe.

Danke an Alois Wohlfahrt (meinen »Blog-Kollegen«) der das Projekt *www.bauerwilli.com* betreut und der mir als Biobauer und Allgäuer Freigeist immer wieder wertvollen Input gegeben hat. Und mit dem ich immer wieder gerne über Gott und die Welt philosophiere.

Landwirte
im Internet

Noch nicht sehr lange äußern sich auch Landwirte im Internet. So richtig in Schwung gekommen ist dies durch die Initiative von drei Familien, die die Vorurteile und das Unwissen ihrer Mitbürger zum Anlass genommen haben, diese über ihre Wirtschaftsweise aufzuklären. Unter *www.facebook.com/fragdenlandwirt* können Verbraucher fragen, wie ihre Lebensmittel hergestellt werden. Dort werden auch Betriebe vorgestellt, die sich an dieser Initiative beteiligen. Es geht recht munter zu, auch kritische Fragen werden mit entsprechender Überzeugung beantwortet. Es wird aber auch Stellung zu Themen bezogen, die aus Sicht der Landwirte kritisch zu hinterfragen sind und will so zur Aufklärung beitragen.

Darüber hinaus möchte ich noch auf eine Auswahl privater Initiativen hinweisen.

www.massentierhaltung-aufgedeckt.de
www.netzlandwirt.de
www.stallbesuch.de

www.villnoesser-brillenschaf.eu
www.lebensmittelklarheit.de
www.foodsharing.de
www.zugutfuerdietonne.de
www.slowfood.de
www.foodfighters.biz
www.heimischelandwirtschaft.de
www.blogagrar.de
www.agrarblogger.de
www.mykuhtube.de
www.facebook.com
/landwirtschaft.im.bild
/pflanzenbaureport
/tv.agriKULTUR
/Stall-Aktiv
/Land.Wirtschaft.Zukunft

Zu viel, zu süß, zu fett, zu salzig ...

Udo Pollmer /
Susanne Warmuth
Lexikon der populären Ernährungsirrtümer

Mißverständnisse,
Fehlinterpretationen und
Halbwahrheiten von
Alkohol bis Zucker
Aktualisierte Neuausgabe

Piper Taschenbuch, 384 Seiten
€ 10,99 [D], € 11,30 [A]*
ISBN 978-3-492-25335-2

Die Verbote der gesunden Ernährung machen die Lust aufs Essen nicht selten zum Frust. Dabei beruhen viele dieser Ernährungsweisheiten auf Mißverständnissen, Fehlinterpretationen und Halbwahrheiten, sagen Udo Pollmer und Susanne Warmuth. In ihrem Bestsellers werfen sie einen kritischen Blick auf unsere liebgewonnenen Ernährungsrituale, untersuchen den Wahrheitsgehalt von Kampagnen der Nahrungsmittelindustrie und nehmen zahlreiche andere Fehlinformationen aufs Korn: von A wie Alkohol bis Z wie Zucker.

Leseproben, E-Books und mehr unter **www.piper.de**

Die Anleitung zum richtigen Nachfragen

Gerd Gigerenzer
Das Einmaleins der Skepsis
Über den richtigen Umgang mit
Zahlen und Risiken

Aus dem Amerikanischen
von Michael Zillgitt
Piper Taschenbuch, 416 Seiten
€ 10,99 [D], € 11,30 [A]*
ISBN 978-3-492-30702-4

So selbstverständlich die heutige Medien- und Wissenswelt mit statistischen Daten hantiert, so erschreckend wenig wissen viele mit all den Zahlen anzufangen. Der renommierte Psychologe Gerd Gigerenzer berichtet von verhängnisvollen Fehlentscheidungen in Medizin und Kriminalistik, entlarvt die zugrunde liegenden Denkfehler und zeigt frappierend einfache Lösungen auf, wie sich Wahrscheinlichkeiten und Risiken besser vermitteln lassen. Mit seinem Buch kann man den Ungewissheiten im Leben souveräner begegnen.

Leseproben, E-Books und mehr unter www.piper.de